知って得する日本史話

にほんしばなし

野呂肖生
Noro Takaoi
髙橋ひろ子＝著
Takahashi Hiroko

山川出版社

目次

第1部 原始・古代

2 幕閣の要人たち

3 安定する幕政

4 異彩を放つ文化人

5 元禄の文化人たち

6 たくましい町人たち

7 ゆらぐ幕藩社会

8 江戸の町、笑いと涙

9 強まる外圧のなかで

10 開国へ！ ゆれる日本

第4部 近代・現代

知って得する日本史話

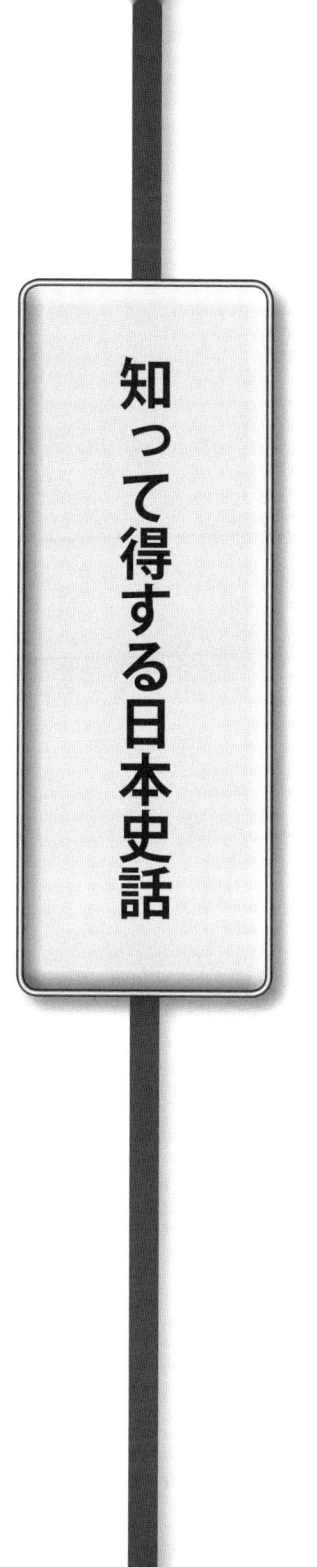

第1部 原始・古代

1 伝承の世界

常陸のだいだらぼう

日本の各地に巨人伝説がある。昔、「そこにいた巨人」の足跡が沼や窪地になったという地形に関する説話が多いが、巨人が怪力をもって富士山を一夜で作り上げたとか、榛名山に腰をかけ、利根川で足を洗ったとかいう話もある。東京世田谷区の代田も巨人が寝そべったために窪地になったところだという。西日本では『出雲国風土記』にみえる国引きをした神(八束水臣津野命)も巨人だったにちがいない。

この巨人は西日本では単に「大人」と呼ばれるところが多く、九州では「弥五郎・味噌五郎」と呼ばれるところもあるそうだが、とくに東日本では「だいだらぼう・だいだらぼっち」と呼ばれるところが多く、漢字で「大太法師・大多法師」などと記されている。語義は不明だが、一説では「オホタラシ」ではないかという。「タラシヒコ」は日本古代の王・天皇の称で、「記紀」に登場する天皇名の和風諡号にも出てくる。伝説の国土平定をなしとげた景行天皇は「大足彦忍代別、大帯日子淤斯呂和気」であり、『隋書』に出てくる倭王は「姓は阿毎、字は多利思比孤」とあって、七世紀前半の王者はタラシヒコと呼ばれていたことがわかる。これに説話に出てくる小人の「一寸法師」にならって「法師」の語をつけ、「大太法師」になったのだろう。

八世紀にまとめられた風土記にも巨人伝説が登場する。『播磨国風土記』には「託賀郡」(現兵庫県加古川流域)の項に次の話がある。「この辺りに大人がいたが、もとは天空につっかえるというので、いつも身をかがめていた。やがてこの地へ来ると『この国は天空が高いので身体を伸ばそう』といったので地名も託賀となり、この大人が踏み歩いたところは多く沼となった」と。

『常陸国風土記』では、もう少し具体化した話になる。「平津(現茨城県那珂川河口付近)の西に大櫛岡(現水戸市塩崎町)がある。ここに巨人がいて、丘の上から手を伸ばすと、五キロも離れている海辺の大蛤を砂のなかからほじくり出した。巨人が食べた貝の殻はやがて積もって貝塚となった。後世の人はこれを「巨人のほじくり」の意味から大くじり(大櫛)の岡と呼んだ。巨人の踏んだあとはとにかく大きい。長さは四〇余歩(約七二メートル)、広さは二〇余歩(約三六メートル)もあり、巨人が小便をしたあとにできた穴は直径三〇余歩ばかりもあった。

　これは世界最古の「貝塚の記録」である。現在、ここには「大串貝塚」の碑が建てられ、碑から少々のぼったところに「だいだらぼう」の倚像がつくられている。高さ一五メートルの真白な像で、上からは遠く東水戸道路の水戸大洗インター辺りも望むことができる。この一帯は現在、水戸市の「大串貝塚ふれあい公園」となっており、巨像のすぐ後ろには巨人の足型をかたどった池がある。池の形はまさしく足裏の形で、五本の足指まではっきりとしている。池の北には縄文・弥生・古墳時代の住居も復原されており、古代への思いをつのらせるようになっている。

富士山にのぼった徐福

　富士山麓の山梨県富士吉田市の小明見に明見湖がある。周囲七〇〇メートルばかりの小さな湖だが、かつては富士八湖の一つとされ、蓮池と呼ばれていた。ここでは毎年四月に竜神への雨乞の祭りがあるが、興味深いのは、二月八日と九月八日に「徐福雨乞祭」があることで、御伊勢山と呼ばれる丘の頂上には徐福の霊をまつった祠があり、二体の石仏がある。聞けば二月八日は徐福の命日で、これに応じて秋にも雨乞祭をするのだそうだ。

　『日本史こぼれ話』に載せたのだが、徐福は『史記』が伝える前三世紀、秦の時代の方士、つまり道家の思想を信奉する知識人だった。徐福は始皇帝の命を奉じ、不老長寿の霊薬を求めて東海の神山、蓬萊山をめざして出航する。北畠親房の『神皇正統記』にも、孝霊天皇の時代に中国の始皇帝が「仙方を好みて長生不死の薬を日本に求む」と記し、日本はこれに応じて「五帝三皇の遺書」を始皇帝から贈られたと記している。伝えによると、徐福はこのとき大船八〇余隻に三〇〇〇余人の童男・童女を乗せ、数多の財宝・五穀などを積み込んで船出をし、やがて「平原広地」にところをえて住みつき、故郷に戻らなかったという。これはもちろん伝承だが、中国には江蘇省に徐福の子孫という人びとが住む徐福村が現存するし、日本でも海に臨む各地三〇余カ所に徐福上陸伝説が残って、稲作や医薬などの神として崇められている。

本命とされているのは和歌山県新宮市だ。駅にほど近い徐福公園は中国風の華麗な楼門をくぐって入るが、なかには徳川頼宣が建てたという徐福の墓や重臣七人の塚があり、徐福が採取したという天台烏薬という薬草も生えている。

変わったところでは東京都の八丈島。暴風にあった徐福の一行は五〇〇人の女たちが八丈へ、五〇〇人の男たちが青ヶ島へ流れ着き、毎年春に一度だけ男女があって結ばれたという。日本海沿いに北上して丹後半島の伊根へいったという説もあるが、内陸の富士吉田市へいったという説もある。それは霊峰富士が東海の蓬萊山だと認識され、そこに徐福たちが仙薬を求めたからだと思われる。新宮市辺りに上陸した一行は霊峰を求めて東進し、数年ののちに駿河国に達し、田子の浦辺りに着いたのだろう。さらに進んだ一行は富士山北麓に住みつき、ここを「平原広地」として土着した。彼らは、故郷へ帰ることを断念し、その子孫たちはさらに各地へと広がっていったのだろう。

徐福は孝霊天皇七年の二月八日に七〇歳の生涯を閉じたという。憧れの霊山、富士の山にのぼる途中のことといい、霊魂は三羽の鶴に姿を変え、天空高く飛び去ったと伝える。人びとはこれを悲しみ、一羽が落下したあとに鶴塚碑を建てた。富士吉田市の聖徳山福源寺境内にそれがあると聞く。徐福には七人の男子があり、彼らは福岡・福田・福山など、福の一字をもつ姓を名乗ったというが、岳麓には今も秦とか羽田とかの姓をもつ人びとが多いという。自分の住む地域とその周辺に徐福伝説をたずねてみるのもおもしろいだろう。

オトタチバナヒメの入水

ヤマト政権の日本統一を物語るのは、景行天皇の皇子とされるヤマトタケル（『古事記』は倭建命、『日本書紀』は日本武尊）の説話である。『古事記』と『日本書紀』にはかなりの違いがあるが、『古事記』によってタケルの東征物語を追ってみよう。

タケルは伊勢の神宮に参って叔母のヤマトヒメから剣と袋を授かり、東国へ向かった。相模国では国造にだまされて野で火攻めにあうが、剣で草を薙ぎ、袋のなかの火打ち石で火をつけて逆に敵を追い、危機を脱した。

やがてタケルは浦賀水道から房総半島に渡ろうと走水の海をいく。すると海神が波を起こし、船は翻弄されて危機に瀕する。そのとき、后のオトタチバナヒメ（『記』は弟橘比売、『紀』は弟橘媛）がいった。「海神の怒りをしずめるため、私が海に入りましょう。あなたは命じられた務めを果たしてみかどにご報告なさいませ」。ヒメは菅の畳、皮の畳、絹の畳をそれぞれ八枚ずつ波の上にしき、その上へ身を投げた。荒い波はとたんにおさまり、船は進むことができた。ヒメはこのとき歌をよむ。「さねさし　相模の小野に　もゆる火の　火中に立ちて問ひし君はも」（富士の嶺のそびえたる相模の野で、もえ立つ火のなかにありながら、私を気づかって名を呼んでくださったあなたさまを忘れませぬ）と。

七日ののち、ヒメの櫛が海辺に流れ着いたので、タケルはそれを墓におさめた。それよりタケルは東国の地に踏み込み、荒ぶる蝦夷たちを従え、各地の神々を平定してヤマトへの帰途についた。途中、足柄山の坂本で食事をしていたとき、白鹿に姿を変えてあらわれた坂の神に食べ残した蒜を投げつけて打ち殺し、坂の上に立って東国をみおろした。三度嘆息したタケルは「吾嬬はや」（ああわが妻よ）といった。東国の地を吾妻と呼ぶのはこういうわけからである。

この説話は東国一帯に広まったらしい。現在も房総の地にタケルとオトタチバナにまつわる話が残っているのは当然としても、『常陸国風土記』の地名説話のなかにヤマトタケルを「倭武天皇」、オトタチバナを「大橘比売命」「橘皇后」とした話が載せられている。とくに「倭武天皇」の語は一〇カ所以上もある。天皇の語は『日本書紀』で歴代天皇が確立する前の表記なのだが、タケルがいかに崇められていたかを示すものといえよう。

オトタチバナの説話もかなり広まったらしい。本書の二九五ページで取り上げた中国の海の女神である媽祖信仰が常陸を中心に広まったのは徳川光圀が磯原の地にまつり、天妃山と称してからのことであるが、江戸時代に徳川斉昭が天保の改革の際、天妃神(媽祖)を祭神の座から追い払った。それは斉昭が仏教を排斥して神と儒教の二つの柱を立てようとしたからだが、天妃神にかわる神としてまつられたのはオトタチバナであった。神社の名も当然変わり、弟橘媛神社となったのである。

ヤマトタケルの死

ヤマト政権の英雄、ヤマトタケルも最期は哀れだった。『古事記』によると、東征の旅を終えたタケルは故郷のヤマトへ向かった。まず尾張のミヤズヒメのもとに落ち着いたタケルは伊吹山の荒ぶる神の退治に向かう。ところが身を守る草薙の剣をおいて出かけたのが大失敗、白い猪に姿を変えた山神が大粒の雪を降らし、妖気にあてられたタケルは、体の自由がきかなくなり、玉倉部の清水に着いて、やっと正気にもどった。

足の不調を知りながらタケルは故郷へ向かうが、毒は全身にまわり、歩くこともむずかしくなった。杖衝坂と呼ばれるところは、剣を杖がわりにして、歩いたところと伝えられ、三重の村に着いたときには「わが足、三重の勾なしていたく疲れたり」といったという。

タケルはやがて能褒野(現三重県亀山市)に着く。死が迫るのを感じたタケルは故郷をしのんで多くの歌をよんだ。「倭は国のまほろば　たたなづく青垣　山隠れる　倭し麗し」、最初のこの歌は大和国の美しさ、なつかしさを歌い上げた国ほめの歌としてよく知られている。歌い終わってタケルは帰らぬ人となった。

タケルの死は早馬の使者によって大和へ知らされた。タケルの妃たち、子どもたちは急ぎやって来ると墓をつくり、まわりの田を這いまわって泣き悲しんだ。そのとき、タケルの魂が大きな白鳥となって飛び上がり、浜に向かって飛んでいった。白鳥は四度にわたって地上におり、そのたびに妃や子どもたちは篠竹の切株に足を切り裂かれても、声をあげて泣きながら追っていった。タケルの墓は「白鳥の御陵」と呼ばれ、亀山市の能褒野　陵として残されている。全長九〇メートルにおよぶ前方後円墳である。しかし、奈良県御所市や名古屋市にも白鳥陵と呼ばれる陵がある。

『日本書紀』もおおむね同様のことを記し、三〇歳の生涯を終えたタケルを思い、景行天皇は悲しみのために何事も手につかなかったと述べている。

タケルの苦しみ方を考えると、どうやらタケルの死因は脚気だったようだ。脚気はアジアの米食地帯で起こる病気で、原因はビタミンB_1の欠乏から起こる栄養障害である。まずは足の神経麻痺に始まり、炎症が心臓に達すると衝心と呼ばれて致死率がきわめて高いという。患者は、まず手足がしびれ、身体がだるく、足があがらない。それが昂じると息切れがひどくなり、顔面や下肢がむくみ、血圧がさがり、突然死にいたるという。そうだとすれば、タケルもさぞや苦しかったことだろう。

足がなえたというのだから、旅のどこかで水銀の影響を受けたのかもしれないという説もある。タケルが亡くなったといわれる辺りにタケルを祭神とする神社があるが、こんな話を聞くとおそらくタケルは苦笑いをしていることだろう。

「悪神」視されたスサノオ

スサノオノミコトといえば『古事記』『日本書紀』が伝える日本神話に登場するイザナギ・イザナミの神の子だとおわかりの方も多いだろう。

スサノオは初めから問題児だった。姉のアマテラスは生まれながら光り輝いて麗しく、両親ともに喜んで「こんないい子はいないから、早く天上に送っておさめさせよう」といった。しかし、続く弟（ツキヨミ）のあと、スサノオを生むと、「これはいささか乱暴で、平気で残忍なことをする。いつも泣いており、多くの人を殺し、青い山もあっというまに枯山にする。これはとても天下をおさめさせるわけにはゆかないから根の国（遠い国、地底・海中、霊の国）にやるしかない」として、追い払うことにした。

結局のところ、スサノオはいとま乞いのため、姉のいる高天原へゆく。ところがここでも乱暴狼藉、機織殿を壊し、殺した馬を投げ込むなどするので、とうとう天上から地上へ追放されたというから、とんでもない悪神だった。

ところがこの神が、地上へおりるとがらりと変わった。出雲国の肥の川（斐伊川）上流で人びとを苦しめていたヤマタノオロチを退治する。頭と尾が八つに分かれるという巨大な大蛇だが、これを苦もなく退治すると尾から出てきた剣をアマテラスに献上した。そして自分はオロチから救ったクシナダヒメを妻にすると、出雲国に定住し、国土経営に専念する。子のイタケルの神を紀伊国へ派遣して杉・檜・樟などの樹種を伝えさせもする。ここでは国土経営の優れた指導者なのだ。スサノオ自身、出雲の熊野大社や紀伊の熊野三山にまつられた。天上界における暴虐な行動と地上における民衆を守る姿とのあまりにも違う二つの性格をどう考えればいいのだろうか。地上の王者の姿をスサノオは六世の孫ともいうオオクニヌシに引き継いだ。

一方、アマテラスの孫ニニギは、のちに天降りしてヤマトに国づくりをするが、やがてヤマト政権は出雲へ使者を送り、オオクニヌシに圧力をかけて国土を譲り渡させることに成功した。

スサノオの「スサ」は出雲の地名だとも、「進む・すさぶ」の意で、暴風雨を意味する語だともいう。どうやらスサノオは本来、出雲国で国づくりにつとめたが、最終的に出雲の地を奪ったヤマト政権が、みずからの立場を正当化するために、あえてスサノオを天上界の悪神と位置づけたのではあるまいか。『出雲国風土記』にみえるスサノオは、国づくりをする素朴で平和な神であり、暴力的な面影がまったくないのも、この見方を支えてくれるようである。

卑弥呼は、天皇家の皇女か？

邪馬台国の女王卑弥呼の政庁だったかもしれない巨大な建造物跡が発見されたのは、奈良県桜井市の纒向遺跡のなかである。二〇一四（平成二十六）年、東西一五〇メートルにもなる広大な長方形のなかに、規則正しく一直線上に位置して、大小複数の建造物跡が存在することが判明した。なかでも二〇〇九（平成二十一）年に発掘された巨大建造物跡は、南北一九・二メートル、東西一二・四メートルと国内最大級の規模である。これによって、邪馬台国が近畿にあったのではないかという説が、九州にあったとする説より、大きく支持されるようになったといわれる。

それまで九州説を有力にしていたのは、佐賀県の吉野ヶ里遺跡であった。物見櫓跡と城柵と推定される溝の跡があり、『魏志』倭人伝の「卑弥呼の政庁には、宮室・楼観と城柵が設置されていた」という記述と一致していたためだ。吉野ヶ里の建造物跡や集落の規模は、近畿の遺構に比べ、より大きいのが特徴とされてきた。しかし、奈良の纒向遺跡で発掘された巨大建造物跡は、九州のそれを上回る大きさだった。科学的調査によって三世紀前半、すなわち卑弥呼と同時代のものであることも立証されている。

そもそも二世紀末から四世紀初めの遺構とされる纒向遺跡の発掘作業は、二〇一四年の段階でもまだほんの一部にすぎない。逆にいえば、これからどんな発見があるか、まだ未知の可能性を秘めた遺跡であるといえる。遺跡は広範囲にわたって多くの建造物跡や古墳が点在し、なかでも卑弥呼の墓かといわれる箸墓古墳は、出現期の前方後円墳で最大の規模をもち重要視されている。

卑弥呼については研究者たちが諸説をとなえているが、『古事記』『日本書紀』などの神話部分と比較すると、いくつかの興味深い仮説が成り立つ。孝霊天皇の皇女、倭迹迹日百襲媛命が、女王卑弥呼と同一人物ではないか、という説もその一つである。『日本書紀』によると、夫になった男性の正体が蛇であるのを知った皇女は、驚いて転んだ拍子に急所へ箸が刺さり、亡くなったという。そして、箸墓古墳が皇女の墳墓としてつくられたのだと記されている。だから、宮内庁では箸墓古墳を皇女の墳墓としている。一方、箸墓古墳の規模は『魏志』倭人伝に記された「卑弥呼の墓は、直径一〇〇歩余りの大きな冢でつくられた」という記述に合致しており、多くの学術的観点から、考古学的には卑弥呼の墳墓ではないかとみられている。そうだとすれば、箸墓古墳の主は卑弥呼イコール皇女なのだろうか。

皇女は、親戚の崇神天皇に神託を伝える巫女のような存在であったという。これも男性親族と協力して統治を行った点で、「弟があり、助けて国をおさめた」と『魏志』倭人伝に記述される卑弥呼と類似しているといえる。皇女説は、仮説のなかでは比較的有力だ。もしも、邪馬台国と近畿に求められる天皇の系統が、皇女イコール卑弥呼の存在によって重なることとなれば、日本の統治者の系譜がすっきりと一本の線となってつながる。

しかし、皇女説にも難点はある。皇女が女王として国を代表し、魏と交流したりするほど大きな存在ではなかったのではないかということだ。たしかに女王の地位にはいたようだが、果たして亡くなったとき、国内に騒乱が起きるほどのインパクトがあったかどうか。まだまだ議論はつきない。今後の纒向遺跡の調査や、その他の遺跡の発掘・研究によって、卑弥呼と邪馬台国の検証も変容してゆくことだろう。

甲賀三郎伝説の形成

長野県の諏訪湖のほとりにまつられる諏訪明神には、その本地を説く有名な甲賀三郎伝説がある。この話は、十四世紀半ばころの『神道集』に、諏訪明神の縁起としてみえるのだが、あらましはこうだ。

近江国甲賀郡の地頭、甲賀諏胤には太郎・二郎・三郎の三人の子がいた。末っ子の三郎は名を諏方というが、愛する妻、春日姫を伊吹山中で何者かにさらわれた。各地を探し回った三郎は、信濃国の蓼科山で妻を発見するが、妻の忘れた鏡をとりに戻ったとき、兄の二郎によって穴の底に落とされ、十数年のあいだ、七三にもおよぶ地底の国々を遍歴し、人びとが行う田植えや狩猟などのありさまをみることになる。故郷へ帰りたくなった三郎は、さまざまの試練をへたのち、ようやく信濃国の浅間嶽に出ることができ、近江国甲賀の釈迦堂へ戻って来た。

三郎は、ここで自分が蛇の姿になっているのを知るが、釈迦堂に集まっていた白山権現・富士浅間菩薩・熊野権現・近江の兵主大明神などの化身である一〇人の僧たちの助けをえて人間に戻った。三郎は、春日姫と再会、信濃の諏訪明神として上社に鎮座、姫は下社にまつられた。この伝説はいろいろな形で伝えられ、民話として人びとに語り伝えられている。

この話には、重要な要素が二つある。一つは人が蛇となり、水の神社にまつられるということで、このタイプの伝説は各地にある。蛇は竜蛇、諏訪湖の御神渡りで有名な竜神だ。三郎は地底の遍歴で農耕と狩猟の神、諏訪明神になったのである。今一つは三郎が末の弟で、兄たちに苦しめられながら、それを乗りこえたという成功譚で、このタイプの伝説も各地にある。つまり、甲賀三郎の伝説は竜神の話と末弟成功譚とを組み合わせて成立したものである。

　ところが、この伝説は中世後期の語り物で三郎の名を兼家とする話が生じた。近江国甲賀の里に住む三郎は、若狭国の高掛(懸)山の鬼王退治に出かけ、穴に落ちるとさまざまの危機にあい、ついには観音菩薩の助けによって地中から信濃のなぎの松原に出ることになる。この系統の話は西日本一帯に広まり、浄瑠璃「甲賀三郎」、読本「甲賀三郎窟物語」が生まれた。

諏訪湖の御神渡り（長野県諏訪市）

　東西日本、それぞれに広まった甲賀三郎伝説はどういう関係にあるのだろうか。諏訪上社の祭神建御名方神は『古事記』によると出雲の大国主神の子で、高天原からやって来た建御雷神の国譲りの要求を断わり、力競べに敗れて信濃国の洲波の海(諏訪湖)まで逃れて来た神である。出雲族の建御名方神は逃げてゆくなかで、まず東国の入口である近江国の甲賀へゆく。この辺りは望月姓の人が多いそうで、これは信州の望月氏の一族だという。ここでまず甲賀三郎が誕生した。この三郎がさらに東の諏訪湖に定着し、兼家の名も諏方に変わることになったのだろう。つまり、諏訪の神、建御名方は出雲から諏訪に移るなかで甲賀三郎という人物になり、各地を逃亡する話が生まれたということになるだろう。

2 ヤマトの王権

雄略天皇と少子部栖軽

一九六八(昭和四十三)年に埼玉県稲荷山古墳から出土した鉄剣に、「獲加多支鹵大王」の名がきざまれていることが発見され、大きな話題となったが、この大王は『宋書』などに記される倭の五王の最後の武であろうとされる。『日本書紀』の天皇にあてはめると、五世紀後半の大泊瀬幼武、すなわち雄略天皇と思われる。

『日本書紀』は雄略天皇にかなりの分量をさいて記すが、そこに浮かぶ天皇のイメージは、「きわめて暴逆な大王」で、敵対する者、気にそまぬ者はなんのためらいもなく殺害したという。ともかく、はっきりと天下の人に「大悪天皇」とそしられたと記しているのだ。

ところが、その反面に「神性をもった優れた王」という記述もある。葛城山にいったとき、あらわれた一言主神と馬をならべて駈けたので、人びとは「さすが有徳天皇だ」とたたえたという。さらに天皇は積極的に朝鮮の古代三国や中国の南朝と交渉をもち、新文物を導入した開明的な大王だったとも記す。『万葉集』が巻頭に天皇の長歌を載せ、『日本霊異記』が後述する鳴雷の話を取り上げていることなどを考えあわせると、なるほどと思わざるをえない。

少子部栖軽は、雄略天皇の側近だった。雄略天皇六年の春、天皇は后妃らに桑の葉をつみとらせ、養蚕を盛んにしようと考えた。そこで栖軽に「国中のよい蚕を集めよ」と命じたが、勘違いした栖軽は国中をめぐって多くの幼児を集めてきた。思わず笑った大王は、子どもたちを栖軽にあたえ、「みずから養い育てよ」と命じた。これにちなんで天皇は栖軽に少子部連という姓をあたえた。

翌年の秋、天皇は栖軽にまた命じた。「朕は三輪山の神(大物主神)のお姿をみたい。汝は人に優れた力をもっておるゆえ、いって捕えて参れ」と。栖軽が山に入り、大蛇を捕えてくると、天皇は身を清めもせずにみたので、怒った大蛇は雷のような音と光を発して天皇をにらみつけた。天皇は恐れて殿中に入り、大蛇は山に放たれた。

天皇は雷にも興味をもった。『日本霊異記』によると天皇は空に雷が鳴るのを聞いて、栖軽に鳴雷を呼んでこいと命じ、栖軽は、落雷のあった飛鳥の豊浦寺付近の丘から輿に雷を乗せて宮殿に運んだという。天皇は雷をもとの地に返すとともに、その地を雷の丘と呼ぶことにした。やがて、栖軽が死んだので、七日七夜しのんだのち、雷の丘に墓をつくらせ「雷をとった栖軽の墓」と記した柱を立てさせた。これに怒った雷が柱に落ちかかったが、逆に柱のさけめに挟まれて捕えられた。天皇は雷を許し、雷はそれから七日七夜、地上にあったという。

　この話をどうとらえるかはむずかしい。雄略天皇のような暴逆な帝王も神にはかなわないというのか、『霊異記』の著者景戒は少子部氏の子孫だから祖先の顕彰談と考えるべきか、とにかく神と人とのつながりがきわめて強かった時代の説話であることだけは確かだろう。

Column

古墳の呼び名

　古墳は三世紀後半から七世紀のあいだ、瀬戸内海沿岸から近畿にかけてつくられた豪族の墳墓で、ほぼ一五万くらいあるといわれている。

　古墳は形状によって、円墳・方墳・前方後円墳・前方後方墳・上円下方墳などと呼ばれているが、後期になると、群集墳と呼ばれる多数の小古墳群が構築された。これらは多く、その地域の名をつけて呼ばれることが多い。

　古墳の被葬者はその地の有力者であろうが、名はほとんどわからない。天皇陵なども被葬者が不明なものがかなりあると考えてよい。

　古墳は、火葬の普及にともなって急激に減少する。歴代天皇は原則として古墳のような墓を築造したが、平成の時代からはそれもなくなってゆくようである。

謎めく継体王朝

明治憲法はその第一条に「大日本帝国ハ万世一系ノ天皇之ヲ統治ス」とあり、憲法発布の勅語にも「朕、祖宗ノ遺烈ヲ承ケ万世一系ノ帝位ヲ践ミ」とある。この考えはアジア・太平洋戦争の時代には国民の常識であった。しかし、天皇家は本当に万世一系だったのだろうか。

現代では、「記紀」の伝える歴史がそのまま事実だったとは誰も思わないし、天皇家の初代が神武天皇だったなどと本気で考えている人もいないだろう。学問的にみて実在の可能性のある最初の天皇は第十代とされる崇神天皇辺りと思われる。

「記紀」で「ハツクニシラススメラミコト」(始馭天下之天皇、御肇国天皇)、つまりはじめて国を統治した支配者と表現されているのは、神武・崇神の両天皇である。これは現実に四道将軍を派遣して国土を統治したという崇神天皇にあたえられた称号を、はじめて日本の国土で誕生し統一したとされる神武にもおよぼしたものだと思われる。続いてヤマトの王権を確立したのは四世紀末から五世紀に実在した応神天皇だが、おもしろいことに歴代天皇の呼称で「神」の字を用いているのは神武・崇神・応神の三者のみである。つまり、この三人の時代はヤマトの大王勢力が確立したということなのだろう。

問題は、応神王朝後である。皇統譜によると応神王朝は二十五代の武烈天皇まで続くが、『日本書紀』は武烈はもろもろの悪行をした最悪の天皇だとしており、応神王朝はここで断絶する。かわって登場するのが継体王朝である。

継承者を失ったヤマト王権では、大連の大伴金村が応神五世の孫として男大迹王に白羽の矢を立てた。王は越前国三国で生まれたが、思いもかけずヤマトに迎えられることになった。「記紀」が天皇名を「継体」としたのも、意味ありげだが、おもしろいことに天皇は五〇七年に河内の楠葉で即位するものの、大和の磐余に宮を構えるのは、それから約二〇年後の五二六年である。おそらくこのあいだは反対派の豪族たちに大和入りを阻まれていたのではなかろうか。応神五世の孫といい、越前国出身といい、どうも継体天皇は応神王朝の血を引く者だとは思えないのである。
継体天皇一代のあいだ、王権をめぐる内外情勢は不安定だった。朝鮮半島南部におけるヤマトの支配力はゆらぎ、六世紀前半には、「任那四県」を百済に割譲、国内では筑紫の国造磐井が乱を起こして「任那」に向かおうとする朝廷の軍を阻み、五三一年の継体天皇の死とともに激しい王権内部での混乱が起こったらしい。結果は安閑・宣化天皇系列と欽明天皇系列との二朝並立情勢が起こったようである。政権が安定するのは蘇我氏が欽明天皇を擁立した五四〇年ごろであった。

流転する三種の神器

「三種の神器」といえば、戦後まもなくの人なら「テレビ・電気洗濯機・電気冷蔵庫」と答えるだろうが、現代の人はさらに進んで「カラーテレビ・クーラー・カー」の三Cをあげるかもしれない。もっと進んで「パソ

Column

西暦と皇紀

現在、私たちが用いている紀年法は西暦と元号だが、かつては皇紀が盛んに用いられた。西暦(キリスト紀元)はキリストの生誕年を起点とした紀年法で、ヨーロッパ世界に始まり、現代では世界共通の紀年法として用いられている。日本史を世界的背景のもとに理解するという意味ではやむをえないし、また便利でもある。

皇紀(神武紀元)は『日本書紀』に記された神武天皇即位の年を紀元元年とする紀年法である。これは『日本書紀』の編者が讖緯説による辛酉革命説に基づいて作為したものと考えられ、西暦マイナス六六〇年が皇紀元年になる。皇国史観が支配的だったアジア・太平洋戦争時代には意図的に用いられ、紀元二六〇〇年(西暦一九四〇年)式典なども行われたが、現在では用いられていない。

コン・携帯電話・コンパクトディスク」の三種、さらには「デジカメ・DVDレコーダー・薄型テレビ」などが出てくるかもしれない。戦前の日本国民は小学校(国民学校)で、アマテラスオオミカミ(天照大神)が孫のニニギノミコトを高天原から日向の高千穂峰に降すときに授けた三つの神宝、八咫鏡・八坂瓊曲玉・天叢雲剣のことだと教わった。この三種の神器が皇位継承の印として現代まで伝えられているとされている。

日本の神話を伝える『古事記』と『日本書紀』、さらに『日本書紀』に記されている数種の書の記述には多少の違いはあるのだが、三種の神器の説明はおおむね次のようである。鏡と玉は弟のスサノオの乱暴に怒ったアマテラスが天岩屋にこもったとき、アマテラスを引きだそうとした神々が岩屋の前に真坂樹を立て、枝にかけたものである。そして剣は出雲国に追われたスサノオが肥の川でヤマタノオロチを退治したとき、尾から出てきたものだが、のちに景行天皇の時代に東征に出かけたヤマトタケルが携え、焼津の地で草を薙ぎ払ったところから草薙剣と称するようになったという。

「記紀」はこのように天孫降臨の際から三種の神器が伝えられたとするが、九世紀初めにまとめられた忌部氏に伝わる伝承『古語拾遺』は、鏡と剣の二種の神宝だったという。もともとヤマト王権では「護身」のために天皇の身辺に鏡と剣がおかれていた。六九〇(持統天皇四)年から、これを忌部氏が天皇即位のとき、新帝に献じることになったといい、「大宝律令」の神祇令にも、天皇践祚の日に「神璽之鏡剣」を忌部が献上すると定めている。注釈として、「神璽とは神明の著しい印で、鏡と剣とを璽というのだ」としている。この璽という文字が八坂瓊曲玉という第三の神器を生み出すことになったのだろう。

これとは別に伊勢神宮には鏡、熱田神宮には剣が古くからまつられていた。三種の神器はこれらの神宝との関わりを説明するために説話がつくられてゆくことになる。「記紀」によると崇神朝に天皇が神霊を恐れて鏡と剣を大和の笠縫邑に移し、さらに垂仁朝に伊勢へ移され、そのうちの剣はヤマトタケルが尾張に残したので、熱田神宮にとどめられたという。この説話を踏まえて『古語拾遺』は「更に鏡を鋳、剣を造らせ」て宮中においたと説明する。この鏡は平安時代のある時期に宮中賢所にまつられ、天皇のかたわらにおいて即位の際に授受するのは剣と玉にかわったようである。

三種の神器はさらに流転する。賢所の鏡は平安中期の二度の火災に焼損して形を失い、剣は源平争乱の際に壇ノ浦の海底に沈み、その後、伊勢神宮から奉じられた宝剣を宮中におくことにしたのだという。これで伊勢・熱田の鏡と剣との共存の説明はつくが、玉だけはわからない。現在は宮中におかれているのだが、由来は不明なのだ。そもそも玉は最初から存在しなかったのだという説もあるのだが。

「三種の神器」はあくまでも伝承であって事実ではない。しかし、三種と二種との違いはあっても、鏡・剣・玉というのは弥生時代から古墳時代にかけての墳墓の重要な副葬品である。ヤマト王権、ヤマト朝廷の大王・天皇のシンボルとされていたのも当然といえる。これをめぐって伝承と歴史がしだいに固められていったといえそうである。

日向の百済王伝説

宮崎県日向市から国道四四六号線を西へ向かうと、東臼杵郡美郷町南郷神門に着く。ここの神門神社には八柱の神がまつられている。祭神が多いのは、明治になって四社が合併されたからだが、おもしろいのはイザナギ・オオヤマズミ・菅原道真ら八柱の神のなかに百済の禎嘉王の名があることだ。どうして百済の神がと疑問に思うが、美郷町の南東にある児湯郡木城町の比木神社のオオナムチら六柱の神のなかにも禎嘉王の長子、福智王があり、毎年旧暦十二月十八日から三日間の師走祭で比木神社の神輿が神門神社を訪れるという関係にあるのだ。

神門に伝わる「比木大明神縁起」によると、西暦六六〇年に滅んだ百済から王族が日本に亡命してきた。彼らは安芸の厳島に上陸、さらに筑紫へ向かったが、嵐にあって日向の金ヶ浜(現日向市)と蚊口浦(現高鍋町)に漂着した。金ヶ浜に着いた禎嘉王は神門に住み、蚊口浦に着いた福智王は比木に住むが、新羅の追討軍に追われて禎嘉王は戦死し、神門神社にまつられたという。そういえば、美郷町南郷には二つの円墳があるが、一つは禎嘉王、今一つは王を助けた豪族の墓だといわれている。

師走祭の神事は禎嘉王と妃・王子とが対面する祭りなのだ。初日は比木神社で神事があり、白い上衣を着けた人びとの行列が道路わきや土手の枯草に火をつけ、炎と煙の立ちこめるなかを神門神社へ向かい、途中の金ヶ浜では海に入って禊をする。二日目は神門神社の本祭、神門・比木両神社の神体は社の裏山にのぼる。そして三日目は別れの宴のあと、比木神社へ戻るのだが、戦前には両神社間九〇キロを歩いての九泊十日の祭りだったそうである。

この事実の背景を考えてみよう。ことの始まりは六六三年の白村江の戦いだろう。このときに敗れた日本軍とともに百済の人びとの多くは近江国に移り住んだことだろうが、六七二年の壬申の乱で近江国を出ることになる。天智天皇を支えた百済系の渡来人たちは大海人皇子（天武天皇）を支えた新羅系の渡来人たちに追われたであろう。逃れゆく人びとのなかに禎嘉王一族もいただろう。禎嘉王・福智王の名は史料的には確認できないが、おそらく文官ではなく武官だったろうといわれている。

百済王伝説は韓国の研究者たちの注目を集めていると聞く。一九九四（平成六）年に調査団が美郷町（当時は南郷村）を訪れた。これを機として美郷町では「百済の里」づくりを始めたという。神門神社所蔵の三三面の鏡のなかに「瑞花六花鏡」があるのも注目されている。この鏡は日本に五面しかなく、一面は正倉院宝物になっている。東大寺大仏鋳造の際、ふたたび勢力を盛り返していた百済系渡来人たちが、この鏡をつくり、その一面を禎嘉王ゆかりの神門神社へ贈ったのではないかと考えられているようだ。

昔はあった女相撲

相撲の語は「すまう」（あらそう・あらがう）が名詞化したもので、日本の伝統的格闘技である。弥生時代からの農耕儀礼がその起源かと思われ「記紀」の神話にはその説話が二つある。一つは『古事記』にみえる「国譲り神話」で、高天原のタケミカヅチと出雲のタケミナカタとが力競べをし、タケミカヅチに投げ飛ばされたタケミナカタが遁走した末、諏訪の地で降伏した。今一つは垂仁天皇の七年に大和国のタイマノケハヤが出雲国のノミノスクネと対戦し、スクネがケハヤの脇骨を折り、腰を踏みくだいたという話である。このスマイ(すもう)の格闘技は令制で七月に、相撲節が定められ、左右に分かれた各二〇人の相撲人が二〇番の相撲をすることになった。

女性の社会進出が盛んな現代において、スポーツ界では女性のレスリング・ボクシングにつづいて相撲も登場した。ひところ、「女性を国技館の土俵にあげてもいいか、どうか」という論争もあったが、『日本書紀』に最初にみえる相撲には女性が登場した。雄略天皇十三年九月条には次のような記事がある。「木工韋那部真根という男がいて石の台の上で終日斧で木を削っても刃を損じたことはないと胸を張る。天皇はその慢心をたたきつぶそうと考えた。そこで多くの侍女を集めて衣服を脱がせ、裸身にふんどしを締めた姿で相撲をとらせた。真根はこの策にかかり、思わず手元を狂わせて斧の刃を損じた。天皇はこれをとがめて殺そうとしたが、木工の同僚のとりなしでやっと赦すことにした」。裸身にふんどしというスタイルは女性の姿としては普通ではないから、女性の相撲がこののちに流行ったというわけではない。

女相撲が登場するのは近世初頭からである。一五九六(文禄五)年出版の書物に、京の伏見で勧進相撲が流行ったとき、「立石という関取に挑戦したい」と、二〇歳ほどの比丘尼があらわれ、立石を二度、三度と投げて大関の名をえたという話が載せられているが、これは女性同士ではない。上方や江戸で大力の女性たちを集めての相撲興行が起こったのは、元禄年間(一六八八〜一七〇四)ごろであろうか。「たが袖」や「袖が浦」などと名乗る女性が登場したが、格闘技というよりは見世物的要素が強く、風紀を乱すという理由で禁じられた。

明治になって祭礼・縁日などの日に、各地の社寺の境内で女相撲がみられたが、一八七三(明治六)年には禁令が出ている。しかし、やがて興行化する者があらわれ、明治前期にはかなり盛んになったらしい。一八九〇(明治二十三)年には東京両国の回向院で興行が行われ、東大関富士山と西大関遠江灘が対立した。遠江灘は身長五尺二寸（約一五七センチ）、体重二一貫三〇〇匁（約八〇キロ）、当時としては大柄で、両手に四斗俵を下げ、口に二七貫（約九一キロ）の俵をくわえたというから、見世物的要素がかなり強かったようである。

女相撲は昭和期には興行化して各地で行われた。一九三〇（昭和五）年にはハワイでの興行もある。興行が盛んだったのはとくに九州西北部辺りで、太平洋戦争後でも一九五〇年代まで行われていたようである。現代では興行相撲としてはないが、郷土芸能としては福岡県などで神社の奉納行事として行われているところがあるようだ。

三国伝来の善光寺如来

信州の善光寺といえば、本尊の一光三尊阿弥陀如来は絶対の秘仏で、お前立ちの像でさえ、数え年で七年に一度の御開帳となっている。像は阿弥陀如来・観音菩薩・勢至菩薩の一光三尊仏だが、その伝来の由来がおもしろい。

『日本書紀』は仏教の公伝を欽明天皇十三（五五二）年壬申十月とし、百済の聖明王が金銅の釈迦像一軀と幡蓋・経論若干とをもたらしたという。十二世紀の皇円が編んだ『扶桑略記』もこのことを伝えたが、さらに一書にいうとして、聖明王は阿弥陀像（長さ一尺五寸）と観音・勢至像とを伝え、これが信濃国善光寺の像だと記している。『善光寺縁起』はそのいきさつをさらに詳しく伝えている。釈尊がインドの毘舎離国にあったとき、こ

善光寺本堂（長野市）

の国に月蓋長者がいた。たいそう富み栄えていたが、慈悲の心はまるでなかった。あるとき、悪疫が流行して長者の娘が苦しんだので、長者が釈尊に救済を願うと、釈尊は西方極楽の阿弥陀仏に頼めと教えた。長者が懸命に念仏すると、阿弥陀三尊仏があらわれた。娘の病気は平癒し、感謝した長者は竜宮からえた黄金を献上した。

やがて月蓋は百済国の聖明王に生まれ変わる。阿弥陀如来は日本での教化を望んだので王は日本に阿弥陀の像を献上した。日本では崇仏派の蘇我氏が向原寺で奉仕するが、廃仏派の物部氏らは寺を焼き、仏像を難波の堀江に投じてしまった。

そのころ、信濃国から本田善光が都へやって来た。彼が難波の堀江にさしかかると、水中から「善光、善光」と呼ぶ声がする。水中から出現した仏像は東国へゆきたいと望み、喜んだ善光は像を背負って信濃へ戻った。彼はわが家の庇の臼の上に像を安置し、ついで堂を建てたが、尊像は「大切なのは念仏の心だ」と諭した。善光の子の善佐は若くして死んだが、善光が如来に願ってふたたびこの世に戻った。霊験譚は広く世に知られるようになり、皇極天皇は立派な伽藍を建てさせ、善光・善佐父子も国司に任ぜられることになった。

この話はもちろん伝説だが、境内地周辺の発掘調査で、この辺りに七世紀後半の伽藍があったらしいことが確かめられた。戦国時代に善光寺如来像が武田・織田・徳川・豊臣氏によって全国各地に流転させられたが、善光寺の信仰は時代とともに広まり、とくに東国一帯の民衆の心に深く浸透していったのである。

3……あおによし奈良の都

伝説の歌聖、柿本人麻呂

柿本人麻呂は、和歌の神としてだけではなく、民間の神としてもまつられていたという。たとえば、名前を「垣の下、火止まる」と読んで、火事の守り神とされたり、「人、生まる」と読みかえて、安産の神にされていた。生没年も不明、官位もそれほど高くなかったらしい人麻呂、わかっているのは、『万葉集』『古今和歌集』『拾遺和歌集』などに多くの歌を残す、優れた歌人だったということだけである。それにもかかわらず、何故、人麻呂は多くの奇想天外な伝説の主人公となり神となったのだろうか。

人麻呂にまつわる伝説で、おもなものをあげると、

1　人麻呂は今の北九州、筑紫の国へくだって歌をよんだという、「筑紫下向伝説」。

2　人麻呂は筑紫から新羅に渡ったとする「新羅伝説」。

3　人麻呂は唐に渡ったとする「渡唐伝説」。

4　人麻呂と山部赤人が同一人物であるとする「同一人物伝説」。

5　人麻呂が生まれつき神だったとする「歌神伝説」。

などがある。

ほとんどが、人麻呂の死後に広まったと思われる伝承である。人麻呂が没した後の世、藤原定家の時代、『古今和歌集』の秘事秘伝を、師からたった一人の弟子に口伝するという古今伝授の慣習が始まった。そのなかでも、「二聖相伝」の部分は、柿本人麻呂と山部赤人を二大歌聖として伝えたものだった。この古今伝授が拍車をかけ、以後「歌聖」とされた二人の人物像は、「こうでなければならない」「こうであったに違いない」という思いのもとに、真偽織り交ぜて脚色、増幅されていったのである。

1の「筑紫下向伝説」は、『万葉集』のなかで、人麻呂が筑紫にくだることを題材にした歌を一首よんでいたためとされる。しかし歌そのものを読み解くと、人麻呂自身のことをうたっているわけではないようだ。ここで誤って解釈されたことから、末は人麻呂の「渡唐伝説」

に発展してゆく。

2の「新羅伝説」は、遣唐使ならぬ遣新羅使たちが帰朝して口ずさんでいた古歌に、すでに没している人麻呂の歌がまじっていたためである。それが理由で、かつて人麻呂は筑紫から出航する遣新羅使だったのではないかと推測された。

3の「渡唐伝説」では、海を渡った行先がいつのまにか新羅ではなく、唐にすりかえられている。十一世紀の勅撰和歌集『拾遺和歌集』のなかに、「人麻呂の渡唐」を題材にした歌がみられる。すなわち、そのころには渡唐伝説が一般化されていたのだろう。

4の「同一人物伝説」は、人麻呂が白楽天にも匹敵する詩人だから、という発想に基づいているらしい。唐の詩聖とされる天才白楽天は、白居易という詩人と同一人物だった。そこで、歌聖人麻呂も別名が必要だということになり、それならば同じ歌聖の山部赤人が適任だろうと安易に同一人物ということにされてしまったと考えられている。

5の「歌神伝説」は、人麻呂の出自が明らかでなかったことから、「石見国において柿の木の下に突然あらわれた童が、人麻呂であった」という、奇抜な伝説がつくられたのである。住吉明神は和歌の守護神であったが、人麻呂はその住吉神の化身であろう、ということになった。謎の多い歌人柿本人麻呂はこうした経緯をへて、伝説の歌の神として広く敬われることとなったのである。

酒の湧き出した養老の滝

七一七(霊亀三)年十一月十七日、元正天皇は詔をくだした。「朕は九月に美濃国不破の行宮にいったとき、ある日、多度山と美泉をみた。自分で手や顔を洗うと皮膚はなめらかになり、痛いところはすぐに痛みが消えた。聞けばこれを飲んだりあびたりすると、白髪は黒髪に戻り、薄かった髪はさらに生え、みえにくかった眼もよくなり、その他の病もすべて治るという。朕も昔、聞いたことがある。後漢の光武帝のとき美泉が出て飲んだ者の病はすべていえたというが、まさに老いを養う水の精である。これはきわめて瑞祥だから天下に大赦を行い、霊亀三年を改めて養老元年とする。そして、天下の老人で

Column

祥瑞改元

中国では王者の徳が厚ければ世は安定し、天が祥瑞をあらわすが、不徳の主なら、世が乱れ種々の災害が起こると考えられてきた。日本もこれを受け継ぎ、『延喜式』では祥瑞を大・上・中・下の四段階に分け、慶雲・神亀は大瑞、白雉は中瑞というように位置づけた。

改元には即位・祥瑞・災異・特定の干支(甲子と辛酉)などの理由で行われるが、奈良時代まではおおむね祥瑞であった。それが平安時代には災異と干支が多くなった。明治以降は一世一元となって新天皇即位で改元される。

祥瑞のおもな例は、白雉(六五〇、白雉献上、異称が白鳳)、大宝(七〇一、対馬より金の貢進)、慶雲(七〇四、神馬献上で慶雲出現)、和銅(七〇八、和銅献上)、霊亀(七一五、瑞亀献上)、神亀(七二四、白亀献上)、天平(七二九、「天王貴平知百年」の文字の浮かぶ亀の出現)などがある。

八〇歳以上の者に住居や布・米などをあたえ、孤独の者や病人たちには地方長官に命じて慰問させることにした」というのである。これは『続日本紀』の記述で祥瑞改元をするとの記述であるが、天皇の多度行幸は右大臣藤原不比等とその四男で美濃介だった麻呂との働きかけで行われたものらしい。

この話は鎌倉時代の『十訓抄』や『古今著聞集』でさらに脚色され、次のような話となる。元正天皇の時代、美濃国に貧しく卑賤な男がいた。男は山の草木をとり、老父を養ったが、父は酒が大好物、ために男はいつも酒を買い求めていた。あるとき、男が山に入ってうっかりと転んだところ、酒の香がするので辺りをみまわすと、石のあいだから酒が流れ出している。喜んだ男は毎日、これをくんで父を養った。このことが天皇に聞こえ、霊亀三年九月、行幸することになった。これは天神地祇が孝子をあわれんだのだというので、男はのちに美濃の国守となり、酒の出たところを養老の滝と呼び、十一月に年号も養老と変えた、と。

養老の滝は岐阜県大垣市の東南、養老山の谷にかかる三〇メートルばかりの滝である。近くには養老寺・養老神社や元正天皇行幸遺跡などもあり、美泉の場所は養老の滝とする説と、神社内の菊水泉とする説がある。また、養老山の東南一五キロに多度山があり、「多度山の美泉」が、このどちらになるかについては両説あってはっきりしない。

女人を救った行基

律令政府から初めは「小僧」と卑しめられ、のちには「大僧正」とたたえられた行基は、民衆からは「大菩薩」と敬われ、中国の五台山の文殊菩薩の化身と考えられた。それだけに行基をめぐる霊験説や逸話のたぐいも多い。ここでは『日本霊異記』から、行基が当時は男性より罪深いと考えられていた女性に救いの手を差しのべた話を取り上げてみることにしよう。

飛鳥古京の元興寺の村で、法会の会場を整え、行基を招いて七日間法会を行ったときのことである。聴衆のなかに、髪に猪の油を塗った一人の女がいた。みつけた行基は、「どうもくさくてかなわない。そこの、頭に血を塗った女を遠くへ追い出してしまえ」といった。恥じた女はただちに退出する。凡人の眼には単に油にみえたものが、仏の化身といわれた行基には獣の血だとわかったのだ。行基はそれを穢れとみた。当時としては、女人を去らせることが救いだとしたのだろう。

行基は難波の堀江を開いて船着場をつくったり、仏法を説いたりして人びとを教化した。ここに、河内国若江郡川派の里(現大阪府東大阪市)に一人の女がいた。子をつれて法会に来ると、行基の説法を聞いていたが、子は泣きわめいて母親に説法を聞かせない。その子は一〇歳をすぎていたが、まだ歩けず、たえまなく泣いては乳を飲み、ものを食べた。行基はいった。「やあ、そこな女人よ。その子を連れ出して川にすててこい」。人びとはこれを聞いてぶつぶつささやきあい、「慈悲深い聖人さまが、なにゆえこのように無慈悲なことをおっしゃるのか」といった。女は子どもかわいさのゆえにすてられない。そのまま子をだいて説法を聞いた。

翌日、女はまた子をつれて法を聞いた。子はまたも、やかましく泣きわめき、聴衆たちはそれに邪魔されて法を聞けなかった。すると行基は厳しくいった。「その子を早く淵に投げすてるのじゃ」。不思議に思いながらも女はやむをえず、子を深い淵に投げすてた。すると子は水の上に浮かぶと足を踏み、手をすりあわせ、目を大きく見開いて悔しがった。「残念だ。あと三年はお前から取り立てて食いつくしてやろうと思っていたのに」と。母は不思議に思いながらふたたび法会に戻った。行基はたずねた。「子どもはすてたか！」。母は詳しく説明した。行基はいった。「お前は前世であやつのものを借りたままにして返さなかった。だから、あやつは子どもの姿になって負債を取り立てようとしているのだ。あの子は昔の貸し主だよ」と。

『日本霊異記』の作者景戒は、この話について次のようにいう。「考えてみれば恥ずかしい話だ。人からものを借りて返さないまま、どうして死ぬのか。のちの世に、必ず報いを受けるのが当然だ。「出曜経」にいっている。『他人から銭一文の塩を借りたままにすれば来世には牛に生まれかわり、塩を背負って使われ、貸し主に支払うのだ』と。それはこのようなことなのだ」と。とにかく行基はこのことを見通して女人を救ったのである。

行基伝説で知られるぶどう薬師

山梨県甲州市勝沼、ここの真言宗柏尾山大善寺には鎌倉時代の薬師堂（本堂）と南北朝時代の厨子が、いずれも国宝として存在する。興味深いのは厨子内の本尊、薬師三尊像は重要文化財だが、これが奈良時代の行基自刻の像と伝えられていることである。

高さ八五センチの中尊薬師如来像は、桜材の一木造、漆箔の秘仏だが、古来、ぶどう薬師として知られ、かつては右手にぶどうの房をもっていたという。この像に関しては次のような話が伝えられている。七一八（養老二）

年のこと、行基が柏尾の地にやって来た。彼は白川の渓谷の大岩の上で修行したが、満願の日に右手にぶどう、左手に宝印をもった薬師如来が霊夢にあらわれた。行基がその姿をきざんだ像が大善寺の本尊なのだという。これより行基はぶどうの栽培法を人びとに教え、現在のような勝沼ぶどうの里をつくることになったとされる。しかし、この本尊、ぶどう薬師像は平安初期九〜十世紀の作と思われ、行基の話がのちにつくられたと考えられる。

甲州ぶどうの由来については次のような伝えがある。一一八六（文治二）年、八代郡上岩崎村（現甲州市）に住む雨宮勘解由が山ぶどうとは別種のぶどうを発見し、これを栽培すると五年目に実を結び、甘く美味なことが世に伝わり、鎌倉から源頼朝もやって来た。さらに戦国時代の武将武田信玄もこれを賞味し、徳川家康のころから勝沼一帯にぶどう畑が広がったという。いつのころからか大善寺の薬園で薬種としてのぶどうが栽培され、これを権威づけるために行基伝説がつくられていったと考えられるのが妥当なところではあるまいか。

大善寺の開創については、今一つ、甲斐国らしい話がある。行基開創はともかく、大善寺は平安前期にすでに存在した。同寺近くで出土した十二世紀初頭の経筒の銘に法曹関係者の名として三枝守定・宗継の名があるが、大善寺は平安時代以来、在庁官人として権勢をふるった豪族三枝氏一族の氏寺だったことを物語っている。

三枝氏の祖については有名な守国伝説がある。九世紀の前半、仁明天皇の時代に丹波国安大寺の榎の木の三股のなかに童子がいて、三枝守国の名を賜った。この守国が異国の敵を退治した功によって播磨国をあたえられたが、のちに無実の罪で甲斐国へ流されたという。この三枝氏の氏寺が柏尾寺＝大善寺だというわけである。守国伝説は明らかにつくられた伝説だが、九世紀前半、甲斐国に三枝氏がいたことは確かである。

以上をあわせ考えると、おそらく大善寺は平安前期に甲斐国にあった三枝氏が創建した。それが平安末期に衰退し、鎌倉時代に幕府の保護をえて再興したとき、土地の名産ぶどうと絡めて行基のぶどう薬師伝説を持ち出したのであろう。室町後期に大善寺がふたたび衰退したとき、甲斐国で有名な守国伝説を強く打ち出し、土地の寺としての地位を固めたものと思われる。

嬉しいことに大善寺は現在、史跡民宿の寺として広く開放されている。ここを訪れて文化財と伝説とをじっくり味わい、考えてみるのもいいのではないか。

元祖陰陽師の吉備真備

吉備真備は二度の渡唐で陰陽道を体得し、不思議なエピソードを数多く残している。

遣唐使として唐に渡った真備は、宮中に出仕してその知識、優れた文官の才能を発揮していた。しかし、唐人たちが真備を妬んで、恐ろしい鬼が住むという楼閣に閉じ込めてしまった。真備は鬼があらわれるのを待って、落ち着いて話を聞いた。すると、鬼の正体は日本から入唐した阿倍仲麻呂で、自分の子孫のようすを知りたがっていた。真備が、仲麻呂の子孫の繁栄を教えてやると、喜んで帰っていったという。閉じ込めた唐人たちは悔しがり、つぎに難解な『文選』をあたえ、真備が読めずに困る姿をあざ笑おうと画策するが、真備は鬼の助けを借りて切りぬける。唐人たちはさらに意地になり、今度は囲碁名人と勝負させて負けさせようとするのだが、これも鬼が手助けして引分けの状態になった。真備は機転をきかせ、相手方の黒い碁石を一つ呑み込んで勝利した。最後に唐人たちは高僧宝志を呼びよせ、鬼が手助けできないように結界を張らせたなかで、真備に謎の詩文を読ませた。しかし、日本の住吉明神、長谷寺観音に真備が祈禱すると、一筋の糸とともに蜘蛛が天からおりて来た。そして、蜘蛛が文字の上を動き回り、真備はその動きを読みとってみごとに詩文の謎を解いた。唐の皇帝は、真備の卓越した博識を惜しんで幽閉してしまい、帰朝を許さなかったと伝わる。

また別の一説によれば、皇帝が真備の才能を羨み、「閉じ込めて、餓死させよ」と命をくだした、とある。だが真備が双六の筒と暦盤を使って日月をとめてしまったため、唐では一〇日間、真っ暗な日々が続いた。唐の皇帝はやむをえず、勅命をもって帰朝を許したという。これらのエピソードを題材にした絵巻物『吉備大臣入唐絵巻』が、ボストン美術館に残っている。

真備は帰朝後、遣唐使仲間の玄昉とともに、聖武天皇や時の権力者橘諸兄に重用され、能力を発揮した。『今昔物語集』に逸話が残っている。聖武天皇の寵愛を受けた女性が、金銀に目がくらむあまり、醜い蛇となってしまった。石淵寺でとおりがかりの人びとを襲って悪さをするというので、真備がつかわされた。真備は蛇となった女性と対峙し、法華経を写経してその悪霊を供養すると、女性は救われて天に召されていったという。

真備と玄昉のコンビを、宿敵として憎んだのは藤原広嗣であった。広嗣は世のなかの乱れが、橘諸兄の参謀役、玄昉と真備のせいだと弾劾し、二人を追い落とそうと北九州で反乱を起こした。聖武天皇は勅命をもって大軍を派遣し、これを鎮圧。広嗣は捕えられ、斬り殺された。しかしこののち、広嗣の祟りが玄昉を襲う。あるとき身体が宙につかまれたかと思うと、ばらばらにされて地上に落ちてきた。首だけが興福寺に落ちたともいう。聖武天皇は驚き恐れ、急ぎ真備を慰霊にあたらせた。真備は圧倒的な陰陽の力によって、荒れ狂う広嗣の霊をしずめたとされている。

室町時代の陰陽道解説書には、真備についての記述がある。真備は帰朝の際、唐の皇帝から陰陽道の聖典を譲り受けていた。数十年がたち八〇歳で亡くなる直前、六歳くらいの少年にその聖典を譲り渡しすべてを伝授した。実は少年は阿倍仲麻呂の子孫で、陰陽師として名高いのちの安倍晴明その人であったという。吉備真備の官職は右大臣であったが、その類いまれな能力から元祖陰陽師として、後世においても敬われ続けたのであろう。

人間味あふれる万葉歌人

山上憶良といえば、『万葉集』に多くの歌を載せている有名歌人である。とにかく長歌一一首、短歌六三首、漢文三編、漢詩二首と聞いただけでびっくりするが、生年だけは六六〇年とわかるものの、そのあとはまるでわからず、写経生・僧侶説さらには百済の亡命者説まである人物である。

明確なのは、四三歳のとき、遣唐使の一員として数年間入唐してからである。憶良は六七歳で筑前守として九州大宰府に赴任、二年後、大宰帥として赴任した大友旅人(家持の父)と親交を深め、筑紫歌壇を形成した。

旅人は二年後、大納言となって奈良の都へ戻ったが、さらに二年後、憶良も帰京した。時すでに七二歳のころである。

憶良の歌として有名なのは『万葉集』巻五の「子等を思ぶの歌」と「貧窮問答歌」であろう。まず、前者の歌は大宰府在任中の作で、「銀も　金も玉も　何せむに　まされる宝　子にしかめやも」とよむのは子をもつ親の純粋な喜びを素直に歌い上げたものといえよう。

後者の長歌は帰京した年の作で、歴史教科書にもよく取り上げられるから、ご存知の方も多いだろうが、貧者と窮者(極貧者)がたがいの生活の苦しさをなげきあった末、「世間を　憂しと恥しと　思へども　飛び立ちかねつ　鳥にしあらねば」と諦めにも似た心境を吐露する歌である。

両者に共通するのは、花鳥風月などの自然の美しさを歌い上げる普通の和歌とは違い、人間の素直な愛情と貧・老・病・死という四苦への思いとを示していることである。それは憶良の人間性と地方官僚の体験とを反映した知識人の苦悩だといえるだろう。

都へ戻った翌年、憶良は重病の床に就いた。彼は病の床で、「沈痾自哀文(重病にかかったわが身を悲しむ文章)」と題する一二〇〇字余の漢文と一編の詩、それに七首の歌を残した。どうやらリュウマチだったらしい病状は、好転せず、憶良は七四歳の生涯を閉じる。「士やも　空しくあるべき　万代に　語り継ぐべき　名は立てずして」。辞世の一首は憶良の強い生への執着を感じさせるものがある。

4 天平の遥かな祈り

蔵王権現の出現

奈良県南部の大峯山脈の北側、山上ヶ岳から吉野山一帯は金峯山と呼ばれ、古く七世紀末ごろから修験道の聖地であった。また吉野山は桜の名所として知られ、南朝悲史の里でもある。伝説によると、七世紀末に役行者小角がここ金峯山で修行して蔵王権現を感得し、その姿を桜の木にきざんで山上ヶ岳と吉野山に安置し金峯山寺を開創したという。それより現代にいたるまで、金峯山は修験道の根本道場として多くの人びとが入山した。

吉野山が「桜の名所」となったのも、役行者が蔵王権現を桜の木で彫刻したことにより、桜が神木化され、多く植えられたからである。数多の行者・信者たち、さらには公家・武家・豪商たちはきそって苗木を寄進し蔵王権現に供えた。こうして現在の下の千本から、中・上、そして奥の千本へと続く景観が作り出されたのである。

吉野山一帯に広がる霊場、金峯山寺の本堂は蔵王堂である。高さ三四メートル、東大寺大仏殿につぐ大きさを誇る堂内には、日本最大の厨子のなかに三体の巨大な蔵王権現像が並び立っている。ながく秘仏としておがむこともできなかったが、二〇〇四(平成十六)年に「紀伊山地の霊場と参詣道」が世界遺産に指定されたのを記念して、一年間に限っての特別開帳が行われ、さらに一二(同二十四)年からむこう十年間、一年のうち、特定の期間特別開帳が行われており、その像容が明らかになった。

次ページの写真は蔵王堂の客仏として安置されている元安禅寺本尊の蔵王権現像である。これをより巨大化し、全身を青黒く彩ったのが蔵王堂本尊の三体だと考えればよい。中央像は高さ七・三メートル、向かって左は五・九メートル、右は六・一メートルもある巨像で、それぞれの本地仏は釈迦如来・千手観音・弥勒菩薩だと伝えている。寺の説明によると、右手の三鈷は天魔をくだく相、左手の刀印は一切の情欲・煩悩を断つ剣で、左足で地下の悪魔を押さえ、右足で天地間の悪魔を払う姿であり、背後の火炎は偉大な智恵、青黒色の身体は深い慈悲をあらわすという。一度拝観されれば、まさに大自然の霊威そのものの具現だと感じられるだろう。

なぜ、こんなにも厳しい像容なのか。鎌倉時代の仏教説話集『沙石集』には次のような話がある。役行者が吉野の山上で蔵王権現を感得したとき、まず眼前に出現したのは釈迦如来像だった。行者は「このお姿では日本の衆生は教化しにくいと思われますので、なんとか変えていただけませぬか」と願ったところ、今度は弥勒菩薩として現ぜられた。行者はさらに今一度の変身を望むと、一転して恐ろしい姿となった。行者は思わず「これこそ、わが国で教化を進められるお姿だ」と申し上げた。これが、忿怒の蔵王権現像なのだと。

蔵王権現像（奈良県吉野町金峯山寺）

蔵王権現は、もともとインドや中国には出現しなかった神格である。『古今著聞集』はこの点について、「昔、中国に金峯山があり、金剛蔵王権現が住んでおられたが、海を越えて日本に移り、日本の金峯山になった」と貞栄禅師が語ったと記しており、本来、密教の尊格だった金剛薩埵（胎蔵界曼荼羅の主尊）の化身、金剛蔵王菩薩が吉野山で姿を変えたものと思われる。その際、像容も大きく変わった。金剛蔵王菩薩は一二面ないし一六面で、一〇八臂をもち、全身が青黒かったが、一面三眼二臂の忿怒形となり、焔髪逆立ち、手に金剛杵をもち、片足をあげるという姿になったのである。この姿は金剛杵の威力をもつ執金剛神や金剛力士、金剛童子などの姿をもとに生み出されてきたのだろう。特色ある蔵王権現の像容は日本の風土に応じて創出されたものである。

東大寺の執金剛神像

東大寺の最古の建物に法華堂（三月堂）がある。三面六臂の不空羂索観音を中心として多くの国宝・重文指定の仏像がずらりとならぶ天平仏の宝庫だが、本尊背後の厨子のなかには秘仏執金剛神像が安置されている。年に一度、十二月十六日に御開帳があるので、一度は拝してみたいものである。

この仏像の由緒について、『日本霊異記』は次のように語っている。「平城京の東山に金鷲寺という寺がある。この寺がのちに東大寺となるのだが、聖武天皇の時代に金鷲という在俗の行者が住んで修行していた。この寺に執金剛神の像があり、行者はこの像の脛に縄をかけて引き結び、昼夜を問わず祈りをささげていた。あるとき、像の脛が光り、その光は皇居に達した。驚いた天皇は使者を送る。みれば一人の行者がいて、今しも縄を引いて礼拝していた。行者は使者に向かっていった。『私は出家して仏法を学びたいと思っています』。天皇はこれを許して「金鷲」という名をあたえ、行者は人びとに崇められるようになった。脛から光を放った執金剛神像は、今、東大寺羂索堂(三月堂)の北の入口に立っている」と。

執金剛神は、煩悩を打ちくだく金剛杵をもって仏を守護する神であり、その怒号する忿怒の形相はすさまじい。それが獣をとる網(羂)と釣り糸(索)をもって人びとを救うとされる不空羂索観音を守護する形で、その背後におかれているのだが、当然、観音とともに朝廷と国の安全を守る働きをすることになる。

伝えによると、十世紀半ばの天慶の乱に際し、多くの神仏が東国の平将門を調伏すべき任をおわされた。千葉県の成田不動もその一つである。京都東寺の寛朝僧正は、空海が開眼したといわれる不動明王像を奉じて、関東の成田へ赴き、その満願の日に将門調伏に成功した。ところが「それでは帰京しよう」とすると、不動像が動かない。やむなく像はそのままにして成田にとどまり、

東大寺執金剛神像

Column

三月堂と二月堂

「三月堂」では毎年旧暦三月に法華経を講じる法華会が行われる。それが「法華堂」「三月堂」の呼称の起こった由来である。

では三月堂の北にある「二月堂」の呼称はどうか。ここでは七五二（天平勝宝四）年二月一日を最初として、毎年秘仏十一面観音菩薩に悔過の修法が行われている。俗に「お水取り」と呼ばれる修二会の法会であり、ここから二月堂の名が起こった。ただし現在のお水取りの行事は新暦三月に行われている。

新しく堂を建てて新勝寺と名づけたという。

法華堂の執金剛神像もこのときに行動した。伝えによると堂内から突然姿を消したが、まもなくビッグニュースが伝えられた。関東の地で将門の前に執金剛神があらわれると、そのもとどりの元結から一匹の蜂が飛び出し、将門を一刺しして倒したというのだ。この話を裏づけるように、やがて堂に戻った神像は息も荒く、全身汗まみれであったうえ、元結の一部が欠けていた。欠けた部分が蜂になったからなのだろう。また、こんな話もある。厨子の前には二つの鉄の灯籠があるが、その火袋の中段に小さい蜂がとまっていた。それが将門を倒した蜂なのだと。

真相不明の大仏公害

日本で公害問題が深刻化したのは一九六〇年代後半から七〇年代にかけてのことだった。なかでも世人の注目を集めたのは、熊本の水俣病という有機水銀公害である。不知火窒素水俣工場からの排水に含まれる有機水銀が、不知火海の魚介類に蓄積され、これを食べた沿岸住民の中枢神経がおかされるという病気である。

水銀公害はこれがはじめてではない。今より一二〇〇年の昔、八世紀半ばの国家的プロジェクト、東大寺大仏鋳造のとき、大量の水銀が使用されたのだ。「大仏殿碑文」によると、巨大な盧舎那仏の鋳造に際し、銅七四万斤弱(四四三・七トン)、白鑞(鉛を含んだ錫)一万三〇〇〇斤弱(七・六トン)、水銀五・九万両弱(二・二トン)などを用いたというから、たいへんな鉱毒被害が起こっても不思議ではない。

大仏造立は七四五(天平十七)年に始まり、左図のように八度鋳ついで、四年後の七四九(天平勝宝元)年に終った。開眼供養はこの年に行われたが、仏身を金色にしなければというので、大仏本体の鍍金作業がこの年から五年をかけて行われた。鍍金の方法は、まず金一グラムを水銀六グラムにとかしたアマルガムを、きれいに拭った仏身の表面に一面にこすりつけて白色にする。ついでその面に炭火をあてて三五〇度くらいの高温で焼くと、水銀が蒸発して黄金の面になる。これを約三回繰り返すと完成することになる。この作業を大仏殿という建物のなかで、五年も続けて行ったらどうなるか。当然、蒸発した水銀は人を汚染し、大量の死者がでることになる。しかし不思議なことに鍍金被害についての記録・報告はまったく存在しないのだ。

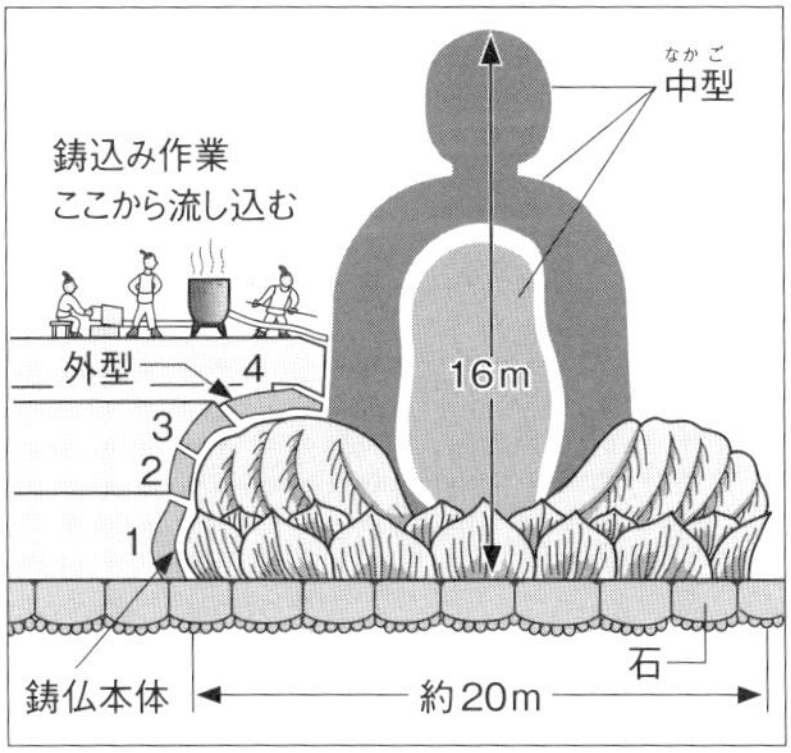

大仏の鋳造方法

早くこの点に着目して、水銀公害があったであろうと指摘されたのは、杉山二郎氏で、一九八六(昭和六十一)年、『大仏以後』で所説を展開された。氏は「七八二(延喜元)年に行・財政整理をして造営省を廃したのに、七八四(同三)年、突然長岡京遷都にふみ切ったのはなぜか」と疑問を提起し、そこには重金属公害が広まって藤原氏をはじめとする多くの律令官人とその家族たちを直撃したからではないかと指摘された。

どうやら大仏鋳造による重金属公害は、七四〇〜七五

○年代に急速に進んでいたらしい。七四七（天平十九）年の新薬師寺の創建と、七五六（天平勝宝八）年の聖武天皇の死とは、かなりこのことにかかわっていたのではなかろうか。そしてその後も重金属公害は平城京に広がり、七六五（天平神護元）年の西大寺創建の中心となったのが薬師堂であったことも踏まえ、公害病に汚染された平城京を忌避する気持ちが強まったのではないか。長岡京への遷都は、いわば「疫病の地からの脱出」ともいえるというのが氏の所説である。長岡京遷都の七八四年は甲子の年にあたるから、甲子革令説による遷都とも考えられるが、杉山説もなるほどと思わせられる説得力があるといえる。

Column

甲子革令・辛酉革命

年号（元号）を改める改元は一九七九（昭和五十四）年の元号法によって、天皇の代始改元だけになったが、かつては祥瑞のみられた際の祥瑞改元（和銅・天平など）、災厄をきらっての災異改元（天慶・貞永など）もあった。さらに平安中期に恒例化したのは甲子・辛酉の年の改元である。これは古代中国における讖緯説という未来予言説に基づくもので、甲子の年には政令が革まり（甲子革令）、辛酉の年には天命が革まる（辛酉革命）という考え方によるものであった。

辛酉革命説が古くからあったことは、明治時代に那珂通世が「上世年紀考」などで解き明かしたものだが、『日本書紀』の編者が推古天皇九（六〇一、辛酉の年）年を起算点として、一蔀、一二六〇年をさかのぼらせて、神武紀元の制定を作為したものだというのである。

七夕伝説の広がり

日本では古来旧暦七月七日に七夕の星祭が行われてきた。現代では各家庭では行われなくなってきたが、依然として陽暦や月遅れの七夕行事をしているところもあるし、東北の仙台、湘南の平塚などの七夕飾りなどは有名である。

この日、空では牽牛と織女の二つの星が年に一度、天の川で出会うとされ、二つの星がかささぎの翼を延べて橋とし、織女が橋を渡って牽牛に会うというが、この伝説はもともと中国の道教で説かれたものである。宇宙の絶対者が西王母と東王公とに分裂したときに生まれたさまざまの男女一対の神の一つが牽牛・織女の二星であり、二星の出会いは宇宙の再生を意味したものだったらしい。これに悲恋の話が加わって信仰から切り離された物語となったのは、後漢の末ごろと考えられている。牽牛星(わし座のアルタイル)は農耕の基準、これと向かいあう織女(こと座のベガ)は養蚕や針仕事をつかさどると考えられていた。これにあやかって女性の願いである裁縫が上手になるようにと祈る祭りが乞功奠だが、この行事が中国から日本に伝えられ、平安中期から盛んに行われた。宮中では清涼殿の東庭にむしろをしき、朱塗の机を四脚立て、果物や野菜などを多くならべ、香炉に香をたき、婦女子の裁縫の技術上達を願ったのである。

一方、日本では棚機女の信仰があった。棚機つまりタナ(傾斜地に張り出してつくった建物)に設けられた機に乙女がいる。乙女は水辺の機屋にこもり、機を織りながら神を迎えるが、この神と乙女とのゆきあいが、牽牛・織女の伝説と習合し、乞功奠の行事を取り入れることになった。八世紀の『万葉集』では、山上憶良の「七夕の歌十二首」は短歌一一と長歌一からなるが、「天の川相向き立ちて　わが恋ひし　君来ますなり　紐解き設けな」とか「牽牛は　織女と　天地の　別れし時ゆ　いなうしろ　川に向き立ち……」などでわかるように、牽牛・織女二星の物語を踏まえてよまれている。おもしろいのは二人が会うとき、中国では織女が天の川にかかる橋を渡ってゆくのだが、日本では織女が出す迎え船に乗って牽牛がゆくことだ。どうやら、これは父系制の中国と妻問いの日本との違いが生み出したことのようだ。

　日中伝説の習合のうえに定着した七夕の行事は、いろいろな形をとるようになる。技芸向上を願って五色の短冊に歌や文字を記して七夕の竹に結びつけ、行事が終ると川や海に流したり、藁(わら)や菰(こも)で馬や牛をつくることが流行して、これが胡瓜(きゅうり)や茄子(なす)でつくるようになると、盆の行事と区別がつかなくなったりする。変わったところでは、遊里(ゆうり)の言葉に「七夕客」という語がある。きわめてまれに訪れるからというのだが、なるほどと感心する。

　こういったなかでおもしろいのは、中世から近世前期にかけて流行した奈良絵本と呼ばれる絵入り物語にみられる牽牛と織女の変貌ぶりだ。主人公は牽牛ならぬ天稚彦(あまのわかひこ)、この神は天孫降臨(てんそんこうりん)にさきだって高天原(たかまのはら)から地上におりた神で、高天原を裏切ったために殺されてしまうのだが、奈良絵本では竜王の化身として地上におり、長者の娘と結婚するが、やがて天へ戻る。娘はあとを追い、稚彦の父である鬼神に邪魔をされたうえ、一年に一度だけ会うことを許される。そのとき、娘が流した涙が天の川となる。脚色はほかにもあるが、要は天上から地上へ来た男と娘が、年に一度だけ天の川を挟んで会うという筋立てである。こういう話ができるのも、中国産の七夕談が日本で消化・変形しながら、民衆のあいだに溶け込んでいったからである。

5 花開く平安京

坂上田村麻呂の蝦夷平定

坂上田村麻呂といえば蝦夷を平定した征夷大将軍として知られているが、戦いの連続にはたして迷いはなかったのだろうか。身長二メートルに近く、体重は必要に応じて四〇キロから一二〇キロぐらいまで自在に調節できたという男の本音はどうなのだろうか。

田村麻呂は平安初期の渡来人系の人物で、のちに陸奥鎮守府将軍となる苅田麻呂の三男として平城京辺りで生まれた。その生涯は、八世紀末ごろから九世紀にかけて中央政権に敵対した東北の部族、蝦夷の征討にかけられた。征討副使に、ついで征夷大将軍の任命を受けた田村麻呂は、戦争に明け暮れながら、八〇二年には陸奥国に胆沢城を造営し、ついに蝦夷の首長阿弖流為・盤具公母礼ら五〇〇余人を降伏させた。

田村麻呂は「毘沙門の化身、来たりてわが国を護る」といわれた。毘沙門天は仏教の四天王の一つで北方鎮護の仏であり、蝦夷を討って国を守った田村麻呂は毘沙門天の生まれ変わりとみなされたのである。田村麻呂自身、信仰心が厚く、遠征に出かける際はまず平安京の北方を守るとされた鞍馬寺の本尊毘沙門天に詣り、東北の地にもこれを模した寺を建てたという。また、僧延鎮を助けて京の東山に十一面観音を本尊とする清水寺を建立したとされている。

八〇二(延暦二十一)年七月、田村麻呂は阿弖流為以下五〇〇余人の蝦夷をつれて京へ戻った。阿弖流為たちがどのような気持ちで降伏したのかはわからないが、八月になって阿弖流為・盤具公母礼という首脳二人が河内の杜山で処刑された。詳しくはわからないが、田村麻呂はこのとき、彼らの助命を進言したらしい。しかし朝廷の公卿たちはこぞって反対した。「彼らは野生・獣心の徒でやがて反乱を起こすにちがいない。田村麻呂の願いをいれて奥地に放還するのは、虎を養ってわずらいを遺すことになる。ただちに処刑せよ」と。田村麻呂がこの決定をどう受けとめたかはわからないが、心中おだやかでなかったのは確かだろう。

田村麻呂の征討はまだ終らなかった。胆沢城に続いて、その北に志波城をつくり、ふたたび征夷大将軍に任じられた。これを最後として、田村麻呂は宮中に勤仕し、参議、中納言、右近衛大将をつとめた末、八一一(弘仁二)年、平安京郊外、粟田の別宅で五四歳の生涯を閉じた。

影響はその後も続く。墓は京の東山につくられ、国家非常の際は墓が鼓を打つように、雷鳴のように響いたので、将軍と号して凶徒平定に向かう者は、まずこの墓に詣でることになったという。また、これとは別に東山に将軍塚がつくられ、王城に変事があれば動揺するといわれている。

鞍馬寺の奇瑞

京都市左京区の鞍馬寺は、毘沙門天を本尊とする山岳霊場で、平安京の北方を守護する寺とされて朝野の尊信を集め、坂上田村麻呂も厚く信仰した寺である。この寺がなぜ鞍馬山におかれ、なぜ毘沙門天がまつられたのだろうか。

寺伝によると、その草創は七七〇(宝亀元)年で、開いた人は鑑真の弟子鑑禎、霊夢に導かれて鞍馬山に毘沙門天像をまつったというのだが、『今昔物語集』などによると、堂塔の建立は桓武天皇の七九六(延喜十五)年、造東寺長官の従四位藤原伊勢人によって行われた。伊勢人は心中ひそかに念じるところがあった。「私は宣旨によって東寺の造営に従ったが、自分の氏寺としての寺もつくりたい。年ごろ観音像をまつりたいと思っているが、どこに建てればよいか、指示を賜りたい」と。すると夢に神があらわれた。「われは王城鎮護の貴船明神なり。王城の北にある深山、そこが霊験あらたかな地なるぞ」。

喜んだ伊勢人は夢告に従い、年ごろ乗っている白馬を鞍をおいたまま放った。供の者をつれた伊勢人は馬の足跡を追って北に向かう。やがて夢にみた山に着き、のぼってゆくと峰の上に馬が北を向いて立っていた。伊勢人は思わず「南無大悲観音」と唱えて礼拝したが、近くの草むらのなかに白檀づくりの毘沙門天像が横たわっているのを発見する。喜んだ伊勢人だったが、なぜ観音でなく、毘沙門天なのかがわからなかった。疑問はその夜の夢のなかで解けた。一五～一六歳の稚児があらわれ、「観音菩薩と毘沙門天は同体である。私は毘沙門天の侍者善膩師童子だ」といったのである。伊勢人はただちに杣人と工人とを集めて、山から材を伐り出し、堂塔を建て、毘沙門天像を安置した。それが鞍馬寺である。

鞍馬寺の本尊は秘仏なので、その像容はわからず、兜跋毘沙門天像ではないかともいわれるが、それとは別に霊宝殿には国宝の毘沙門天像と吉祥天像・善膩師童子像がある。毘沙門天像は左手を額にかざす特異な姿勢で、平安京鎮護にあたっているような感じであるが、これまた本来の形を伝えているのかどうかは判然としない。

鞍馬寺本殿金堂（京都市左京区）

三善為康の『拾遺往生伝』などによると、伊勢人に寺の建立を勧めたのは、東寺の十禅師（官が定めた一〇人の学徳兼備の名僧）だった峰延だとする。彼が東寺から北山の景雲がたなびくのをみて鞍馬山に達すると、鬼があらわれて襲ってきた。峰延が毘沙門天を念じると、朽ち木が倒れて鬼を打ち殺した。そこへ伊勢人が山をのぼってきてこのありさまをみ、峰延を寺の初代別当にしたという。

『拾遺往生伝』はさらに続ける。そののち、峰延が護摩の法を修していると、突然、大蛇があらわれたので、大威徳尊と毘沙門天との呪を唱え、大蛇を倒すことができ、伊勢人はこの情景をみたというのだ。とにかく鞍馬寺は謎めいた雰囲気をもつ寺である。毘沙門天に加えて魔王尊、聖観音、千手観音などもあり、牛若丸時代の義経や陰陽師鬼一法眼の伝承もあって、謎めいた山寺である。

ワイルドな異色学者、小野篁

平安時代前期の小野篁は、当時の人びとから「野宰相」「野相公」と呼ばれたワイルドなイメージの漢学者である。その言動が直情的で異彩を放っていたことから、「野狂」などともあだ名され、人びとの憶測と噂話の格好のネタとなっていた。とくに取沙汰されたのが、「昼は宮中に出仕しているが、夜は冥界に出入りする閻魔大王の使い番なのだ」という噂である。それで篁が何人もの友人・知人をよみがえらせた、という。

たとえば藤原良相は、学生時代に篁が失態を犯した際、上部へ口添えをして救ってくれたことがあった。その後、良相は病気で早逝してしまうのだが、なんと恩義のあった篁が閻魔大王に願い出て、生き返らせたのである。篁によって蘇生した話は、藤原高藤・藤原三守・清原夏野についても、複数の史料が残っている。ただし、いずれも生没年などに問題があり、伝承の域を出ない。しかし、別々の著者による類似の記述が複数発見されているという事実は、少なくとも当時、博学だが変わり者の篁が野狂のように噂されていたことを証明している。

六道珍皇寺にある冥界の入口とされる「死の井戸」（京都市東山区）

ほかにも閻魔大王と対面した満慶上人が、篁によってよみがえらされ、地獄で見聞した地蔵菩薩の姿そのままを仏像にしたとする記述がある。現在も六道珍皇寺の庭には、篁が使っていた冥界への入口とされる「死の井戸」がある。逆に冥土からの帰り口とされる井戸跡も、死の井戸の奥手に残っている。

ところで、篁はその文才においてもことに有名だった。篁の文才をたたえるとき、よく例に出されるのが唐の高名な詩人、白楽天である。あるとき嵯峨天皇は篁をためそうとして、わざと一文字を変えた白楽天の詩をみせ、「どう思うか」と問いかけた。篁はすぐさま「この『遥』の文字を、『空』に変えたほうがよいと存じます」とずばりといいあてたため、詩の才能においては白楽天と同格と驚嘆された。その詩文は天皇家秘蔵の『白氏文集』におさめられており、篁が原文を知る由もない詩だったのである。このエピソードを聞いた白楽天は、遣唐使となった篁が唐にやって来る日を心待ちにしていたという。篁の死後、白楽天の詩集が世に広まると、篁が生前につくった漢詩のなかに白楽天の詩心とまったく重なった作品が二つもみつかった。白楽天と肩をならべて扱われるほど、篁の詩才は卓越していたのだろう。

篁は天皇のお気に入りであったが、あるとき内裏の「無悪善」と書かれた壁の落書きを、「サガなくてよい」と読んだため、嵯峨天皇のご機嫌をそこねたと『宇治拾遺物語』には記されている。しかし天皇が、「では、これを読み解けたら許してやろう」と、「子子子子子子子子子子子子」と書かれた紙を見せた。篁はすかさず「ネコの子、子猫、獅子の子、小獅子」と読み当て、みごとに許されたそうだ。

また、遣唐副使に任命されたにもかかわらず、乗船間際に藤原常嗣と喧嘩になり出発しなかったために天皇の怒りを買い、二年ほど隠岐に配流されていたこともある。しかしこのときも、嵯峨天皇から隠岐に送られてきた難題の詩文を読み解いたことで許され、都に戻れたのだと『十訓抄』は伝えている。小野篁とは、カチカチの学者頭でなく、機転のきく賢い人物であったようだ。

木地師の祖、惟喬親王

山地にあって、盆、椀、坏、杓子などの木地をつくった人びとを木地師（轆轤師）というが、その業祖として今も尊敬されているのが、文徳天皇第一皇子、惟喬親王である。

親王は八四四（承和十一）年に生まれ、天皇の寵愛を受けていたが、藤原良房が娘の明子の生んだ第四皇子惟仁親王（のち、清和天皇）を皇太子に立てたため、将来の道が鎖されてしまった。一四歳で元服した惟喬親王は翌年、大宰権帥に任じられ、以後、大宰帥、常陸帥、上野帥などを歴任したが、二九歳のとき、病のために剃髪・出家し、比叡山麓山城国小野に幽居し、小野宮と呼ばれるようになった。

法名素覚と称した親王は、詩歌をよくし、歌人藤原業平と親交があった。業平は六歌仙の一人と称された美男の歌人で、義理の従兄弟にあたる惟喬親王に近づき、『伊勢物語』にも、雪のなか、小野の里に親王をたずねた話が記されている。悠々自適の生活のなかで、親王は八九七(寛平九)年、五四歳でこの世を去った。

問題はなぜ親王が木地師の祖とされたかである。木地師は山中に原材料を求め、山から山へと移り歩き、「ろくろ」を使ってさまざまな木製品をつくる漂泊の人びとである。彼らは近江国の小野の地に根拠を構えるが、琵琶湖を隔てての山城国小野の地の惟喬親王を自分たちの業祖といただくことによって、社会の人たちに誇りを示そうとしたのであろう。

由来はまったくわからないが、とにかくここで惟喬親王はろくろを考案し、木地師の技術を高め、広めることに貢献したと伝える。滋賀県東近江市永源寺町の小椋谷には親王の御所があったといわれる金竜寺に親王の木像なるものが伝えられ、小椋谷のさらに奥地の君ケ畑には親王をまつる神社があるという。

天皇の皇子に生まれながら、惟喬親王は中央政界から追いやられ、不遇の一生を送った。それが社会で賤視された木地師たちのリーダーとされ、高い尊敬を受けたということは、なぜか納得させられるような気もするではないか。

欲をかいてだまされた俊綱朝臣

『十訓抄』の「思慮を専らにすべき事」の項目のなかに、次のような話がある。時は十一世紀の初め、御堂関白道長全盛のころ、優れた笛の名手に成方という男がいた。彼は道長から「大丸」という笛を賜って吹いていたが、それをみた藤原頼通の子の俊綱朝臣は、むしょうにほしくなった。「とにかくほしい。米一〇〇〇石ではどうか」と申し出たが、成方は手放そうとはしなかった。

一策を案じた俊綱は、一人の使いを立てて「成方殿は売りたいと申しております」と偽りをいわせ、成方を召し出していった。「そなたが私に笛を売りたいといったことは嬉しいことだ。値はそなたの求めるままでよい。ぜひとも求めたい」。驚いた成方は「そのようなことを申した覚えはありませぬ」と答えたが、呼び出された使いは「まさしくそう申されました」と答えた。とたんに俊綱は怒りをあらわにして「人をあざむくのは軽からぬ罪じゃぞ」と断じ、雑色所へ送って拷問の具である木馬に乗せようとした。木馬の形をしたものに罪人を乗せ、両足に石を吊り下げて苦しめるというものである。

成方はいった。「わかりました。しばしの時間をくださいませ。笛をもって参りますので」。しめたと喜んだ俊綱は人をつけて成方に笛をとりにゆかせた。しかし、帰ってきた成方は腰から笛を抜き出すと「この笛のために、こんなにも辛い目にあうのだ。情けない笛だ」というやいなや、軒下に降り立ち、石をもって笛を粉々に打ちくだいた。

俊綱はあわてる。笛をなんとかして手に入れたいと思えばこそ、さまざまの嘘まで考えたのだが、こうなってはどうしようもない。やむなく俊綱は成方を解き放った。のちに聞いたところでは、成方は異なる笛を「大丸」と偽って打ちくだき、本物の「大丸」はこれまで同様手元において、相も変わらず吹いていたという。一連の騒動は結局、「すべては俊綱のおろかさゆえ」ということでそのままになってしまった。つまり、俊綱がいらだって策を弄したため、成方に出し抜かれたということである。

6 信仰の広がり

異郷で果てた霊仙三蔵

「金五台、銀普陀、銅峨眉、鉄九華」といわれるように、中国仏教四大聖地の第一は文殊菩薩の住処、清涼山と呼ばれる五台山である。隋唐時代の五台山には三六〇余カ所の寺院があり、南の浙江省天台山とならぶ仏教のメッカとして日本にも知られていた。当然、拝登を熱望する僧は多かったが、唐の八四〇(開成五)年四月、ここを訪れたのは、のちに第三世天台座主となった慈覚大師円仁である。

下野国に生まれた円仁は最澄に師事して天台を学び、東国巡遊にも同行したが、四五歳の八三八(承和五)年、最後の遣唐使に加わって念願の天台山をめざした。しかし、短期留学のためもあって旅行の許可をえられないまま、思い切って大使一行と離れ、新羅人の僧との交流のなかで五台山拝登に目標を切りかえた。『入唐求法巡礼行記』は、円仁の九年余におよぶ記録であるが、それによると円仁は八四〇年四月、五台山に到着している。しかし、そのとき円仁は、一〇年前にすでにある日本人僧侶がこの地を訪れていたことを知った。五台山の寺の壁面にその名霊仙が記されているのをみたのである。

霊仙は七五九(天平宝字三)年、土地の豪族息長氏の一族として近江国犬上郡(現滋賀県米原市)に生まれ、少年時代から霊仙寺で修行し、一八歳のとき、南都興福寺で出家した。霊仙が入唐したのは八〇四(延暦二十三)年、第十七回遣唐使に加わり、最澄・空海らとともに海を渡った。時に霊仙四六歳である。その後の行動はよくわからないが、中国語にも熟達し、八一〇(中国の元和五)年には朝廷の命によって長安で『大乗本生心地観経』の訳述にあたった。霊仙の名が日本で知られたのも一九一三(大正二)年に大津の石山寺で発見されたこの経典の古写本に「霊仙釈」というあとがきが発見されてからだといえよう。霊仙はこの訳経の功により、時の皇帝憲宗から経・律・論の三蔵に精通した高僧として「三蔵」の称号を授けられた。この称号をえた唯一の日本人僧だという。

霊仙が長安を去って五台山へ移ったのは八二〇(中国の元和十五)年、憲宗が暗殺され、弾圧がわが身におよぶのをさけてのことだった。『入唐求法巡礼行記』はその日を九月十五日だったと記す。霊仙は、これより五台山の金閣寺に二年、ついで霊境寺に五年住みついた。その間、八二五(天長二)年には渤海国の使節に淳和天皇への献上品を託し、天皇からは見返りとして砂金一〇〇両を賜った。感謝した霊仙はあらためて仏舎利一万粒と経典二冊とを献上し、天皇は八二七(天長四)年、再度一〇〇両を渤海僧貞素に託した。しかし、貞素が八二八(中国の大和二)年四月に五台山を訪れたときには、霊仙はすでにこの世にいなかった。貞素は霊仙を悼む詩をつくって哀悼の意を表した。『巡礼行記』によると、円仁は霊境寺をたずねて霊仙をとむらったが、そのころ霊仙は霊境寺の浴室院で毒殺されたのだとする風説があったと記している。霊仙がもっていた金銭を狙ったのか、は

Column

四大聖地と五岳

中国では仏教の四大聖地が多くの信徒の尊崇を集め、国の内外から多くの巡拝者や観光客たちが訪れる。まずは山西省の五台山が文殊菩薩の住処、ついで四川省の峨眉山が普賢菩薩の、そして浙江省の普陀山と天台山とが観音菩薩の住処とされている。

五台山のすぐ北に五岳の一つ恒山がある。五岳とは古代中国で中原を囲む五つの山とされたところで、東岳泰山(山東省、一五二四メートル)、西岳華山(陝西省、一九九七メートル)、北岳恒山(山西省、二〇一六メートル)、南岳衡山(湖南省、一二九〇メートル)、中岳嵩山(河南省、一四四〇メートル)の五岳という。五岳はいずれも道教の聖地として重んじられ、道観が建てられている。

たまた霊仙の優れた才智をねたんだのか、その辺りは判然としない。

　霊境寺は今も存在する。しかし、かつてはあったという霊仙の墓らしいものは、十年動乱の際に破壊されて存在しない。霊仙の名も、日本人の多くに忘れ去られている。しかし、二〇〇四(平成十六)年、彼の故郷には霊仙三蔵記念堂が建てられ、その生涯が紹介されている。

千観の往生

　村上天皇の九六三(応和三)年、宮中の清涼殿で南都・北嶺の高僧一〇人ずつによる宗論が五日間、昼夜一〇座にわたって行われた。世にいう応和の宗論である。テーマは法華三部経をめぐって一乗・三乗思想の優劣の争いであった。北嶺の比叡山からは天台座主良源を中心に一乗説、旧仏教の南都側からは法相宗の法蔵・仲算らが三乗説を主張して譲らなかったが、結果は良源が名声を博することになった。

　ここに千観という天台僧がいた。千観は橘氏の生まれで、母は観音菩薩を厚く信じ、夢に一茎の蓮華をえて千観を孕んだという。千観は生来慈悲深く、おだやかながら、意志強固で園城寺で出家したのち、延暦寺で顕・密教を学んだが、しだいに浄土教に心惹かれ、「阿弥陀和讃」三〇余行をつくった。その学徳は官にも認められて応和の宗論の講師にも選ばれたのだが、千観は固辞して受けなかった。

　そのころのことであろうか。千観は朝廷での勤めを終えての帰途、四条河原で空也上人に出会った。空也は阿弥陀仏を念じ、市中に出て人びとに念仏を勧め、市の聖・阿弥陀聖などと呼ばれた人である。両者の出会いは鴨長明の『発心集』によると、次のようであった。空也に出会った千観は、急いで牛車からおり、「どのようにすれば来世の救いがえられましょうか」と問うた。空也は答えた。「それは逆に私のほうからうかがいたいことです。私など、ただ仕方なく迷い歩いているだけで、そのようなことを思いついたことはありませぬ」。足早に去ろうとする空也を千観は引き止めてなおも懸命にたずねると、空也は一言いった。「そうですね。身をすててこそでございましょうか」。空也が足早に去ると、千観は賀茂の河原で着物を脱ぎかえて牛車に入れ、供の者たちを帰すと、ただ一人で摂津国箕面に籠ってしまったというのである。

箕面の千観は、やがてそこも意に満たなかったのだろう。居所をどうするかと考え悩むうちに、東方に金色の雲が立つのをみて、そこへ移った。それが摂津国島上（現高槻市）の金竜寺である。千観の遷化は九八四（永観二）年一月、六七歳のときであった。慶滋保胤の『日本往生極楽記』によると、千観は弥勒下生の暁を期して、常に八カ条の制戒を守り、一〇の大願を発して庶民を導いていたが、遷化の際は手に願文を握り、口に仏号を唱えたという。没後は千観を師とあおぐ藤原敦忠の娘の夢にあらわれ、「阿弥陀和讃」を唱えながら西方浄土へ向かったと伝える。

千観の名は親が千手観音を念じたところからの命名だというが、人びとの夢のなかにも千手観音の化身としてあらわれたというから、千観は生前も死後も民衆のために活動した僧だったといえよう。

永観堂の見返り阿弥陀

京都東山に浄土宗西山禅林寺派総本山の聖衆来迎山禅林寺がある。洛中屈指の紅葉の名所、見返り阿弥陀

Column

一乗・三乗

乗は仏の悟りに導く乗り物の意。大乗・小乗の仏教という言い方もする。仏が人びとを救って悟りにいたらせることについて、一乗と三乗の説がある。

一乗説は一切衆生は等しく仏になること（成仏）ができると説き、三乗説は人の資質・能力に応じてそれぞれの固有の三種の悟りがあり、等しく成仏することはないという。三種の乗とは声聞（在俗の信者の修行者）・縁覚（努力で悟りにいたろうとする者）・菩薩（仏の教えに従い、悟りを求める者）である。

の永観堂といったほうがよくわかる。ここは九世紀に空海の孫弟子真紹が開いた真言密教の寺であったが、十一世紀末に永観が入ると、浄土念仏の道場となり、本尊も大日如来から阿弥陀如来にかわることになった。

文章博士源国経の子に生まれた永観は、一〇四一(長久二)年、九歳で当時、東大寺別当だった禅林寺の深観に師事し、翌年、東大寺で出家すると、三論・法相・華厳を学んだ。そのなかで、念仏の行にいそしみ、一八歳のころには毎日一万遍の念仏を欠かさぬようになった。長じて永観は山城国を中心に浄土教の普及につとめたが、四〇歳で禅林寺に帰り、東南院を建てて、もっぱら念仏に従った。

永観五〇歳の一〇八二(永保二)年二月十五日早朝のことだったという。いつものように永観は本堂内にあって往生人をつれて浄土へ帰るという行道念仏を行っていた。念仏を唱えながら阿弥陀仏のまわりを三度右回りで歩く右繞三匝の行をつとめていたところ、突然、阿弥陀仏が壇をおり、衆僧に加わって歩き出した。感動のあまり、足をとめた永観に対し、仏は振り返って「永観おそし」と告げたのである。このときの姿をきざんだのが、鎌倉初期の作と思われる寄木造の本尊仏で、高さは七七センチ、右手をあげ、左手をおろして来迎印を結んでおり、「見返り阿弥陀」と呼ばれている。この姿の阿弥陀仏は米沢の善光寺、富山の安居寺など各地にあるが、永観堂のそれはとくに有名である。

鴨長明は『発心集』に「禅林寺永観律師の事」として永観の人となりを語っている。永観は「年ごろ念仏の志深く、名利を思はず、世捨てたるが如く」ではあったが、とくに人を避けて深山に籠ることもなかった。禅林寺では人にものを貸し、その賃料を生活費にあてていたが、借りた人の気持ちにまかせ、借財を返せない貧しい者には、程度に応じて念仏させるというやり方をしていたという。あるとき、永観は訪れた友人に目もくれず、算木をならべていたので、客は「それはなんのためか」と聞いた。貸したものの利息計算かと思ったのだが、案に反して「いや、年ごろ誦している念仏の数はいかほどかと思うて」という答えに、友人はショックを受けたという話もある。

一一〇〇(康和二)年、六八歳で白河院から東大寺別当職に任じられたときも、自然体でこれを受けた。しかし、依然として生活はつつましく、荘園から上がる莫大な収入は、すべて東大寺の修理にまわして再建につとめ、三年ののち、職を辞すとふたたび禅林寺へ戻った。このとき、東大寺で厚く供養していた阿弥陀仏をみずから背におって、寺へ向かったという。これに怒った南都の大衆は永観を追いかけたが、不思議なことに阿弥陀仏は永観の背から離れようとしなかったと伝えられている。あくまで自然体で、心から念仏の行に打ち込んだ永観にふさわしい話ではないか。永観は一一一一(天永二)年、七九歳で入寂した。

霊験あらたかな六角堂

京都のほぼ中心部に六角堂と呼ばれる寺がある。西国三十三カ所霊場の第十八番札所で、天台宗の紫雲山頂法寺、六角堂の名は六角形の屋根をもつ堂だからである。

『都名所図会』は次のような由来を語る。寺の開基は古く聖徳太子だという。本尊如意輪観音は一寸八分の黄金の像で、その昔、淡路国岩屋浦で漁師が網にかけた朱の唐櫃のなかにあった。櫃の上には「正覚如意輪像一体。謹上日本国之王家」とあったので、内裏へ献上したが、これをみた太子が「これこそわが前生、七世の持仏だ」と尊崇した。やがて摂津に四天王寺をつくろうとした太子は、その材木を求めて山城国のこの地へやってきたが、「清水で口をすすごうとして、尊像をたらの木にかけておくと、水浴が終っても像はこの木を離れようとしない。その夜の夢に本尊があらわれて告げた。「われは太子の持仏として七世をすごしたが、この地に縁があるので、ここにとどまって衆生を救いたい」と。そこへ東方から一人の老婆がやって来ると「このかたわらに毎朝紫雲が覆う杉の大木がある。これこそ霊木であるぞ」といった。聞いた太子はただちに杉の木を伐らせ、他木を交えずに六角堂をつくらせた。さらに二五〇余年をへて、桓武天皇がここに平安京を定めたとき、役人が道路計画をつくると、六角堂がちょうど小路の上にかかった。関係者が困って、堂の移転を相談していると、にわかに黒雲がおり、堂がおのずと五丈(約一六・五メートル)ほど北へ移ったので問題が解決した。現在、門内右前にある「臍石」は堂の中心だったという。

これはあくまで伝承である。しかし六角堂の本尊、如意輪観音は、太秦の広隆寺の弥勒菩薩が、かつては如意輪観音と唱えられ、聖徳太子と関わりの深い秦氏に奉じられたことなどを考えあわせると、朝鮮三国伝来の仏像かとも考えられ、六角堂の建立も秦氏と太秦の関係と絡んでいるように思われる。六角堂という寺の存在自体も官立の東寺・西寺以外には京内に社寺を建立させなかった平安京において、みずから動いて位置を変えたという奇端から、とくに「寺ではなくて堂」として認められたと解することもできる。ともあれ、六角堂は創建当初から霊験あらたかな堂と認識されていたようである。

平安時代を通じて六角堂の霊験は人びとの心に広く、深く浸透していったらしい。十二世紀にまとめられた『今昔物語集』にもその一例が載せられている。「いつのことかはわからないが、京に若くて身分の低い侍がいた。つねに六角堂に詣っていたが、大晦日に一条堀川の橋を渡ったとき、奇妙な鬼たちの一行に出会った。つかまった侍は、鬼につばを吐きかけられて、人の目にみえないようになり、妻子にも気がつかれないようになった。あわてた侍は、六角堂に参籠して半月ばかりたったのち、お告げをえた。これに従った侍は、牛をつれた童につれられてある家にゆき、病気に伏せる姫君のかたわらで姿をあらわし、姫も病から癒えた。すべては六角堂の観音のご利益だったのである」。こういった霊験譚が人びとに広く知れわたったのであろう。十二世紀末の『梁塵秘抄』には次のような歌がある。「観音　験を見する寺　清水・石山・長谷のお山　粉河・近江なる彦根山　ま近く見ゆる六角堂」。

十三世紀初めには有名な親鸞の話がある。時に一二〇一(建仁元)年、二九歳の親鸞は愕然とした。比叡山にあって一〇年余の修行を送っていた親鸞は、この年、京の六角堂に一〇〇カ日参籠し、いかに進むべきかを聖徳太子のお告げにあおいだ。そして満願五日前の九五日目にお告げを夢うつつのあいだに聞いた。東山の吉水で念仏布教に生涯をささげている法然に道を問えというのだ。のちに「悪人正機」を説き、庶民救済に大きな役割を果たした親鸞の回心も六角堂参籠に由来するのである。応仁の乱後、六角堂は「御堂」として京の人びとの中心となり、危急の際には、その鐘が急を告げたといわれている。

粉河寺千手観音の奇瑞

風猛山粉河寺は紀伊国（和歌山県）にある西国三十三カ所観音霊場、第三番札所である。和歌山市から東へ電車でゆくと約四〇分ほどの紀ノ川沿いにあるが、歴史は古く、十一世紀初頭の成立と思われる清少納言の『枕草子』にも「寺は」として「壺坂・笠置・法輪・高野・石山・粉河・志賀」の七寺をあげているから、貴族の厚い信仰を集めていたことがわかる。なぜ粉河寺はそんなに知られていたのだろうか。

寺伝によると粉河寺の創建は七七〇（宝亀元）年のことだという。寺に蔵される国宝の『粉河寺縁起絵巻』は、豊臣秀吉の根来寺焼打ちで粉河寺も類焼したときに焼損して巻頭部分を失ったが、元禄時代の折本仕立ての絵入りの縁起がその部分を補っているので、これを踏まえてあらすじを追ってみよう。

和歌山県紀の川市の粉河寺は南海補陀落浄土を日本に移し、浄土の化主、千手観音がみずからあらわれたところと伝える。古人の伝えではここに天皇家の流れを引く大伴孔子古が猟師として住んでいた。ある夜、近くの地中から発する光明に奇瑞を感じた孔子古は、柴の庵を結び、仏像を安置したいと願った。そこへ一人の童子姿の行者がたずねて来ると、七日のうちに造立しようと約して去った。八日目の朝、庵を出た孔子古は眼前に等身大の千手観音がきらきら輝いて立っているのをみて驚喜した。聞きつけた人びとは観音菩薩の前に集まり、供

庵のなかの千手観音（『粉河寺縁起絵巻』，部分）

物をささげ、手をあわせた。

話かわって、ここは河内国讃良郡の長者の家。濠をめぐらし板塀で囲む長者の家では、愛娘が三年ごしの病に伏していた。そこへ垂髪の童の行者があらわれると、娘の枕頭で七日間、昼夜を問わず、千手陀羅尼経を誦して祈った。すると七日目に娘の身体の発疹が消え、すっかり元気になった。感激した長者は数多の宝物を贈ろうとするが、童子はそれをとどめ、娘の帯にさげた鞘と紅の袴とを受け、「我は紀伊の粉河にあり」といい残して姿を消した。翌年の春、長者は一家をあげて旅支度をととのえると粉河へ向かう。ようやく、山深くに柴の庵をさがしあてた一行は輿をおろし、扉を開くと千手観音が出現し、手には娘の鞘と袴がさげられていた。あの童がこの観音の化身だったと知った長者は、嬉しさのあまり泣きくずれた。発心した長者一家は、従者ともどもその場で髪を剃って出家した。

粉河観音の奇瑞は、貴賤を問わず、広く深く浸透していったらしい。『枕草子』は、「寺は」に続けて「仏は」といい、「如意輪・千手・すべて六観音・不動尊・薬師仏・釈迦・弥勒・普賢・地蔵・文殊」と霊験あらたかな仏たちを列挙する。これらは当時の王朝貴族の信仰生活の要であったといえよう。粉河寺の千手観音はまず天皇と摂関家によって崇められた。十世紀の末、花山法皇は西国巡幸の際に粉河寺に参詣し、補陀落山施音教寺、願成就院の勅額を授けた。朝廷の厚い尊崇は十二世紀に入ると、鳥羽・後白河両院の厚い帰依を受けることになる。摂関家においても十一世紀半ばに関白藤原頼通・教通はあいついで高野山や長谷寺への参詣の途次、補陀落浄土と呼ばれた粉河寺に参詣した。こういった流れのなかで、粉河寺に近い、葛城山を中心とする修験道の組織化が進んだことも、粉河寺の霊場化をいっそう進めたと考えられる。もし、粉河寺を訪れる機会があれば、こういったことをあわせ考えてみるとよいだろう。

スーパー陰陽師、安倍晴明

安倍晴明は、平安時代に不思議な力を発揮して活躍した陰陽師として名高い。『今昔物語集』には、晴明の少年時代のエピソードが記されている。

陰陽師の賀茂忠行に弟子入りしていた晴明少年は、役所の仕事を終えた師に従い帰りの道を急いでいたとき、行く手にただならぬ殺気と妖気を察知する。晴明から異変を告げられた忠行が牛車の外をみやると、なんと都大路を悪鬼・怨霊たちが行列をなして行進してゆくではないか。いわゆる百鬼夜行だ。彼らにみつかれば命があぶない。忠行は、とっさに九字の護身術を使い、晴明とみずからの姿と気配を隠した。九字の術とは、九文字の呪文を唱えながら、縦に四回、横に五回、手で印を切る術である。二人が息を潜めてようすをうかがうと、百鬼夜行の先頭をゆくのは、都に恨みを残して死んだ菅原道真の怨霊であった。やがて、おどろおどろしい悪鬼、怨霊たちをやりすごし、二人はピンチを脱したのである。

忠行は晴明少年の陰陽師としての才能に驚嘆した。悪霊の存在を見破る「見鬼」の特殊能力は、忠行でさえ長い年月をかけて体得したものだが、それを若い晴明はすでに身に備えていたのである。以来、忠行は彼を愛弟子としてとくに可愛がり、術のすべてを伝授したという。

晴明は、ほかにも数多くの伝説・逸話を、『今昔物語集』『大鏡』『宇治拾遺物語』などに残した。その出自は謎につつまれているが、父は安倍益材、母は葛の葉という名の白狐だったと伝えられている。幼い晴明はあるとき、障子に映る母の影が白狐であるのをみてしまった。白狐の身の上を恥じた母は、以後、晴明と父の前から姿を消したというのだ。

晴明の「式神」を使った逸話も有名だ。式神とは、紙や葉でつくった人形に精霊を吹き込んだもので、晴明が意のままにあやつることができる使い魔である。ある寺を訪れた際、若い僧たちが評判を聞いて集まってきた。一人が「式神で人を殺すことはできますか」と問うと、晴明は「人を殺すのは大きな力がいりますが、虫なら簡単に殺せますよ」と答えたという。若い僧が「それなら、そこにいるヒキガエルを殺してみてください」と頼むと、晴明は葉を一枚手にとり式神に見立て、ヒキガエルに乗せ呪文をかけた。その瞬間、ヒキガエルは砕け散り、跡形もなくなったという。若い僧たちは、術の威力を目の当りにして、言葉を失ってしまった。

神秘的な術のエピソードばかりがクローズアップされ

ているが、晴明の使った陰陽道は基本的には天文学や風水をあわせた思想、学問または宗教の一種と考えられている。晴明の死後、安倍氏は天文学を生業として子孫まで繁栄した。鎌倉幕府にも重用され、室町時代には地名から土御門家を名乗るようになった。師、賀茂忠行の子孫がたえると、賀茂氏の専門であった暦学も受けもつようになり、江戸時代には幕府と朝廷の両方に通じて、神事などの特殊分野を任され続けたという。

御霊信仰の流行

夏の京都といえば、祇園祭を連想する。賀茂祭・時代祭とあわせて京都三大祭りの一つで、江戸の山王祭、大阪の天神祭とならんで日本三大祭りの一つでもある。

では祇園祭とはどんな祭りか。文字どおり祇園舎(八坂神社)の祭礼で、祇園会・祇園御霊会ともいうが、インドの祇園精舎の守護神牛頭天王と習合したスサノオをまつり、疫病を逃れようとするものである。その起源は清和天皇の八六九(貞観十一)年、全国的な疫病の流行に際し、勅命によって六六本の鉾を立てて疫病消除を祈ったことにあるといわれる。当時は六月七日に神輿を迎え、十四日に送る習わしで、京の町には〇〇鉾・〇〇山といわれるものが三〇~四〇基もあったらしい。応仁の乱で一時はすたれたが、近世初頭以来ふたたび盛んとなった。明治になってから、暦法の改正で、祭日は七月十七日と二十四日に改められたが、今もその伝統が引き継がれているのはご存知のとおりである。

平安京といえば、私たちははなやかな王朝文化を思い浮かべるが、その一方では、御霊や鬼が横行する恐ろしい時代でもあった。はなやかな宮廷でも陰謀が渦巻いて、怨みを呑んで憤死する者が続出し、その霊をしずめるための御霊会が盛んに行われた。最初の御霊会は清和天皇の時代、大内裏の苑池神泉苑で行われた。現在はほんの一部しか残っていないが、かつては一三万平方メートルもあったといい、勅命によって公卿はことごとく集められ、多くの市民のみる前で経を唱え、舞楽や散楽などを演じ、おおいににぎわったと伝えられている。

御霊の代表的なものは、桓武天皇の弟の早良親王と天神さま(菅原道真)とを含む六所御霊・八所御霊である。

これらの御霊はいずれも非命に倒れた人たちだが、京都市中にはこれらの霊をまつる御霊神社が上下二つあり、今も町の人びとにしっかりと守られている。

怨霊鎮めは平安京の人びとの念願だった。彼らは祟りを避けるため安倍晴明らの陰陽師たちに頼った。上京区の晴明神社や一条戻り橋などは今も訪れる人がたえない。御霊信仰にかかわる社は今もたくさん残っている。晴明神社に近い白峰神宮には、怨みを含んで世を去った崇徳・淳仁両天皇がまつられており、早良親王をまつる左京区の崇道神社に詣れば、おどろおどろしい雰囲気に圧倒されそうである。京都の御霊信仰ゆかりの地をたずねるこのような旅もおもしろいかもしれない。

大将軍信仰の広まり

京都には古都ならではの異色の神社がある。北野天満宮のやや南にある大将軍八神社がその一つで、京の方避けの社である。

俗習の一つだが、現代でも特定の方向を凶方として忌む風習がある。もとは陰陽道の俗信の一つで、平安時代から江戸時代まで、方違という風習があった。忌避すべき方向へ出かける場合には、前日から恵方(吉方)、すなわち歳徳神という福徳をつかさどる神がいる方角へいき、当日いく方角を変えたのである。「へえ、そんなこ

大将軍八神社方徳殿内(京都市上京区)

とを」と驚くしかないが、迷信深かった平安貴族にしてみれば当然のことと受けとめ、実行したのだろう。

忌避すべき方角はいくつかの原則によって決まるが、とくに重んじられたのは金神と大将軍のいる方角であった。金神は方位の神で、この神の方角に対して土木・出行・移転・嫁取りなどをすれば家族七人が殺されるとされ、大将軍は西空に輝く金星の精で、三年ごとに居を移し、この神のいる方角は「三年ふさがり」とされて万事に忌むとされていた。

伝えによると白河天皇は法成寺の塔供養の際、この寺が大将軍の方位にあたるというので、行幸を取りやめ、平清盛は福原遷都に際して、大将軍の方位について陰陽博士たちの意見を聞いたという。

平安京の大将軍の社は洛東の東三条、東南の深草、洛北の西賀茂、北西の内裏北西角に勧請された。『梁塵秘抄』の今様に、「神のめでたく現ずるは、金剛蔵王白王大菩薩、西の宮、祇園天神大将軍、日吉山王賀茂上下」とうたわれているから、大将軍社は王城鎮護の方除け神として厚く崇敬されていたようである。

江戸中期に、大将軍社はスサノオと御子八神をまつったので、明治以降、「大将軍八神社」と呼ばれた。社殿は複雑な権現八棟造で、かたわらに方徳殿と呼ばれる宝物館がある。

方徳殿一階に入ると、まず驚かされるのはずらりとならんだ大将軍の神像群、重文指定の八〇体におよぶ大将軍の神像が立体曼荼羅のように安置されていることである。二階へのぼると天文図・天球儀などの星の信仰に関する資料がある。見学にあたっては特定の公開日以外は予約は必要だが、一見の価値は十分にあるだろう。

7 雅な国風文化

管絃の名手、源博雅

源博雅は平安中期の雅楽の大家である。父は醍醐天皇の皇子、母は藤原時平の娘という高貴な身分で順調に出世して晩年には従三位にまでのぼった。この博雅は生まれたとき、天に音楽の声があったといわれるほど音楽の才にめぐまれていた。京の東山にいた聖心上人が天に聞こえる笛・笙・琴・琵琶・鼓の音に引かれてついてゆくと、博雅が生まれたところにゆきあたったという話もある。

長じた博雅は和琴・横笛・琵琶・篳篥(雅楽用管楽器)などあらゆる楽器に通じ、その技量は神の域に入るとまでいわれた。村上天皇の時代、宮中に秘蔵されていた「玄象」という琵琶がなくなった。その夜、博雅が清涼殿で耳をすましていると、南方から「玄象」の音色がする。博雅が誘われるままにゆくと、朱雀門からさらに南へ向かい、羅城門に達した。博雅が門の上層に向かって事情を語ると、天井から縄につけられた「玄象」がするするとおりてきた。「不思議のことよ」と思った博雅が宮中へ戻って天皇に報告すると、「鬼がとったのだな」と答えられたという。類いまれな音は、鬼神も博雅もともに感じるものがあったのだろう。さらにのちの話だが、月明りの夜に博雅が朱雀門の前で笛を吹いていると、直衣を着た人があらわれて、これまた笛を吹く。そののち、月明りの夜ごとに博雅はこの人物と出会い、たがいに笛を交換することになった。博雅の死後わかったことだが、この人物は朱雀門に住む鬼で、鬼のよこした笛は「葉二つ」と呼ばれる天下一の笛だったという。

管絃の道に打ち込んでいた博雅がとくに願っていたことは、逢坂の関に庵を構える盲目の琵琶の名手、蟬丸に会うことだった。蟬丸は醍醐天皇の皇子だとする説もある謎めいた人物で、とりわけ琵琶と和琴の名手として知られていた。彼に会いたいと思った博雅は、人を遣して京に住むように勧めたりしたが、一向に応じてくれない。「なんとか会いたい。そして今はたえている琵琶の流泉・啄木の二曲をぜひ聞きたい」。思いあまった博雅はついにこっそりと逢坂の関へ出かけた。しかし蟬丸は一向にこの曲を弾こうとしない。ために博雅は実に三年ものあいだ、毎夜のように出かけることになった。三年目の八月十五日の夜、ついにそのときがきた。興の赴くまま、流泉・啄木の曲を弾いた蟬丸は「今宵、もし道楽の心得ある人が来てくれれば、ともに語り明かしたいものだが」ともらす。博雅は思わず飛び出し、三年間の苦労を語った。喜んだ蟬丸は博雅にこの二曲の弾き方を伝授した。琵琶をもたなかった博雅だったが、口伝で会得し、暁になってようやく帰途についた。盲人の琵琶法師が世に出る始まりは、蟬丸だったと伝えられている。

能書きを自負した小野道風

花札の十一月の二〇点札といってわからなくても、柳に蛙が飛びつこうとしているのをながめている人の絵といえば「ああ」と思いあたる人は多いだろう。人物の名は小野道風、平安中期、醍醐・朱雀・村上三天皇に仕えた貴族で、祖父は文人政治家として知られる篁、兄は藤原純友の乱をしずめた好古、そして美女歌人として有名な小町は道風の従妹にあたる。

道風は若いころから能書の評判が高く、藤原佐理・藤原行成とともに三蹟の一人とされ、とくに道風が王羲之の再来とまでいわれたが、書風はおだやかで、とくに草書に優れていた。十三世紀の説話集『古今著聞集』には、醍醐天皇が醍醐寺を建てたとき、道風に二枚の額をあたえ、一枚は南大門、一枚は西門の扁額として楷書・草書の両様で書け」と命じたという話が載せられている。道風が両様の書体で書き上げると、天皇は正式の門である南大門にあえて草書の額を掲げさせた。これをみた道風は「さすが賢王におわす」といったという。道風の書は草書のほうが優れていることを自他ともに認めていたということだろう。

もちろん、それほどの名手になるには、相当の努力をしたにちがいない。冒頭にあげた「柳に蛙」の話は道風が極度のスランプに陥ったとき、雨の日の散歩の折に蛙の姿をみて、改めて自分の努力のたりなさに思いあたったという話なのだが、これはどうやら江戸時代につくられた話らしい。しかし、現実の道風もたいへんな努力をしていただろうと思われる。
一方で、道風はかなりの自信家でもあったようだ。平安後期の学者政治家大江匡房の見聞談を集めた『江談抄』におもしろい話が載せられている。村上天皇の天暦年間(九四七~九五七)、書の名手として知られた道風と大江朝綱とが両者の書の優劣判定を天皇に願い出た。これに対して天皇は「朝綱の書が道風に劣っているのと同様に、道風の才は朝綱に劣っている」といってたくみに両者を持ち上げたというのである。

道風はまた、「本朝の手跡の上手は誰か」との天皇の問いに「空海」と答えたというのだが、『古今著聞集』にはこんな話もある。平安宮大内裏十二門の額は東面三門が嵯峨天皇、南面三門が空海、西面三門が中務省職員の小野美材、北面三門が橘逸勢という分担だったが、出来栄えをみた道風は空海の額について「美福門の福の字のつくりの田が広すぎる。朱雀門は朱が米のようだ」と酷評したというのだ。いささかいいすぎのように思えるが、『古今著聞集』は続けて、やがて道風は中風にな

Column

三筆と三蹟

三筆は平安初期、唐風の力強い筆蹟を特色とする能書の三人、嵯峨天皇・空海・橘逸勢をいう。これに対し、三蹟は平安後期の能書家三人、小野道風・藤原佐理・藤原行成で、この優雅で格調高い書風を和様(上代様)という。三人の書はそれぞれ野蹟・佐蹟・権蹟と呼ばれる。

なお、三筆と呼ばれる人びとには、ほかに三種がある。まずは江戸初期の寛永の三筆(近衛信尹・本阿弥光悦・松花堂昭乗)と、黄檗の三筆(即非如一・隠元隆琦・木庵性瑫)、そして江戸末期の幕末の三筆(巻菱湖・市河米庵・貫名海屋)である。

って手足がしびれ、わなないて、自分の手跡もおかしくなったと記している。三筆（さんぴつ）の第一人者空海の書に注文をつけるというのが、いかに異常であるかを示す話である。そして、こういうことがあったため、のちに藤原行成が美福門の額の字を修正せよと命じられ、恐れた行成は弘法大師の像に香花をささげ、「いかにすべきかをお告げで示していただきたい」と祈ったというのである。

炎に魅せられた絵師

平安時代も半ばごろ、仏像を描くことを専門としている良秀（よしひで）という絵師がいた。あるとき、となりの家から火が出て、良秀の家にも一面に火がおし包んできたので、通りへ逃れた。家のなかには人に頼まれて描きかけた仏画もあったし、妻や子もいたけれども、良秀はそれにも気づかず、ただ一人で逃げ出して通りの反対側に立った。火はまたたくまに、自分の家に移り、煙と火がゆらゆらと立ちのぼる。かけつけた友人たちがみると、良秀は黙念とそれをながめているようで、話しかけても平然としている。「どうしたのか」とみていると、良秀はわが家が焼けるのをみながら「うん、うん」とうなずき、ときどき笑みを浮かべながらいった。「ああ、これはうまいもうけをしたものだ。わしはこれまで長いあいだ、まずい描き方をしたものだな」。

見舞いにやってきた友人たちはいった。「どうなされたのか。なんともあきれたごようすだが、つきものでもなされたか」。良秀は答えた。「なにをおっしゃる。わしはこれまで長年にわたって不動明王（ふどうみょうおう）の火炎をうまく描けなんだ。それが今、炎の描き方がやっとわかった。これこそ思わぬもうけもの、仏絵師の道に入って生きているわしにとって、仏さまの姿をみごとに描ければ大成功、財もできるし、百・千の家も建てられるというものだ。あなた方はこれという特別の才能もおもちにならないからこそ、家が焼けたとか、物惜しみをなさるのだ」。あざ笑いながら良秀は去った。それからの良秀が描く不動は「よじり不動」として評判をえたそうである。

これは十三世紀半ば、六波羅（ろくはら）庁に仕えていた人物が出家（しゅっけ）ののち、少年たちに勧善懲悪を教えるため、古今の物語に材をとって一〇の訓戒をあたえようとしてまとめた

『十訓抄（じっきんしょう）』に載せられている話で、主人公良秀の廉潔一途の心をたたえたものと思われる。いつの世にも名人気質というものは、たたえられるようだ。

鬼殿と藤原朝成の伝説

藤原朝成（ともひら）はその屋敷跡が「鬼殿（おにどの）」と呼ばれ、祟りを恐れられた人物として小説の題材にもなっている。藤原伊尹（これただ）と朝成の二人は、もともと蔵人頭（くろうどのとう）の地位を争う犬猿の仲であったが、朝成は伊尹より身分が低かった。

あるとき朝成は家来に関することで無礼があったと、伊尹が自分を怒っているらしいと聞いた。そこで弁解するために伊尹をたずねたが、いつまでたっても伊尹はあらわれず、朝成は下座で長時間立ちどおしで待つはめになる。たいへんな猛暑の日なのに、夕刻になっても伊尹は結局あらわれなかった。朝成はひどく体調が悪くなり、やっとの思いで家に帰り着くと、「伊尹は私を暑さで焼き殺そうとしたにちがいない。伊尹の一族もろとも呪ってやる。女、子どもでも容赦はしない、一族に加担する輩（やから）はすべて祟ってやろう」といい残し、ついに息を引きとってしまった。

それ以後、朝成は言葉どおり怨霊となり、伊尹の孫の藤原行成の代まで祟りつづけて恐れられ、その屋敷跡は「鬼殿」と呼ばれるようになった。伊尹の関係者は誰も、鬼殿のある三条（さんじょう）より北、西洞院（にしのとういん）より西には足を踏み入れなかったが、それでも花山院（かざんいん）の出家、藤原義孝（よしたか）の早逝など、朝成の祟りだと人びとに噂（うわさ）された事象は起きた。

朝成と伊尹の因縁話は、『古事談（こじだん）』にもみえる。伊尹と朝成はともに参議（さんぎ）を望んでおり、朝成は伊尹が「参議にふさわしい人物ではない」と上役（うわやく）に申し立てたが、数年後、伊尹は摂政（せっしょう）になり、朝成より上の立場になった。仕方なく朝成は上役の伊尹へ大納言（だいなごん）の地位を願い出るが、「世の中とはおもしろいものだ。私を陥れようとしたお前の運命は私の手に握られているのだからな」と嘲（あざけ）り笑われる。朝成が屈辱に激怒して、もっていた笏（しゃく）を投げつけると、それは朝成の恨みとともに四方に飛び散ったという。その後、伊尹はあっけなく病没したため、「さては朝成の生霊の仕業（しわざ）だろう」と噂された。

朝成の官位にまつわる話は、『十訓抄』にも伝わっている。あるとき朝成は、中納言の地位をえようと思いつき、願かけに石清水八幡宮へ参詣した。しかし「強盗を一〇〇人切り殺した功績があるので、中納言の地位をあたえてください」と祈願したので、神主は驚き、「そんな物騒な殺生を理由にして願をかけてはならない」と断わった。なおも朝成が、「神のご意志が不殺生であるのは重々、承知している。だがその神のために、悪人の盗賊たちを成敗するのは、家臣としての忠実な務めでもあるのだ」と言い張ったため、仕方なく神主は願いを受けいれた。まもなく朝成は中納言に任命され、三条中納言と名乗ったという。

『今昔物語集』によると、朝成は「性格豪胆にして押出しが強く、経済力もあり、広い知識の持ち主でもあった」と、書き残されている。とりわけ音楽の才能が傑出しており、楽器の笙を立派に吹き鳴らすので、村上天皇はとくにお気に召して、遊行の供には必ず朝成を指名したという。実ははじめて対面した際、天皇は朝成の姿を「醜い」ときらった。だが、ひとたび朝成が得意の笛を手にして奏でると、内裏中に響き渡り、みるみるその顔は美しく変化したのだと伝わる。個性的な伝承の多く残る人物である。

「三船の才」をうたわれた藤原公任

藤原公任は、平安中期、四条大納言と呼ばれた公卿である。公任は詩歌・管絃の道に秀でたうえ、有職故実にも通じていた文化人だが、「わが世の春」と謳歌した御堂関白藤原道長と親しかった。

『大鏡』には、公任の才人ぶりを示す話が載せられている。あるとき、道長は桂川上流の大堰川で巡覧し、船を作文(漢詩)・管絃・和歌の三つに分け、それぞれの道に優れた人物を乗せることにした。そこへ公任がやって来る。道長が「そちはいずれの船に乗るか」と問いかけると、公任は「和歌の船に」と答えた。「小倉山　嵐の風の寒ければ　紅葉の錦　着ぬ人ぞなき」、公任は小倉山・嵐山周辺の美しい景色をみごとに歌い上げた。

だが、公任は改めていった。「いや、私は作文の船に乗るべきだった。そこで、これほどの漢詩をつくったら、私の名はいちだんと上がったことだろう。まことに残念だ。あのとき道長さまはいずれが得意かと仰せられ、つい慢心してしまったのだ」と。『大鏡』の筆者はいう。「どの一つの道でも優れているのだ。このように三つの道のどれも断然優れているという人は、これまで誰もいなかったのに」と。この三分野に秀でた人物を三船の才（三舟の才）というのである。

この話はのちの『古今著聞集』や『十訓抄』などにも載せられているが、公任がよんだという歌は「朝まだき　嵐の山の寒ければ　紅葉の錦　着ぬ人ぞなき」となっている。おもしろいのは『十訓抄』がこの話に続けて載せている大納言源隆信の三船の才の話である。隆信は白河院の時代の公卿で、詩歌・管絃のいずれにも優れていた。その彼が、白河院が桂川で遊覧したとき、意図的に遅れて参加する。いらいらする白河院の前にひざまずいた隆信は言上した。「どの船でもよろしゅうございますゆえ、およせください」三船の才をもつと自負する隆信はそういいたいために、あえて遅参したのだと考えられている。

Column

幕末の三舟

平安貴族の三舟は文化面での呼称だが、江戸幕府崩壊の前夜には、名に「舟」の字をもつ人物三人がいた。第一は幕府の海軍創設に貢献し、江戸城無血開城を達成した勝海舟（名は義邦、のち安芳）、ついで講武所師範をつとめ浪士組編成に働いた高橋泥州（名は政晃）、もう一人は泥州の義弟にあたる山岡鉄舟（名は高歩）で、徳川慶喜の命を受け、駿府で西郷隆盛と会い、海舟と江戸での会談を周旋したことで知られる人物である。三人の生没は次のとおり。海舟（一八二三～九九）、泥州（一八三五～一九〇三）、鉄舟（一八三六～八八）。

8

武士の登場

愛人に裏切られた平将門

平将門にまつわる土地の人びとは、桔梗を嫌い、キユウリをきらい、成田山新勝寺をきらっているが、それには理由がある。

平将門には、桔梗の前という美しい愛人がいた。多くの桔梗が咲き乱れる屋敷で、将門は桔梗の前と酒を酌み交わし明け暮れた。一方、追討使藤原秀郷は、乱を起こした将門を何度も追い詰めたが、いつも将門の七人の影武者たちによって幻惑され、負けを喫していた。考えた秀郷は桔梗の前を味方につけると、影武者を見破る方法をまんまと聞き出した。影武者の正体は藁人形だから、冬の朝に入浴する影武者たちを観察し、白い息を吐く者がいたら、それが本物の将門であるというのだ。朝日を拝むとき、一人だけ水煙が立ち上っているのが本物だといったとも伝わる。秀郷は聞いたとおりに将門を見分け、矢を放ち、将門を討ちとった。以来、将門の怨念からその近辺では、桔梗を植える家がなくなり、もし桔梗があっても花は咲かないとされている。

これは千葉県我孫子市日秀をはじめとして、多くの将門ゆかりの地に残る伝承である。とくに日秀には、「湖北日秀にゃ桔梗は咲かぬ、桔梗あだ花うその花、将門様のよ、命取り」と歌う、湖北音頭も残っている。

『利根川図志』によれば、桔梗の前は現在の千葉県香取市北部に位置する牧野荘の荘官の娘で、早くから将門と良い仲であったらしい。桔梗の前が将門を裏切り、その因縁で桔梗が咲かなくなった、桔梗模様のものは使わないなどの風習は、全国各地に広く点在する。関東には複数の「桔梗が原」という地名も残っている。その一つ、茨城県取手市米ノ井の桔梗が原は、桔梗の前が裏切り、将門を失ったのち、秀郷によって殺された場所だという。桔梗の前には将門とのあいだに三人の子があったが、将門の戦勝祈願をした帰りにこの地で殺され、今は石塔からなる桔梗塚が建つのみである。なお、桔梗塚と呼ばれるものは、千葉県佐倉市将門町にも残っている。

桔梗の前はこのように秀郷に殺されたという説や、自害したという説、生きながらえたという説など諸説が残る。また彼女は、将門の妾とされるほかに、母や妹・娘であったとする伝承も残る。

キュウリを食べない、キュウリを植えないという奇妙な風習が残る地域も、将門関係の土地に複数存在する。キュウリを輪切りにしたとき、その断面が将門の紋、九(く)曜(よう)紋に似ているからだという。また、将門がキュウリの蔓(つる)に馬の脚を絡めてしまい、それがもとで滅びたからだという説もある。

成田山新勝寺に絶対に詣でず、忌避(きひ)するのも、将門関係の土地では通例である。なぜなら、京都の広沢遍照(ひろさわへんじょう)寺(じ)の僧侶寛朝(そうりょかんちょう)は、勅命(ちょくめい)によって不動明王(ふどうみょうおう)に祈願し、乱を起こした将門を調伏(ちょうぶく)、つまり呪い殺したのだが、その後、移って開いたのが、成田山新勝寺だからだ。ちなみにNHK大河ドラマの出演者は、必ずこの寺で節分(せつぶん)に豆まきをするのだが、将門を主人公とした「風と雲と虹と」の出演者だけは、将門伝説を慮(おもんぱか)って豆まきを行わなかったそうだ。

平将門の首塚(東京都千代田区)

一方、その逆が東京の神田明神(かんだみょうじん)である。伝聞によれば室町時代、真教上人(しんぎょうしょうにん)が江戸芝崎(しばさき)村にさしかかると、将門塚は世話をする人もなく荒れ放題になっていた。将門の祟(たた)りのためか、界隈では疫病(えきびょう)や災厄(さいやく)もたえなかった。そこで上人が将門塚をまつって供養したところ、たちまち村は平穏になり、上人はこの地を神田明神として、将門の霊をまつり続ける江戸の鎮守(ちんじゅ)としたという。そのため神田明神の氏子(うじこ)は、現在でも成田山には参詣しないと伝わる。現代にまで、さまざまな影響を残しているのは、平将門ならではのことだろう。

秘曲を伝えた新羅三郎

新羅三郎は、源頼義の第三子で、名は義光、新羅明神で元服したのでこの名がある。源氏の嫡流らしく、弓馬に優れていたが、その一方、音楽の才もあり、豊原時忠・時光父子について笙を学び、名手として知られた。時光が、名器「交丸」をあたえ、入調曲と呼ばれる秘曲を、わが子の時秋ではなく義光に授けたほどである。

永保年間（一〇八一～八四）のことである。義光は、折から東北で戦われていた後三年の合戦に出征中の兄義家が苦戦しているとの報を受け、あえて左兵衛尉という官を辞し、兄救援のため東国に向かった。近江国蒲生郡の鏡の宿に着いたとき、薄い藍色の狩衣に、裾を紐でくくった袴をつけた男が追ってきた。みれば師の時光の子の時秋である。「何をしにきたのか」と問うても、はっきりとは答えない。「ただお供をいたしたいまで」というだけである。義光は「このたびの下向は慌ただしい情勢に応じてのことである。そなたをともないたくはあるが、とても認められない」と、しきりに止めたが、時秋はそれでもついて来る。とうとう東国の入口にあたる相模国の足柄の山までやって来た。

義光はいった。「やむなく、ここまで参ったが、足柄の関の固めは厳しく、たやすくはとおれまい。自分は辞職してより命はないものと考えて参ったゆえ、いざとなれば、駆け破ってでもとおるが、そなたにその要はあるまい。これより速やかに帰られよ」。だが、時秋は承知せず、反論もしなかった。

そのとき、時秋の思いを察した義光は静かなところを選んで下馬し、人を退け、柴を切り払い、楯を二枚しくと、一枚は自分が座り、今一枚には時秋を座らせた。矢を入れたうつぼから義光は一枚の文書を取り出した。「これはあなたの父、時光殿御自筆の秘曲、入調の曲譜でござる。そなた、笙はおもちか」。うなずいた時秋は懐から笙を取り出した。「これまで、わがあとを追ってこられたそなたのお気持ちは、さだめてこの曲のためでござろうな」。入調の曲はこうして伝授された。

義光は改めていった。「私はこのたびの大事でわが身の安否はわかりませぬ。もし安穏にすごせれば都にてまたお会いいたしましょう。そなたは豊原家のあとを継ぐ楽匠ゆえ、国家にとっては必要な人物ですぞ。わが心を察してくださればすみやかに帰京なさり、笙の道をきわめてくだされ」。時秋はこの道理ある話に納得し、京に戻ることになった。

こののち、時秋は笙の楽道を継いだ。宇治左大臣藤原頼長の日記『台記』によると、この時秋を師として頼長は笙の技術を学び、厚く遇したと伝えている。

島流しにされた英雄の祟り

伊豆の大島に流された源為朝が琉球に渡ったという伝説もあるが、大島よりさらに南の八丈島に渡ったという伝えもある。為朝は付近の島々を制圧し、鬼ヶ島から鬼の子孫たちを連れ帰ったというので、鬼退治・疫病

Column

前九年・後三年の合戦

十一世紀の東北における二つの戦乱は、普通前九年（一〇五一～六二）・後三年（一〇八三～八七）と呼ばれているが、一見して、なぜ九年・三年なのかと疑問がわく。いったい、どういう計算になっているのか。

前九年合戦は源頼義と安倍氏の戦いで一二年余の合戦であった。ついで源義家と清原氏の戦いが一〇八三年から起こり、一時平静となったのち、一〇八六～八七年の戦いが起こった。当時の文献をみると、当初は頼義と安倍氏の戦いのみを「十二年合戦」と呼んだが、のちには義家・清原氏の争いを「後三年の兵乱」と呼んだ。このとき、義家の京都凱旋の年、一〇八八年まで数えての「三年」だったらしい。

どうやら東北の兵乱をすべてで「十二年合戦」と誤解し、そこから後三年を引いて「前九年」の語が登場したというのが真相のようだ。

退治の神としても崇められたという。

十八世紀の前半、尾張藩士天野信景の膨大な随筆集『塩尻』には、次のような話が載せられている。八丈島が気にいった為朝は、永くこの島の鎮めになろうと考え、楠で自分の像をきざませ、人びとはこれを祠にまつって厚く敬った。時は流れて江戸時代、いつのころからか徳川将軍家が毎年夏の五月に、像に鉄の鎧を授ける習わしとなっていた。不要になった古い鎧は、神主が人びとに配布し、鍬や鎌などにつくりかえられて人びとの役に立った。為朝の神霊も喜んでいたのだろう。八丈島にはたえて痘疹の病はなく、近くの島々でも八丈の布を子どものお守りにしたり、八丈の草なるものを伝えて家々に植えたりしていた。

突然、異変が起こった。一七一二(正徳二)年の夏、例によって鉄の鎧をかえよとの沙汰があったが、島民がこれを聞きあやまり、神像を江戸へ持って参れとの命令だと言い伝え、神主父子と島民との計七〇余人が神像を奉じて江戸城へいった。役人たちからこのことを聞いた将軍徳川家宣は、けしからぬこととは思ったものの、遠い島の人たちがはるばる持参したのだから、みてやろうと思い、江戸城中へ招き入れた。高さ八丈(約二・四メートル)を超える古像の面相はすさまじいもので、人びとは正視もできず、身の毛もよだつ思いで、みな、恐怖におののいたという。

将軍家宣がどう思ったかは定かではないが、この神像を城内にとどめておくこととし、吹上御苑にあらたに祠をつくって安置することとし、神主や島民たちには褒美をあたえて帰国させることにした。それからがたいへんだった。船中で神主父子は突然高熱を発し、やがて痘瘡にかかり、島に戻る前に死んだ。残る七〇余人の島民も同じく痘瘡にかかり、帰島後まもなく、全員が命を失った。

さらに、八丈の島内いたるところで、病人が続出し、一〇日もたたぬうちにおよそ四〇〇人が同じ痘瘡で死んだ。残された島民たちもおよそ数千人もしだいにわずらい苦しみ、多くが死んだので、病人をかかえて他島へ逃れゆく者が続々と出、八丈一島は無人の島になろうとするありさまだった。そこへ江戸から便りがあった。将軍家宣が十月、五一歳で世を去ったというのである。為朝の神霊は勝手に移動させられたことで怒り心頭に達したということだったのだろうか。八丈小島には今も為朝明神がまつられている。

源三位頼政の鵺退治

十二世紀の末に登場する源頼政(よりまさ)は悲劇の武将であった。頼政は有名な源頼光の五代の孫でありながら、平治(へいじ)の乱で一族の義朝(よしとも)に離反し、平清盛にくみして非難を受けた。しかも平氏(へいし)政権のもとでは、源氏(げんじ)であるがために官位の昇進もままならず、七四歳にもなったとき、清盛の推挙もあってようやく三位に昇進した。これより頼政は源三位(げんさんみ)という通称で呼ばれることになる。さらに七七歳を迎えた一一八〇(治承(じしょう)四)年、以仁王(もちひとおう)の挙兵に応じて反平氏の軍を起こすが、宇治で平氏軍に敗れ、平等院(びょうどういん)内の扇の芝で自殺することになった。

頼政は武人としては弓矢に優れていたが、宮廷では歌人としての評判が高かった。武勇の面については『平家物語』に二度にわたる鵺(ぬえ)退治の話がある。一度目は近衛(このえ)天皇の仁平(にんぴょう)年間(一一五一～五四)、頼政五〇歳のころのことである。天皇は深夜、東三条の森のほうから起こった黒雲が御殿を覆うと、必ずおびえることが続いたので、神仏に祈らせたが、まるで効き目がない。これは怪しいものの祟(たた)りだろうというので、源平の武士たちのあいだから頼政が選ばれた。頼政は信頼する郎党、猪早太(いのはやた)に矢をおわせ、みずからは滋藤(しげとう)の弓と二筋の矢をもって南殿(なでん)に出た。

案の定、天皇は深夜にうなされ、東方から黒雲が流れて来ると、御殿の上にたなびいた。頼政は弓に矢をつがえ、「南無八幡大菩薩(なむはちまんだいぼさつ)」と念じながら、雲中の怪物めがけてひょうと放った。手ごたえがあったと思うと、怪物が落下する。猪早太がとびかかって刀でしとめたが、みれば頭は猿、体は狸、尾は蛇、手足は虎に似て、鳴き声は鵺と呼ばれる鳥のようであった。天皇は感じ入って、獅子王(ししおう)という剣をあたえた。変化(へんげ)の怪物は木をえぐって中をうつろにした舟に乗せて流された。

二度目は二条天皇の応保(おうほう)年間(一一六一～六三)、頼政六〇歳のころである。またも鵺が空中で鳴き、天皇を悩ませたので、先例にならって頼政が召し出された。ちょうど五月下旬のころ、まだ夕方だったが鵺は一度だけ鳴いた。空は暗く、姿形がみえないので、頼政は一策を案じた。まず大鏑の矢を鵺の鳴き声がした内裏の上へ放つと、鏑の音に驚いた鵺は空中で「ひひ」と鳴いた。とたんに頼政は小鏑の二の矢を放つ。狙いは適中、鵺はあえなく御殿の前に落下した。宮中に感嘆の声があがり、頼政はまた御衣を授かった。

この話が伝えられるように、鵺の姿など明らかにつくられた物語である。『平家物語』は、この項の最後に「このまま無事にすごせばよかったのに故なき謀反を起こしてわが身も子孫も滅ぼしてしまったのは残念だ」という意味の文で締めくくっており、頼政の武勇を大げさに伝えるために記された話であることを思わせている。しかし、後世には謡曲や浄瑠璃で盛んに語り伝えられ、十八世紀にまとめられた随筆集『塩尻』には、これは一時の作り話ではあるが、摂津国には鵺塚という地があって、頼政の射落とした鵺が流され、とどまったところに塚を築いたと伝えられていると説明している。こういった伝説を各地にたずねてみるのもおもしろいだろう。

怨霊となった崇徳上皇

崇徳上皇は非業の死をとげて史上最強の怨霊となり、後世に祟ったと伝えられている人物だ。保元の乱を起こしたが、弟の後白河法皇に敗北して讃岐へ配流され、深い恨みを残して死をとげた。そのため数年後、怨霊となり都に災いしたとされ、人びとは恐怖におののいたという。

鎌倉時代の軍記物語『保元物語』には、配流された崇徳上皇が指先の血を使って五部の大乗経を写経し、都へ送って「近辺の寺院におさめてほしい」と嘆願したとある。しかし、そのわずかな願いすら、後白河法皇に却下されてしまったため、崇徳上皇は憤怒のあまり舌の先を食いちぎり、生きながら天狗の姿になったと記されている。

そもそも崇徳上皇は、生まれから不思議な運命に彩られていた。説話集『古事談』によると、上皇は母璋子が曽祖父の白河院と密通してできた子であるという。それゆえ、父であるはずの鳥羽院からは、息子ではないとうとまれて育ち、「叔父子」と呼ばれていた。白河院の後ろだてをえて五歳で天皇に即位するが、その白河院が没すると運命は暗転。父から迫られ、二三歳で異母兄弟の近衛天皇に譲位させられてしまった。崇徳上皇はそれでも息子、重仁親王が未来に即位することを唯一の希望として生きるのだが、その次に即位したのは実弟の後白河天皇であった。崇徳上皇の忍耐は、限界に達した。一一五六(保元元)年、藤原頼長と後白河天皇の追い落としを画策し挙兵、いわゆる保元の乱を起こしたのだが、あえなく鎮圧されてしまった。上皇は失意のまま遠く讃岐へ配流され、八年後、怨念を残してこの世を去ったのである。

崇徳上皇の死後、都では大火が起き、三分の一が焼失した。さらに数年後、後白河法皇が鹿ケ谷事件で失脚し、さらにたび重なる源氏と平氏の戦いによって世情は混迷の一途をたどった。九条兼実は自身の日記『玉葉』において、「天下の騒乱は、ひとえに崇徳院の怨霊が原因であると、世の中はもっぱらの噂だ」と記録している。

その後も室町時代の軍記物語『太平記』では、多数の怨霊・悪霊が集う場面に、翼とくちばしをもった金色の鳶の姿をして中央の高い位置に座する崇徳上皇が登場している。物語の世界においても、あまたの怨霊のなかで、彼は上格と考えられていたのだろう。

都では、怨霊をしずめるためあらゆる手がつくされた。それまで「讃岐院」としていた称号は、正式に「崇徳院」と改められ、讃岐の地で大きな供養の行事が執り行われた。上皇の遺児元性法印は、血で書かれた大乗経五部を保管していたが、寺におさめ、改めて霊を慰めた。また上皇とかつて主従関係にあった西行法師は、讃岐を訪れ祈りをささげ御霊をしずめたと、『保元物語』にある。怨霊の真否はともあれ、都の人びとが死後の崇徳上皇を災いの要因と畏怖し、鎮魂に努力したことだけは確かである。

今も親しまれている百人一首には、「瀬を早み　岩にせかるる　瀧川の　われても末に　逢わんとぞ思う」という崇徳上皇の歌が残されている。怨霊伝説を残した上皇だが、優れた歌人の一面ももっていたのである。

第2部 中世

1……散る平氏と咲く源氏

牡丹の花のような貴公子、平重衡

平重衡は清盛の五男で、文武両道にすぐれた人物であった。墨俣川の戦いで源氏に勝利する武功をあげているのだが、一一八四(元暦元)年、一の谷の合戦では大敗を喫し、不覚にも馬を射られ捕えられてしまったという。捕虜となって都に送還された重衡の物腰は洗練されていて、都の人びとは「牡丹の花のような貴公子だ」と口々にたたえたと伝わる。

『吾妻鏡』によると、都から東国に送られ、鎌倉で源頼朝に対面した。重衡は毅然として、「囚われ人となったからにはなにも申し上げることはありません。武者たる者、たとえ戦いに敗れても、捕虜となった身のうえを恥じることはない。頼朝殿、早く処刑されるがよい」と言い放った。頼朝は重衡のその動じない立ち居振舞いに感銘を受け、厚く遇した。重衡を気に入ったのは頼朝だけではなく、妻の北条政子も、自分の侍女である千手の前を重衡に譲ったという。『平家物語』では、頼朝夫妻が重衡のために宴を開き、千手の前の琵琶、重衡の横笛でなごやかに楽しんだとされ、若い千手の前は囚われ人の重衡にしだいに心を奪われていったともいう。

やがて平家一門が壇ノ浦で滅亡し、生き残った重衡は鎌倉から都へ再び護送される道中、妻輔子の住む近辺をとおりかかったとき、重衡は「今生の別れに、一目会わせてほしい」と頼んだという。願いは聞き入れられ、二人は泣いて別れを惜しみ、重衡は前にたれていた髪をみずから嚙み切ると、「形見にしてくれ」と輔子にあたえたとの美しいエピソードが残る。

都に着くと、重衡は奈良東大寺の関係者の切望で彼らへ引き渡された。宗徒たちは、東大寺・興福寺などを僧兵の鎮圧のためとして、重衡によって焼打ちされていたため、その恨みをはらすべく、重衡の身柄を受けとると、首を斬り落とし、奈良坂の般若寺にさらした。

気丈な輔子は、重衡の胴体と首を引きとると、今の京都市伏見区の一画に墓を建て、さらに高野山にも遺骨の一部をおさめて供養を行ったそうだ。重衡を愛したもう一人の女性、千手の前は、重衡を追うように三年後に亡くなったという。「恋しい重衡の死にたえられず、悲しみのあまり死んでしまったにちがいない」と人びとは噂した。

　重衡の容姿について、「なまめかしい清らかさ」を備えていたと言い伝えが残っている。都落ちのとき、それまでよく遊び相手をしていた式子内親王のもとへ挨拶にあらわれたが、重衡の礼装があまりに立派な武者ぶりなので、重衡に思いをよせる大勢の宮中の女房たちが泣き濡れたという。

　また重衡は、周囲の人びとへの細やかな気配りにも長けていたと『建礼門院右京大夫集』『平家公達草子』に記されている。あるとき高倉天皇がふさいでいると、重衡は強盗になったふりをして、天皇の気分を盛り上げたそうだ。宮中の女房たちをこわい話などでおもしろがらせたり、常日ごろから冗談をいって、人びとをなごませていたという。容姿・教養・武術・気配りにいたるまで、いずれも秀でていたとされる重衡は、平家随一の貴公子だったようだ。

頼朝に認められた乗馬の名手

　源平争乱のころ、武蔵国に乗馬と馬飼の達人として知られる都筑平太経家という人物がいた。平太は平家の郎等だったので、彼を囚人とした源頼朝はその身柄を梶原景時にあずけていた。折しも陸奥国から大きな馬体で、猛々しい荒れ馬が献上されたが、これに乗れる者がおらず、乗馬の名手とされた武士たちのなかにも、これを乗りこなせる者が一人もなかった。

　「乗れる者がいないとは残念じゃ。いかにすべきかな」、頼朝の声に景時が答えた。「関東八カ国で、今、頼りにできる者はただ一人、囚人の都筑平太だけでございましょう」。召し出された平太は白い水干に葛布でつくった袴を着けていた。「このような荒れ馬を乗りこなす自信はあるか」。頼朝の問いに平太はつつしんで答えた。「馬は人に乗られるべきものでございます。いかに気が荒くとも、人に従わぬわけはありませぬ」。「さらばためしてみよ」と、頼朝は馬を引き出させた。

馬は大きく高く、辺り一帯に跳ね回った。平太は水干の袖をくくり、袴の股立ちをとり、烏帽子の紐をしっかり縛り、堂々と庭に降り立った。彼はかねてから知っていたかのように轡を馬の口につけ、口綱をとったが、馬はとたんに跳ね、走り出した。平太は口綱をしっかりとたぐりよせて乗馬する。馬が躍り上がるのを、少し走らせてぐいととめ、ゆったりとあゆませて頼朝に向かいあって立った。みる者が驚くなか、頼朝は平太をおおいにほめ、囚人の刑を赦して厩の飼育係にした。

平太の馬の飼い方は変わっていた。夜中に起きると、土器一杯分の白いものを持って来て食べさせるというやり方で、夜が明けると、乱れたたてがみをととのえ、馬の前には一把の草もおかず、さっぱりと清掃した。頼朝が富士川の会沢の狩りに出かけるときには、平太は七〜八頭の馬に鞍をおき、口取りの縄を結んだまま、世話する者もつけずに放ったが、馬たちは平太の馬のあとに従ってついてゆき、一声呼ぶとそばへやって来た。のちの時代にこれほどの馬飼はおらず、平太の飼い方を伝える者もいない。残念ながら平太はのちに海に落ちて死んだので、実態を知る者もいない。

この話は、鎌倉中期、橘成季がまとめた説話集『古今著聞集』の「馬芸」の項に載せられている。この説話集の内容はまさに百科全書的で、いろいろな説話を年代順に整理してまとめているが、鎌倉時代という武家の時代に馬が大きな役割をもっていたことをよく示したものといえるだろう。

畠山重忠、大力の相撲取りを倒す

畠山重忠は武蔵国の秩父氏の出で、源頼朝に従って源平争乱を勝ち抜いた人物である。彼は典型的な坂東武者とされ、大力無双と称された。鎌倉永福寺の池の中心まで巨石を運んだ話とか、一の谷の戦いで、大切な馬をいたわろうと思い、鎧をつけたままで馬を背負ってひよどり越の崖をくだったという話などが伝えられている。ここでは『古今著聞集』に載せられた大力の相撲人との相撲の逸話を紹介することにしよう。

鎌倉の将軍源頼朝のもとへ、関八州でよりすぐった大力の相撲取りがやって来た。名を長居という。「現在、この私に対抗できる人があるとは思えませぬ。ただ、畠山重忠殿だけは気にかかりますが、畠山殿とて私を自由には扱えないと存じます」。この言葉に頼朝は憎らしく思ったが、そこへ重忠がやって来た。白い水干に黄色の葛の袴をつけており、侍所に多くの武将が居並ぶなかに、どっしりと腰をすえた。ことの次第をじっと聞いていた重忠は、「君の御大事とあれば、何事にも従いまする」という。頼朝はいった。「そこの庭に長居めがおる。そちと試合をしてみたいといい、関八州一だと申しておるが、いかにも憎らしい。予もやりたいところだが、とりわけそちとの手合わせを求めておるゆえ、試みてみよ」。うけたまわった重忠は静かなところへいって身づくろいをし、長居は庭の床几に腰をかけて待った。

まわしをつけた長居は悠然と登場した。いかにも力士らしく、重忠もどうかと思わせるほどである。さて、立ち上がった両者は長居が重忠の首を強く打ち、袴の前をつかもうとするが、重忠はそれを許さない。しばらく時が流れ、梶原景時が頼朝に申し上げた。「これぐらいでよろしいのでは」。だが頼朝はいった。「いや、いや、勝負をつけさせよ」と。すると重忠は長居に尻もちをつかせ、押しつけた。長居は気絶し、足を踏みそらせたので、人びとは長居の身体を押しまげて外へつれ出した。重忠は座には戻らず、一言も発しないまま退出した。長居はこの手合わせで肩の骨をくだかれ、身体の自由を失って相撲をとることもできなくなった。それにしても、重忠があっというまに相手の骨を押しくだいてしまったのは驚くべきことであった。

判官びいきが作り出した英雄

一一八一(養和元)年七月、鎌倉の鶴岡八幡宮の上棟式で、多くの御家人たちが居並ぶなか、源頼朝は大工にあたえる馬を引けと弟義経に命じた。プライドを傷つけられた義経は引き手がいないとして辞退したが、「この役を卑下してのことか」と激怒した頼朝におびえ、やむなく馬を引いたという。芝居や映画にみる格好よさはまったくない。この一幕は鎌倉殿の弟という義経の自負心と兄弟でも御家人の一人だとする頼朝のプライドとの正面衝突だったといえよう。

たしかに、義経は一の谷・屋島・壇ノ浦の戦いで示したように類いまれな軍事の天才だったが、人の上に立つ為政者ではなかった。平氏討滅の途次に梶原景時が頼朝に出した報告書で、「義経殿は将の器ではない」と讒訴し、これを受けた頼朝は義経が無断で任官したことをとがめて、義経の鎌倉入りを拒否したことで、両人の立場は決定的に食い違った。

頼朝は京に戻った義経に刺客を派遣するなどして挑発し、義経もついに兄への抵抗を決意して頼朝追討の院宣を受けた。しかし、期待に反して兵は集まらず、結局は京を離れて畿内を転々とした末、ふたたび奥州藤原氏のもとへ逃れた。一度は受け入れた藤原泰衡は鎌倉の圧力に抗しかね、義経を襲うことになる。一一八九(文治五)年四月、義経は衣川の館で妻子とともに世を去った。時に三一歳であった。首はただちに鎌倉へ送られ、六月、鎌倉の西、腰越で黒塗りの櫃に酒にひたされた形で検分された。

義経の数奇な運命と悲劇的な最期は、世人の同情・共感を呼ぶことになる。室町時代からいわゆる判官びいきの風潮が起こり、『義経記』が琵琶法師によって語られるようになった。『平家物語』に小柄で反歯だったと記された容姿も凛々しい若武者のイメージをもつようになり、自身も東北地方から蝦夷地へ逃れてゆくことになる。江戸時代には蝦夷地のアイヌの神オキクルミと習合するようになった。

明治の時代を迎えると、義経はさらにシベリアへ渡り、チンギス＝ハン(成吉思汗)となったとする説まで生じてきた。英雄義経をしのび、再生を期待する庶民の夢と願望の結果とでもいうべきかもしれない。

西行の遁世

平安末期の歌人西行は、俗名藤原義清、平将門の乱で武名をあげた藤原秀郷の嫡流で、検非違使や鳥羽院の北面などに補せられた官人である。義清は武芸に優れたほか、和歌や蹴鞠にも巧みであり、財産にもめぐまれていたが、二三歳のとき、突然出家・遁世し、名を西行と変えた。左大臣藤原頼長は、その日記(『台記』)に、兵衛尉義清は「重代の勇士を以て法皇に仕え、俗時より心を伝道に入る。家富み、年若く、心に愁いなきに遂に以て遁世す。人これを歎美す」とあるように、誰しも「いったい、なぜ?」と問いたくなろうというものである。義清がある女房に失恋したとする説もあるが、おそらく歌道に精を出しているなかで、無常感に襲われ、仏道修行を志すにいたったのであろう。その後の西行が鞍馬寺で修行したり、高野山・大峯山などに入ったりしたことなどが、それを物語っていそうである。

遁世して数年ののち、西行は東国に向かって旅立った。下人も西住と名を改めてこれに従ったが、遠江国の天竜川で事件が起こった。西行が渡船に乗ろうとすると、乗合いの人が多く、船がぐらりと傾いた。すると乗りあわせていた一人の武士が「この坊主め、おりよ」と西行を打ち、突き倒した。頭から血を流した西行は、少しも怨み怒ることもなく、悠然と船を離れた。西住が哀しみ泣くのをみた西行は、「不慮の禍いはこれからもっと起こるだろう。お前はここから故郷へ帰ったほうがよい」といい、やむなく西住はここで別れることにしたという。

浮き世の俗事と決別した西行は、保元の乱ののちは四国へ向かい、讃岐国の崇徳院の白峰陵に詣でて、院の霊

Column

西行と東行

平安末期の藤原義清は、一一四〇(保延六)年、二三歳で遁世して西行と称した。折しも盛んだった浄土教の教えに引かれ、西方の仏国土をめざすという意味を込めたのである。

これを踏まえ、幕末の志士高杉晋作は東行と号した。一八六三(文久三)年、二五歳のとき、藩に一〇年間の暇を願い出、剃髪して東行と称したのである。「西へ行く　人を慕って　東行く　我が心をば　神や知るらむ」。彼はこの歌で、風雅に生きる西行と違い、動乱の京・江戸に執着する心情を示したのである。

を慰め、弘法大師の旧跡をめぐった。一一八六(文治二)年には東大寺再建の勧進の旅に出、鎌倉では源頼朝に会い、さらに陸奥へ向かっている。そののち、京の嵯峨野に居を定め、歌人としての名を高めたが、一一八九(文治五)年に河内国の弘川寺に住した。「願はくば　花の下にて　春死なむ　その如月の　望月のころ」。この歌のように翌年二月十六日、西行は七三歳の生涯を閉じる。厳しい精進のなかにえた澄み切った心境が読みとれるようである。

弁慶の引きずり鐘

天台寺門宗の園城寺(三井寺)は、七世紀の後半、天武朝の創建と伝え、現在まで一三〇〇年以上の歴史をもっている。それだけに興味深い伝説も数多く残されているが、なかでも有名なものの一つに、金堂右手奥の鐘楼にある古鐘にまつわる話がある。

伝えによると、この鐘はもと瀬田の唐橋の下にある竜宮城にあったという。十世紀の初め、大津の地にいた藤原秀郷が瀬田の唐橋で竜神の頼みを受け、三上山の大ムカデを矢で仕留めたとき、竜神は謝礼として太刀や鎧、さらにいくらとってもつきない米俵や巻絹など一〇種の宝物を秀郷にあたえた。そのなかに赤銅の鐘があったが、秀郷はこれを三井寺に寄進したという。

時は流れ、十二世紀の初めごろ、三井寺は天台座主の地位や戒壇設立問題などで延暦寺と烈しく抗争していた。山門と寺門とのこの争いは、一〇八一(永保元)年から一一六三(長寛元)年までの八〇年間に五度にわたって山門側の攻撃で三井寺が焼き打たれ、甚大な被害をこうむっている。そのうちの、おそらく一一二一(保安二)年のときと思われる攻撃の際、比叡山の西塔にいたといわれる弁慶が攻撃軍に加わっていた。弁慶なる人物は、あまりにも英雄化されすぎているが、実在の人物だったことは認めてもいいだろう。その弁慶が、このとき三井寺の鐘を奪いとり、山上へ持ち帰ったといわれる。三里半もの山道を引きずっていったとすれば、乳と呼ばれるイボイボの部分はおそらくすり切れたと思われる。

さて、この大鐘は大講堂の前に吊り上げられて撞かれたが、美しい音色は出ず、「去のう、去のう」と鳴ったという。三井寺へ帰りたいといったのである。怒った弁慶は「ならば勝手にせよ」と鐘を谷間に投げすてた。それが山門・寺門の争いもしずまった中世後期、ようやく三井寺に戻ってきたが、ひびが入っていて使いものにならず、台の上におかれた。

一五四九(天文十八)年の盆の十五日、一人の女性が女人禁制のこの山中へ入ってきた。鐘をみた女性は、「これはよい鐘だ。この鐘で鏡がつくれたらいいが……」と心に念じて、鐘のまわりを撫でさすると、ぽっかりと鏡の形でとれたという。盆の十五日に限って女人が山へ入るのを許されるのは、このことをしのんでのことだという。

これは、あくまで伝説である。謎に満ちた一生を終えた弁慶は、京の五条で義経と争った「橋弁慶」をはじめとして、安宅の関での「勧進帳」、さらには衣川の館での「立往生」などの話で知られるが、「引きずり鐘」も英雄弁慶にまつわる話としてつくられ、語られ続けてきたのだと思われる。

明恵上人の遺訓

十二世紀後半の華厳宗の僧明恵上人は、紀伊国有田郡の生まれで、名は高弁、栂尾上人とも呼ばれている。高弁はわずか八歳で両親と死別し、九歳で高尾の神護寺(真言宗)に入り、文覚上人に師事した。文覚は『平家物語』などで、袈裟御前に恋慕してあやまって殺してしまったので出家したと伝えられる北面の武士、遠藤盛遠である。高弁は一六歳で東大寺で受戒・出家し、おもに華厳宗を学んだ。二三歳のとき、高弁は紀伊の白上峰に籠り、翌年には思い切ってみずから剃刀をもち、右の耳を切り落とした。ひたすらの修行者たらんとする意思表示だった。文覚に乞われて高尾へ戻ったのは二七歳のときであった。

高弁はその後もしばしば紀伊で修行を積んだが、在家の、とくに女性信者からは明恵上人として厚く敬われた。一二〇三(建仁三)年、三一歳だった明恵は日ごろ思慕していた釈尊の国、天竺(インド)を訪れての仏跡巡拝を志した。しかし、この企ては春日明神が女性に神がかっ

「明恵上人樹上坐禅像」(部分)

た形で託宣するということで断念し、三年後には後鳥羽(ごとば)上皇(じょうこう)から高尾の地を賜って華厳の道場、高山寺(こうざんじ)を建てた。

一二一二(建暦(けんりゃく)二)年、四〇歳の明恵は、法然(ほうねん)の『撰択本願念仏集(せんちゃくほんがんねんぶつしゅう)』に激しく反発した。法然が明恵の説く菩提心は必要ではなく、念仏さえすれば誰でも往生できると説いたのに対し、『摧邪輪(さいじゃりん)』を著わして非難し、「それは畜生のようなものだ」と断じたのである。一生を坐禅と修行にささげた明恵は、一二三二(貞永(じょうえい)元)年、六〇歳の生涯を閉じた。

明恵の栂尾山中における修行生活はあくまで厳しく、行動は極端だった。上人の伝説にはさまざまのエピソードが盛り込まれている。あるとき、上人が松茸(まつたけ)を好むと聞いた人が、さまざまの工夫をこらして松茸料理を出したところ、「修行者ともあろう者が、松茸好きといわれるのは浅ましく、恥ずかしい」として、以後、松茸を口にしなかったという。また、ある人が庭のなずなをつんで、味噌汁をつくったところ、一口飲んだ明恵は、やり戸の縁のほこりをわざとまぜて飲んだ。それはあまりに味がよく、舌つづみを打った自分を恥じたからだというのである。

高山寺の石水院(せきすいいん)には上人が座右の銘とした「阿留辺畿(あるべき)夜宇和(ようわ)」の掛板がある。それは明恵が説いた日常生活における仏道の平易な心がけであり、明恵自身が実践した生活でもあった。弟子の高信(こうしん)がまとめた『明恵上人遺訓』の冒頭に次の一句がある。「人は『阿留辺畿夜宇和』という七文字をもつべきなり。僧は僧のあるべきよう、俗は俗のあるべきようなり。此のあるべきように背くゆえに一切悪しきなり」。人はその時と所に従って「あるべきよう」はなにかと自問し、主体的に生きよと教えている。あまりにも「あるべきよう」でないことの多い現代において、改めて考えさせられる言葉といえよう。

高山寺には現在も石水院が国宝として残されている。一度ここを訪れ、堂内に上がればそこにある愛くるしい善財童子(ぜんざいどうじ)像が「あるべきよう」を教えてくれることだろう。

明恵は仏法に専心した。彼が道を歩いていると、川で馬を洗っていた男が、「あしあし」というのを聞いた。とたんに明恵がいったという。「これはすばらしい。『阿』の、一字はあらゆる音声のもとであり、一切の法のもとである。この『阿』字をつねに唱えているあの男は大したものだ」と。

Column

阿字観

「阿」はすべての音声のもとであり、密教では「阿」の一字に全宇宙が集約されていると考える。この「阿」字を観念することで自分のなかの仏心を自覚する修行方法を阿字観(あじかん)という。

具体的には図のように蓮台(れんだい)の上に梵字(ぼんじ)の「阿」(胎蔵界大日(たいぞうかいだいにち)の種字(しゅじ)とする)を載せ、それを円形(日輪(にちりん))のなかにおく画像を前に、心で観念する。そのことによって大日如来(にょらい)と一体化できると考えるのである。

2 鎌倉の男たち

風雲児、後鳥羽上皇

後鳥羽上皇は、気性が激しかったことで知られるが、文武両道に秀で、多くの才能をもちあわせた人物でもあった。

上皇が凶悪な盗賊の逮捕を船で采配したとき、あまりに簡単に盗賊がつかまったのでその理由を聞くと、「上皇様が、船の重い櫂を軽々とあやつっているのを拝見して恐れ入りました。自分の命運もつきたと諦め、降参しました」と答えた。これを聞いた上皇は機嫌をよくして、盗賊を中間として召しかかえたという。

武芸ばかりではなく、上皇は蹴鞠にも長けていた。当時の優れた蹴鞠名人に与えられる称号「長者」をもっていたから、並大抵の腕前ではなかったと推察できる。また、刀の鑑定・制作にも携わった。上皇は自身の作品によく菊の模様をきざみ、それらは「菊御作」として、現在も貴重な刀とされている。ちなみに、後鳥羽上皇が菊の紋柄を好んで使用したことが、現在の天皇家の菊の紋の発祥であるともいわれている。

ほかにも、宮中のしきたりなどの有職故実に詳しく、琵琶・琴・相撲・水泳・弓などにも、その才能を発揮していた。なにより『新古今和歌集』の編纂者であり、優れた代表歌人であることは後世によく知られている。

才知にあふれ、血気盛んな性格だった上皇は、院政を執り行い、時の執権北条義時に対抗した。順徳上皇・土御門上皇らと共謀して承久の乱を起こしたが、乱は半月で鎮圧され、隠岐に流罪となってしまった。

上皇が隠岐に流されたのち、都ではいくつかの流言蜚語がささやかれた。流された三人の上皇たちが明日にも都に返り咲くだろうという話や、昨今、志賀浦にむらがる大量の不気味な黒い鳥は、上皇のいる隠岐から飛んできたものだという噂である。追い打ちをかけるように、二五歳の後堀河天皇の后をはじめとして、二三歳の後堀河天皇本人、二六歳の摂政藤原教実と、重要人物たちがつぎつぎと早死にしてしまった。これらはすべて上皇の祟りとされ、彼は隠岐にいながらにして、なお生霊として都の人びとを震撼させたのである。

上皇は都で復権することを夢みていたが、その日は訪れず、二度と都に帰ることなく無念のうちに隠岐で六〇歳の生涯を終えた。上皇崩御(ほうぎょ)の知らせが都に届くと、またしても多くの災いが都を襲いはじめる。承久の乱で武功のあった三浦義村(みうらよしむら)や、北条義時の弟である時房(ときふさ)、そして一二歳の四条(しじょう)天皇までが亡くなってしまった。その五カ月後には、同じく承久の乱で活躍した執権北条泰時(やすとき)が、苦しみながら悶死した。あまりにもあいつぐ不幸に、すべてはあの後鳥羽上皇のなせる業と、都の人びとは恐怖した。ただちに上皇の霊をしずめるためにさまざまな手段が講じられ、上皇をまつった新若宮が鎌倉鶴岡(つるがおか)の麓(ふもと)に創建されたのである。

ところで後鳥羽上皇は、わずか四歳で帝位についている。平家(へいけ)とともに兄の安徳(あんとく)天皇が都落ちしたため、三種(さんしゅ)の神器(じんぎ)もないまま、急遽即位した。即位にあたって、後(ご)白河法皇(しらかわほうおう)は二人の皇子を呼び出したという。第三皇子の惟明(これあき)親王が泣いてむずかったのに対して、第四皇子であるのちの後鳥羽上皇は、法皇の膝上で臆することなくにこにこと笑っていた。それをみた法皇は、「これこそ私の真の孫である」と、即位を決めたと伝わる。しかし、それもつかのま、後鳥羽天皇は一九歳で退位させられてしまう。まだなにもわからない若さのうちに、即位も退位も運命の波に翻弄された形で決められてしまったのである。そんな鬱屈した感情が、上皇となっての院政の横暴や、承久の乱を引き起こす遠因となったのかもしれない。隠岐で長らく失意の日々をすごした上皇は、やがて歌心を復活させて、歌集『遠島百首(えんとうひゃくしゅ)』をよんだ。そこには離れ島で老いてゆく上皇の、人間味あふれる秀歌が数多くおさめられている。

御家人たちに信服された北条泰時

鎌倉中期の仏教説話集『沙石集(しゃせきしゅう)』は、北条泰時の人柄を「有難き聖人にて、万人の父母たりし人也」と口をきわめてほめちぎる。とにかく、人の意見をよく聞き、道理に基づく政治を行い、そのうえ個人的にも思慮深く、無欲で誠実な人柄だったから、御家人(ごけにん)たちの信望はきわめて高かった。

こんな話がある。泰時がある日、四代将軍頼経（しょうぐんよりつね）のもとへゆくと、頼経が御家人たちに向かっていった。「人の家の羽目板は、ふつう内部の見苦しさを隠すためにつくるのだが、泰時の家の羽目板は粗末なもので、家の中まで見通せるのだぞ」。聞いた御家人たちは、このさい執権殿に奉公したいと思って、口々にいった。「御所（ごしょ）様のおおせのように私どももそれは存じております。それゆえ、ご用心のためにも築地塀（ついじべい）をつくられ、堀を掘られたらよろしゅうございましょう。各人それぞれが一つずつ築地塀をこしらえますれば、一〇日もかからずにできましょう。どうぞお命じくださいませ」。

泰時はうなずくといった。「みなそれぞれの気持ちはまことにありがたい。たしかにお志に従えば、あなた方は安心なさるだろうが、諸国から鎌倉に参った人夫どもが、この仕事に就くことで思いもかけぬ面倒にかかわることもありましょう。用心のためにつくるといわれるが、泰時の運がつきたなら、たとえ鉄製の築地塀をつくったとて助かりますまい。逆にもし私に運があるのなら、今のままでも、なにごとも起こりますまい。堀などを掘れば思わぬ騒動が起こったとき、馬も人も落ち込んで、とても想像できぬ面倒が起こると思いまする。羽目板の隙間などはいつでもなおすことができましょうからこのままで」と。これを聞いた人びとは声もなく、心ある人は思わず感涙を流したそうである。

とにかく泰時の評価でマイナスをつける史家はほとんどいない。南朝（なんちょう）復興に生涯をささげた公家（くげ）の北畠親房（きたばたけちかふさ）でさえ、「大方、泰時、心正しく、政（まつりごと）すなおにして、人をはぐくみ、物におごらず」と、その人柄をほめ、もし保元（ほうげん）・平治（へいじ）後の動乱の時代に「頼朝（よりとも）と云（いう）人もなく泰時と云者なからましかば、日本国の人民いかがなりなまし」とほめたたえているのである。

流転を重ねた運慶仏

二〇〇八（平成二十）年三月、ニューヨークで行われたオークションで一二八〇万ドル（当時一二億五〇〇〇万円）という空前の高値をつけた仏像が取引された。落札したのは日本の真如苑（しんにょえん）。像は高さ二尺（約六〇センチ）、木彫で漆塗りの上に金箔を貼っている大日如来（だいにちにょらい）像で、智（ち）

拳印を結んでいる。専門家山本勉氏の見立てによるとどうやら鎌倉時代の大仏師運慶の作らしい。それがどうしてオークションに出たのだろうか。

運慶の作品は有名なわりにはきわめて少ない。戦前に確認されていたのは東大寺南大門の仁王像をはじめとするわずか六体だったが、戦後になって関東などでも発見された。とくに有名なのは一九八六(昭和六十一)年に確認された神奈川県の浄楽寺と伊豆の願成就院のそれぞれ五体の像である。そして一九九六(平成八)年には、栃木県足利市の臨済宗光得寺の大日如来像が運慶の作と認められた。足利氏の氏寺は足利市中心部にある真言宗の鑁阿寺である。この寺の縁起によると、一一九三(建久四)年、足利義兼が妻の死に際し、菩提をとむらうために運慶に仏像をつくらせた。高さ三尺七寸(約一一二センチ)の大日如来像で、これが光得寺の厨子におさめてある像だとわかったのである。

ところが縁起には運慶作の今一体の大日如来像があると伝えられている。高さ三尺、皆金色の像だというが、明治維新の廃仏毀釈の騒ぎのなかで行方知れずになってしまった。おそらく失われたものと考えられてきた。ところが、事情が一変した。この像が当時の檀家の手などによって保管され、二〇〇三(平成十五)年にその存在が山本氏のもとに伝えられたのだ。改めて、この像と光得寺の像とをあわせ考えてみると、大きさこそ違え、像容もきわめて似通った大日如来像であることがわかり、運慶像とみてまちがいないことがわかった。

では、運慶はなぜ二体の像をつくったのだろうか。一一八〇(治承四)年、平重衡は南都を焼打ちし、東大寺大仏殿も焼失したが源頼朝は復興につとめ、運慶らの南都仏師もこのころ東国の源氏と深い関わりをもつようになる。初めに記した浄楽寺、願成就院の運慶の像は、このころつくられたのだった。頼朝の母方のいとこにあたり、義兄弟でもあった足利義兼は、当然運慶に近づいたことだろう。そして義兼は妻の菩提をとむらうために光得寺像を、運慶は今一つの像をつくって足利の樺崎寺の大御堂の本尊としたのであった。

明治の廃仏毀釈の嵐のなかで樺崎寺は破壊され、今は浄土庭園の一部のあとが残されているだけである。光得寺の像はなんとか残ったが、樺崎寺の像は、流転の旅を余儀なくされた。二〇〇八年の八～九月、東京国立博物館一階に二体の像はならんで展示され、多くの人びとが押しよせた。オークションによって外国への売却まであやぶまれた大日如来像はやっと落ち着いたのである。

無筆の覚者、法心上人

十三世紀の『沙石集』は、僧の無住道暁がまとめた仏教説話集である。無住は相模の人で、梶原景時の孫とも曽孫ともいわれたが、一八歳で出家して真言密教や臨済禅を兼修し、京都東福寺の僧となり、その後も顕密諸宗を学んで一宗一派に偏しなかった。後半生のほとんどは尾張や伊勢ですごしたが、無類の話好きでもあり、禅のかたわら、著作につとめたことで知られている。『沙石集』は、文字どおり「沙石」のような身近なことを取り上げて「金玉」にも値するような深い教えを説こうという狙いをもっており、きわめて興味深いが、その巻一〇は優れた上人たちの遁世譚・往生譚でまとめてあり、そこに「松嶋法心上人」の話がある。

日本三景の一つ、東北の松島には有名な臨済宗瑞巌寺がある。寺伝によると、開山は天台宗の慈覚大師円仁で、寺は青竜山延福寺、地名をとって松島寺とも呼ばれていたが、鎌倉中期に全国を巡り歩いたといわれる北条時頼がここを訪れた。このとき、時頼は岩窟内で面壁中の法心性西(法身性才)と会い、紛争中の天台宗徒を追って臨済宗の円福寺と改め、法心を開山にすえることにしたという。この円福寺が近世になって伊達氏の保護のもとに瑞巌寺と改名することになった。

さて、話は松島寺の法心に戻る。法心は常陸国真壁出身の武士で、真壁平四郎といった。前半生は定かでなく、晩年に出家したものの文字をまるで知らなかったというから、不遇だったのだろう。それがふとしたことから宋における禅修行の話を聞き、一念発起して宋に渡り、杭州の径山万寿寺の無準和尚のもとに参じることになる。無準は円のなかに丁の字を書く。「円相丁字」の公案を示した。法心はこの公案をえて坐禅につとめ、尻に瘡ができて膿み腐り、虫がわくほどになったが、九年のあいだ、坐り続けた。その結果、公案の丁字は、あらゆるもののなかにみえるようになったという。こうして帰朝した法心は、松島寺にあってさらに修行を続け、そこで時頼に出会ったのだ。

　年を重ねた法心は臨終の日の七日前、「その日に私は世を去るだろう」と侍僧に告げたが、とくに異状も認められなかったので、侍僧はこれを信じなかった。臨終の日、法心は昼食ののち椅子に坐り、辞世の語を侍僧に書かせた。「来し時も明々　去る時も明々　足すなわち何物ぞ」侍僧はいった。「ふつうは四句でございます。今、一句たりませぬが」。すると法心は「喝」と一喝し、やがて世を去った。この話を記した無住はいう。「真実の悟りとは文字をどうこうということではない。ただ道を求め、名利を思わず、寝食を忘れて行住坐臥に打ち込めば、必ず悟りに達することは疑いない」と。

　こんな話もある。東福寺の開山、聖一国師が眼疾のため、片方の眼がみえなくなったとき、松島寺の法心上人から一首送られてきた。「本来の　面みえたらば　水母殿　蝦の眼は　用事なかりけりやな」。一見して字余りの奇妙な感のある歌だが、聖一国師は「心のこもった歌だ」とほめた。目のない水母が食を求めるとき、蝦の目を借りて食を求めるとある。人間の眼もいわば仮の眼であり、本来は両目さえあれば仮のものはどうでもよいというのだ。無住はこういうことからも、法心の悟りの境地をたたえたのである。

名刀正宗と妖刀村正

武家の時代には、武具とくに刀剣が重んじられ、優れた作品のなかには名物として珍重されるものもあった。なかでも鎌倉末期の正宗と弟子の越中出身の郷義弘、鎌倉中期の京都の粟田口吉光の三人の作刀は江戸時代に人気を博し、大名家がきそって買い求めた。

　正宗は相州鎌倉の刀工で、日本一の名工として世に知られている。その作風は、相州伝と呼ばれる力強く美しい作風で、独特の風格をもっており、多くは短刀で、また銘がない。この点について、室町時代の刀剣書は、「自分の作刀は世に紛れのないものだから、銘をきる必要がなかった」と説明している。たしかに一条兼良の『尺素往来』が、正宗の剣は不動の利剣と同じようなもので、正宗は「近世の名人」だとたたえている。
無銘ということは一八九六(明治二十九)年、今村長賀による「正宗抹殺論」を生むことにもなった。しかし、現在ではその実在が明らかとされ、刀四口、短刀五口が国宝、刀六口、脇差一口、短刀三口が重要文化財に指定されている。当然、正宗のもとには多くの弟子が集まった。正宗門十哲という説もある。そして正宗は鎌倉末期から南北朝時代にかけて、諸国巡歴の旅に出たともいわれるが、詳しくはわからない。

村正は室町末期の伊勢桑名生まれの名工で、刀剣や槍などもつくったが、その作刀は鋭い切れ味を特徴としている。おもしろいのはこの村正が正宗に師事したとの説があることだ。十八世紀の随筆『翁草』は次のように紹介する。村正は田舎の鎌鍛冶だった。あるとき、正宗がこの地を訪れてその槌音を聞き「どのようにして習練したか」と村正にたずねた。村正は初め無愛想に接していたが、相手が有名な正宗と知って、丁重に師とあおぎたいと答えた。正宗はこれを承知し、弟子になった村正に秘法を伝えたというのである。明らかに時代が違うから、これは俗説にすぎないが、それほど村正の刀は優れていたということの現れというべきだろう。

村正といえば、多くの人が妖刀説を思い浮かべることだろう。それは徳川家にとって忌まわしい由来があったからである。まず、家康の祖父清康が、阿部弥七郎正豊に村正の刀で殺された。ついで父の広忠が家臣の岩松八郎に村正の刀で斬りつけられ、さらに嫡男信康が信長の圧力で切腹した際の介錯の刀も村正だった。家康自身も村正の短刀でけがをしたといい、大坂の役では真田幸村がわざと佩刀すべてを村正にしたという。不吉な村正の刀が徳川氏に忌まれ、譜代大名がこれを避け、ひいては「妖刀」の風聞が世間に広まったのも当然かもしれない。幕末に討幕派の志士たちが村正の銘を切った刀を意図的に用いたという話もある。村正の刀も銘はなかった。そのことが正宗の刀に通じ、正宗作の刀として通用し、ついには村正は正宗の弟子という話が生まれてきたと思われる。

3 室町幕府のころ

足利尊氏とよくできた弟、直義

足利尊氏は室町将軍に上り詰める前、何度も死のうとしたが、命拾いをしている。戦いで負け続け、進退きわまり、短刀で自害しようとしたことが三回もあったというのだ。しかしいつも何故か、追っ手が引き返してしまい助かっている。九州へ逃げたときは、味方があまりに少数なので切腹しようとしたが、しっかり者の弟直義にとめられた。武蔵野の合戦で新田義宗に追打ちをかけられ、もはや切腹しかないと決意したが、その折も忠実な家来に救出された。

出家しようとしてやめたことも、たびたびあるようだ。なかでも有名なのは、一三三五(建武二)年に後醍醐天皇から尊氏追討令が出された際の出家未遂である。尊氏は自分の追討令を知るとショックを受け、抵抗しないことを表明、寺に引き籠ってしまった。そして髪を束ねた元結を切り落とすと、袈裟に袖をとおし、出家寸前となった。ところがそこへ、弟直義が新田義貞軍に攻め込まれ、箱根山で大ピンチだという知らせが入った。すると尊氏はいきなり方針転換、出家を取りやめ、ただちに弟救出に向かう。このとき尊氏は「直義が命を落とすことがあれば、私一人生きていても意味がない。だから挙兵するが、後醍醐天皇に刃向かう気持ちは微塵もないのだ」と語ったそうだ。尊氏は、弟直義への愛情が相当強かったようだ。ちなみにこの行軍の際、大将の尊氏だけが元結を切り落としたカッパ頭なのはみっともないと兵たちが同情し、なんと兵士全員、元結を落としてカッパ頭になったという逸話が残っている。

わずか一歳半違いの兄弟は、光と影のように正反対の性格だった。たとえば、八朔という八月一日に祝いの物品を贈りあう風習があったのだが、尊氏は贈り物をもらうと喜んで受け取り、すぐに下々の人びとに惜しげもなく分けあたえた。一方、直義は八朔の習慣そのものを無意味だときらい、家来に贈答を禁じると自分も一切受け取らなかったという。

戦いにおいて、兵から絶大な人気をえていた尊氏だが、事務処理は苦手だったらしい。面倒なのか、サインまで祐筆（ゆうひつ）に書かせてしまった例もあるようだ。一方、事務能力に長（た）けた能吏の直義は、一字一句にいたるまで神経を行き届かせ、完璧な書類処理を行っていた。自由奔放でカリスマ性のある兄と、謹厳実直で几帳面な弟は、おたがいを補完しあう絶妙のコンビだったのかもしれない。

　だが、直義が公務で尊氏をたずねても、そのたびに尊氏は田楽（でんがく）見物に出かけてしまっていて、留守であることがほとんどだったそうだ。あまりにたび重なるので、ついに直義は、「将軍が公務をないがしろにして遊興に夢中になるとは情けない。鎌倉の北条高時（ほうじょうたかとき）のように、兄上もいつか痛い目にあいますよ」と忠告した。すると尊氏は、「もう政治のことは弟のお前にまかせてある。すべては側近の高師直（こうのもろなお）と相談して、うまくやっておいてくれ」といって反省もしない。直義は、「では兄上、細かいことは私が処理しますから、せめて月に三日だけでも、私の重要な話を聞く時間をつくってください」と頼み、尊氏もこれには同意したという。

　一三三六（建武三）年、尊氏は清水寺（きよみずでら）に奉納した願文（がんもん）で、「この世は夢のように儚（はかな）いものです。現世で私がえた果報、幸せは、すべて弟の直義のもとに訪れますように。そして彼の安穏な日々を、どうかお守りください」と祈念したそうだ。尊氏は政治向きのことに興味は薄く、月を愛（め）で花をながめて快楽にふけり、自由に暮したかったのだろう。そして、一心同体で幕府（ばくふ）を創設した直義にすべてを譲るつもりで、兄弟は強い信頼の絆で結ばれていた。

　しかし数年後、尊氏の側近の高師直と直義の対立が激しさを増してゆき、ついには兄弟が泥沼の争いをすることになってしまった。戦いは尊氏が勝利し、直義は降伏、二人は寺で対面後、尊氏みずからの手によって直義は毒殺されたといわれている。毒殺までの経過や尊氏の葛藤（かっとう）は不明である。ただ後年、尊氏は直義の霊に従二位（じゅにい）をあたえ慰霊につとめている。尊氏の複雑な胸のうちは、誰にもわからないままである。

賄賂が引き起こした寧波の乱

　一五二三（大永（たいえい）三）年四月末、明（ミン）の浙江省（せっこうしょう）の寧波（ニンポー）の港には、大内氏の派遣した勘合船三隻と細川氏が送り込んだ勘合船一隻とがもやっていた。両者が睨みあうなかで、五月一日、事件が起こった。大内船の正使謙道宗設が三〇〇人の部下を率いて市舶司の東庫から武器を持ち出し、細川船の正使鸞岡瑞佐を襲って殺害し、船を焼き払い、細川氏に味方した明人宋素卿を追跡して紹興の城下へ進んだのである。素卿はかろうじて逃れたが、宗設らは寧波へ戻る途中に乱暴を働き、乱暴の取締りにあたっていた指揮使を捕え、船を奪って出航した。

　寧波争貢事件と呼ばれるこの騒動の因は、細川船の不法にあった。中国・北九州地方に勢力を伸ばし、博多を根拠とする大内氏は、当時幕府に圧力をかけて日明間の勘合の保管を委任されており、前回の入明の際にえた正徳勘合一〜三号をもっていた。これに対し、近畿・四国地方に勢力をもつ細川氏は、堺の商人と結んでいたが、これまた貿易の利を求めて幕府に圧力をかけ、すでに無効となっていた弘治勘合一通をえて、一隻の勘合船を仕立て、南海路をとおって寧波に向かい、大内船に数日の遅れで到着したのである。こうなれば当然、両船の勘合の真偽が問題になる。このとき、細川船の宋素卿は、いち早く市舶司の長である頼恩に賄賂を贈った。前回の入明のさい、黄金一〇〇〇両を贈って便宜をえた経験からのことであったが、今回も効果は大きく、細川船の貨物は大内船よりも先に陸揚げされた。また、一行の宿泊・接待にあてられていた嘉賓館における両船正使の席次も細川船の瑞佐が上席とされた。大内船側の憤怒が爆発したのも無理はなかった。

　明の政府は事件の事実解明と責任追及に乗り出した。議論百出ののち、中心人物として宋素卿が捕えられ、獄死することになる。日本人の行動に対しては、一五二五(大永五)年、琉球を通じて幕府に大内船正使の宗設の引渡しを求めた。これに対し幕府と大内氏は事情の釈明につとめ、結局、日本側の入貢と貿易に厳しい規制を加えるにとどまった。そして日本内部では大内氏の圧力により、改めて大内船の特権が保障されることになった。日明貿易の国情・官吏と諸侯たちの実態をはっきりと浮かび上がらせる事件ではあった。

剣豪将軍義輝、無念の死

室町幕府十三代将軍足利義輝は、一五三六(天文五)年、南禅寺で十二代将軍義晴の長子として誕生した。当時は下位の者が実力にまかせて上位の者に打ち勝つといういわゆる下剋上の風潮が支配的な時代だった。幕府の実権は管領細川晴元、さらにはその被官三好長慶に握られており、義輝は父に従って再三、京都を追われ、近江の坂本や朽木に逃れるという生活をすごした。一五四六(天文十五)年、一一歳の義輝は亡命先で将軍職を父から譲られるが、二年後、京都へ戻ったものの、またもや三好長慶に追われて近江へ逃れ、長慶と和して京都へ帰還したのは、一五五八(永禄元)年のことであった。

地位を安定させた義輝は、諸国の大名と交わって権威の回復につとめた。『穴太記』に「天下を治むべき器量あり」と評せられた義輝は、自分の名の一字「輝」を毛利輝元・伊達輝宗・上杉輝虎らにあたえるなどして戦国大名をあやつろうとつとめた。

義輝は武芸にもつとめた。とくに剣は上野国の上泉信綱に陰流を学び、常陸の塚原卜伝に一刀流を学んで名手とされたので、現代、「剣豪将軍」と称されることもある。また、大友宗麟から献上された鉄砲にも関心を示して操作を学び、上杉景虎に鉄砲をあたえている。将軍直属の軍事力である奉公衆は三代将軍義満のころは数千騎を数えたというが、義輝の側近には一〇〇余人ほどしかいなかったらしいから、義輝みずから武芸を学ぼうと関心をもったのではなかろうか。

義輝はみずからの住む二条御所を石垣で囲っていた。一五六五(永禄八)年五月十九日朝、突如、三好三人衆と松永久秀の軍勢一万二〇〇〇余人がここを襲った。前年に三好長慶が世を去ったあとをうけて、義輝の従兄弟にあたる義栄を次期将軍としてかつぎ、幕政を牛耳ろうとして蜂起したのだ。宣教師フロイスの『日本史』によると、義輝を守る兵は一五〇〜二〇〇人ほどにすぎず、折から昼食をとろうとしていた義輝は、そばにいた人びとに一口の米飯と盃とをとらせたうえで、長刀を手にして敵に立ち向かったという。『足利季世記』によると、義輝側近の三一人は敵二〇〇余人を切りすてたが、全員討死にし、義輝みずからは天下の名刀を数多く抜き放って畳に刺し立て、つぎつぎと刀を取りかえながら敵を切り倒し、「御勢に恐怖して近付き申す者なし」というありさまだったという。

だが、しょせんは多勢に無勢、戸の脇に隠れていた敵が義輝の足を薙ぎ払い、転んだ上に障子を倒しかけ、上から槍で突いた。そのとき、奥からかけた火が燃え出てきたので、首はとれなかったという。義輝ときに三〇歳、『常山紀談』に載せられた話によると、義輝は自害し、その間際に筆をとって一句残したという。「五月雨は露か涙か　不如帰　我が名をあげよ　雲の上まで」。辞世の句に将軍の権威をなんとか奮い起こしたかったという悔しい気持ちがよくわかるようである。

後半生を歌にささげた宗祇

正風連歌を確立した連歌師飯尾宗祇は、西行・芭蕉と並び称される遍歴の詩人で、八二歳の生涯を閉じたのも旅の途中の箱根湯本であった。その生国は紀伊国とも近江国ともいわれるが、定かではなく、前半生は京都五山の相国寺で修行していたといわれるが、詳しくはわからない。

宗祇は並みはずれた努力家であった。彼が連歌を志したのはかなり遅く、三〇余歳のころだったらしい。あるとき、のちにともに『新撰菟玖波集』を編んだ連歌師猪苗代兼載と連歌の道をきわめることについて話しあった際、兼載が宗祇にいった。「あなたは残念ながら一〇歳ばかり年を多く重ねられたようです。連歌は二〇年の功を積まなければ妙境に達しえないと申しますから」。宗祇はただちに答えた。「ならば今より一〇年のあいだ、昼夜を問わずに励めばいかがかな」。驚いた兼載は「とても自分のおよぶところではない」と感じ入ったと伝えられる。

連歌による奇瑞の話も残っている。あるとき、近くで難産に苦しむ女がいた。その家に臨んだ宗祇が「摩訶般若　はらみ女の　奇特かな」と発句をよむと、弟子の宗長が脇句をつけた。「一・二もすんで　三(産)の紐解く」。とたんに女が男児を産んだ。また、時の後土御門天皇が瘧(マラリア性の熱病)を病んだとき、宗祇が当意即妙の連歌をよんで全快にいたったなど、妙境に入ったときは優れて珍しい結果をもたらしたことは少なくなかったといわれる。

宗祇はまた、古典や和歌にも親しみ、全力をかけて修業した。彼がはるばる東国へくだり、下野国で武家の歌人として知られた東常縁から古今伝授(『古今集』の故事・解釈などの秘伝を授けること)を受けたとき、その才を認めた常縁は所蔵していた藤原定家の小倉山の色紙(小倉山の山荘で百人一首を一首ずつ色紙に書いたもの)一〇〇枚のうち五〇枚をあたえた。宗祇はやがて京へ帰ったが、その途中で出会った人びとに「これは天下の重宝だよ」といいながら一枚ずつあたえ、五〇枚のすべてを散じてしまった。現在、世に残っている小倉山の色紙はそのどれかであり、常縁が所蔵していた五〇枚はその後の戦乱の際にすべて焼失してしまった。宗祇の意図は「天下の重宝だからこそ、私すべきものではない。諸方に散らしておくと、時世の変々があっても少しは残るだろう。一カ所にまとめておくと、思わぬ災害ですべてを失うことにもなろう」と思ってのことであったといえよう。

信仰一筋だった蓮如

本願寺第八世法主蓮如は北陸地方に教線を拡大し、晩年には山科本願寺、ついで大坂石山の別院を建てた本願寺中興の英主であった。蓮如の布教成功の一因には、御文と呼ばれる平易な文書を盛んに発して、作者の心をつかんだことがあげられるが、生涯にもった五人の妻とのあいだにもうけた一三男一四女が布教にかかわり、とくに男子は各地の本願寺派の寺院にあって布教につとめたことも考えられよう。

蓮如が第七世法主存如の子として生を享けたのは、一四一五(応永二十二)年、当時の本願寺は幕府はもちろん、武士や庶民からもみすてられたような存在で、本願寺は「人跡絶えて参詣の人、一人もなく」という厳しい状態であった。

四三歳で第八世法主となるまで、部屋住み状態だった蓮如の生活はきわめて貧しかった。衣服はまともなものを身につけることができず、布衣・紙衣を着用し、ただ一つあった白小袖も紙衣の袖口だけに絹をつけたものだった。食物も粗末だった。生まれてくる子を里子に出して、夫婦と子ども一人の三人暮しだったとき、一人分だけ届けられた汁を水で薄めて三人ですすったこともあり、食事を一日一度、時には二〜三日もとらないことさえあったという。書籍・経典を読もうにも灯油を買う金もなかった。当然、使用人は一人もいない。竹若という使用人を父から貸してもらったとき、五〇疋(五〇〇文)の給金を三〇疋、それも二度に分けて払うありさまであった。

蓮如

　蓮如は布教に生命をかけ、また自信ももっていた。門徒に頼まれると、喜んで「南無阿弥陀仏」の名号を書くのが常だったが、あるとき「私ほど名号を書いた人間は日本にいないだろうな」といった。側近の者が「いや、日本どころか、三国一でしょう」というと、「そのとおりだ」と答えたという。

　また、あるとき、蓮如は御堂に三〇〇人ほどの男女が集まっているのをみて、いろいろと法話をしたが、「このなかに信心決定して極楽往生できる者は一人か、二人だな」といった。すると一人が反問した。「私は信心決定したと思っていますが、私のほかにも五人も一〇人もいらっしゃると思いまする。一人か二人とおおせられるのはいかがなものでしょう」。蓮如は落ち着いていった。「他人のことは必要ない。一人か二人といわれれば、自分がその一人となって往生をとげればよいのだ」。上人の発言に意外の感を受けたものの、改めて納得させられる言葉だったという。

月の兎と調神社

　日本では古来、月に兎がいて餅をつくといわれてきたが、中国では玉兎が薬草をつくと考えられていた。その昔、空には九つの太陽が輝き、下界は暑くて仕方のないときがあった。そこで一人の弓の名手が矢を放ち、八つの太陽を射落としてやっと一息つくことができた。道教の神、西王母はこれをほめ、男に不老不死の薬草を褒美としてあたえた。ところが男の妻の嫦娥はこの薬草を盗み出し、いつも使っている玉兎をつれて月へと逃れた。これが「嫦娥奔月」という話である。「嫦娥」という名で思い出してほしい。二〇〇七(平成十九)年十月二十四日、中国初の月探査衛星の名は「常娥一号」なのである。さて、嫦娥は月で薬草を飲み、ひきがえるに姿を変じて住み着くが、玉兎はその手伝いをして今でも薬草をついているといわれている。

この話は、中国では前漢のころから語り伝えられてきた。一九七三(昭和四十八)年、長沙の馬王堆一号漢墓で発掘された絹帛地の短袖長衣の上に描かれていた帛画の最上部にもこの話が描かれている。帛画は向かって右上に金烏のいる赤い太陽、その下に射落とされた小さい八つの太陽を描く。左の上には銀色の細い新月が描かれ、そこに嫦娥と思われる女性が取りついて、よじのぼろうとしている。新月の上には嫦娥が転じたひきがえると玉兎も描かれている。

馬王堆一号漢墓出土の帛画(部分)　湖南省博物館・中国科学院考古研究所編『長沙馬王堆一号漢墓』より

ところで、埼玉県の浦和に調神社があるが、驚いたことに鳥居がない。さらに入口の左右には狛犬ならぬ兎の像がおかれ、手水舎へいっても、社殿をみても、多くの兎たちの彫像に出くわすのだ。調べてみると、なるほどと思う。調神社は『延喜式(えんぎしき)』の神名帳(じんみょうちょう)にも載せられている由緒のある神社だが、その祭神は天照大神(あまてらすおおみかみ)ほか二神である。社名はかつて伊勢神宮(いせじんぐう)へおさめる調(ちょう)を収納する倉庫群のなかでまつられていたことに由来する。鳥居がないのはそのためだろう。注目されるのは、調神社の信仰が高まったのは、中世以降であることだ。当時の暦は月の満ち欠けをもとに年月を数える陰暦だったから、月への信仰は絶大なものがあった。特定の日の夜、とくに二十三日の夜、月の出を待って拝する二十三夜待の行事は深く民衆のあいだに広がっていた。その際、調神社は「つきのみやさま」と呼ばれて崇められ、月宮殿(げっきゅうでん)に擬せられた。そうなれば、この社殿を守る動物は、当然、月の使者である兎ということになるわけだ。

『日本史こぼれ話』で紹介したことがあるのだが、和気清麻呂(わけのきよまろ)をまつる京都の護王(ごおう)神社では、清麻呂と猪との縁が深かったという伝えから、狛犬にかわって猪の像が社殿の前におかれている。調神社の兎のように、各地の社寺のなかにはなぜ？ と思われるような動物の像がおかれていることもある。それらを自分の足で訪れてみるのも楽しい歴史散歩である。

卜伝流の極意

室町後期の剣客、塚原卜伝は常陸国鹿島神宮(かしまじんぐう)の神職、卜部覚賢(うらべのあきかた)の次男に生まれ、のちに塚原城主の塚原安幹(やすもと)の養子となった。幼名は朝孝(ともたか)、諱(いみな)は高幹(たかもと)、卜伝は号である。幼時から父に卜部家伝来の古剣法を学んだ卜伝は、天性の才をもっていたらしい。養子にゆくと、養父から新当流兵法(しんとうりゅうへいほう)を授かり、諸国修行の旅に出ると、下野(しもつけ)国の上泉信綱(かみいずみのぶつな)に影流を学び、やがて鹿島新当流の奥義(おうぎ)をきわめた。それは第一に天の時、第二に地の利をあわせ、天地をあわせた第三に一つ太刀という生死を超越した境地の太刀筋に達したというのである。

伝えによると、卜伝は五〇年間にもおよぶ武者修行のあいだに、真剣勝負を一九番体験して、一度も敗れなかったといい、道場剣法ではない生きた剣法であった。その剣技をめぐる話は『甲陽軍鑑(こうようぐんかん)』などで広く伝えられているが、戦国以後の武人の説話集ともいうべき湯浅常(ゆあさじょう)

山の『常山紀談』には「塚原卜伝剣術鍛錬の事」として次のような話が載せられている。

　世人は卜伝の弟子のなかの誰に一の太刀の極意を授けるのかと思っていた。あるとき、卜伝が優れた者と認めていた弟子が道のほとりにつながれている馬の後ろをとおりかかると突然馬が跳ねた。瞬間、弟子はひらりと飛びのき、身体にふれることもなかったので、みた人は「さすがに」と思って卜伝に告げた。すると卜伝はいった。「それならば彼は一の太刀を授ける器ではないな」と。

　不審に思った人びとは卜伝ならどうするかと思い、評判の跳ね馬を道端につないで、卜伝を招いた。するととおりかかった卜伝は馬の後ろをよけてとおったので、馬ははねようとしない。あてがはずれた人びとは、のちに卜伝にこのことを話し、「ところで、あの弟子の早わざをほめないのはなぜか」と問うた。卜伝は答えた。「さればでござる。馬の跳ねたのを飛んで避けたのは優れた技術のようにはみえますが、馬は跳ねるものという肝腎のことを忘れて、うっかりとおりかかったのは失敗でござる。飛びのいたのは仕合わせというべきで、剣術でも時によっては下手でも勝つことがあり、それは勝っても上手とはいえませぬ。つねに先を見通して油断せぬことがよいのでございます。一の太刀のくらいにはまだまだおよびませぬゆえ、ほめませなんだ」。聞く人は「なるほど」と納得したという。

4 戦国の武将たち

将軍の偏諱を賜った武田と上杉

武士は元服すると、幼名を改めて実名をつける。実名は諱とか名乗とかいうが、諱は忌み名で相手に敬意を払って口にしなかったから、通称・字などという別名で呼んだ。普通は太郎・二郎・三郎と続く輩行(排行、親族内の年代順呼称)に兵衛・蔵人などの官職名をつけて呼ぶ。諱はおおむね二字で、その一字に同一の字を用いた。桓武平氏の「盛」、清和源氏の「義」などがその例で、この系列を示す字を行系字と呼んでいる。この諱をつける際、将軍・大名など目上の人から、その実名の一字を賜ることもあった。これを偏諱という。

十六世紀後半、五回にわたって戦われた川中島合戦の当事者、甲斐の武田信玄と越後の上杉謙信の場合を取り上げてみよう。武田氏は清和源氏の支流、甲斐源氏の流れで、鎌倉時代に甲斐国守護となった家柄である。信玄は一五二一(大永元)年の生まれで、幼名太郎(勝千代と呼んだという史料もある)、元服して晴信と称した。その官職をとって「武田大膳太夫晴信」と記した文書もある。信玄というのは入道してからの法号である。

一方、上杉謙信は本来、長尾氏であった。長尾氏は桓武平氏の流れをくむが、室町時代に関東管領上杉氏の被官として越後国守護代をつとめた。その上杉氏は藤原氏の流れで、室町時代に足利氏に重んじられて関東管領となったのだが、十六世紀に勢力が衰え、憲政のときに、長尾景虎に関東管領の職と上杉の姓とを譲ったのである。この長尾景虎は、一五三〇(享禄三)年の生まれで、幼名虎千代、元服して平三景虎を名乗ったのだが、入道してからの法号を謙信と称した。

おもしろいことに、信玄・謙信ともに足利将軍から偏諱を賜っている。一五三六(天文五)年、元服した武田太

武田晴信の印判(竜印)

上杉謙信の花押

郎は晴信と称した。「信」は武田氏の行系字で、父は信虎、弟は信繁・信基・信廉らである。そして「晴」は十二代将軍足利義晴の偏諱であった。

一方、九歳年下の長尾虎千代は平三景虎と称した。「景」は父が為景、兄が晴景というように長尾氏の行系字である。それが一五六一(永禄四)年の上杉憲政の家督をつぐと、「政」の偏諱を受けて政虎と改名し、さらに翌年には十三代将軍足利義輝の偏諱を賜って輝虎と称することになったのである。

戦国の両雄はいずれも将軍家から偏諱を受けた。実力主義の戦国時代でも将軍家・関東管領家という権威者から偏諱を受け、権威の利用をはかっていたのだ。なお、武田氏の場合、俗に武田二十四将と呼ばれる人たちは、主君信勝から「信」の一字の偏諱を賜った。小山田信義・板垣信方・馬場信房などがそれである。しかし、山本勘助は「晴幸」の名を主君から賜ったというがどうだろう。晴信が将軍から賜った「晴」の字を新参の勘助にあたえることなどありえないと思われるのだが。

Column

那須与一

戦前の人なら、小学校の国定教科書で学んだことをなつかしく思いだすだろう。一一八五(文治元)年二月、源平両氏の屋島の戦いのとき、平家方からあらわれた小舟に立てた扇を一矢のもとに射落とした源氏の武者である。「那須系図」によると、下野国那須の住人、那須太郎資隆の十一番目の子、宗高だという。与一は余市、与一などとも書かれるが、十一番目というなら「余一」のほうがいいだろう。ただし、余一の存在は確かな史料では確かめられないという。

京都の東南、泉涌寺の近くに即成院という寺がある。余一はこの地で没したといわれ、即成院には石の宝塔が建っている。

女性だった？　上杉謙信

十六世紀半ば、信州川中島で武田信玄と五度も激しく戦った上杉謙信。生涯で七〇回ほども戦ったそうだが、記録によれば完全に敗北したのは二回のみだった。そんな勇壮な謙信だが、意外にも女性たちを生涯通して一切、身辺に近づけなかったという。正室も側室ももたなかった理由は、現代の研究者たちによってさまざまに推測されてきた。

1　謙信が女性であったため。
2　身体が不自由であったため。
3　男色の趣味があったため。
4　軍神、毘沙門天に戦勝祈願をかけていたため。

1の女性説は、はるかスペインのトレド司書館に宣教師が残したスペイン語の史料が発端だ。上杉景勝は叔父の謙信のあとを継いで上杉家当主となった人物だが、その景勝に関する記述に、「景勝は先代の叔母から」という部分が発見されたのだ。景勝の先代とは謙信のことだから、普通なら叔母ではなく叔父と記述するはずだ。ここに着目した研究者が、謙信は実は女性だったのではないかという奇説を唱えたのである。たしかに女性であれば、いつも白い頭巾をしていたことや、女性をよせつけなかったことも説明がつく。しかし、この説は非常に奇想天外である。

2について。謙信は左足に浮腫があり、足が不自由だったという記述が残っていることから由来している。しかしこれを不能説や性病説に発展させ、女性をよせつけない理由にするには、かなり無理がある。

3について。近衛前久は書状において、「若衆を沢山集めて、たびたび夜を明かした。謙信公は少年をお好みなので……」と書状に書き記している。戦国時代、男色は衆道といわれて、多くの武士たちが好んだ風習の一つであったから、謙信もその一人であったかもしれない。

4については、謙信の旗印が毘沙門天の「毘」であったことからも、その信心深さを測り知ることができよう。謙信は毘沙門天の化身であるとすら称して、日夜、毘沙門堂に籠って祈りをささげていたという。戦勝祈願によって女性欲をたったという説は、もっとも信憑性があり、

上杉代々の墓がならぶ上杉家廟所（山形県米沢市）

現在ではこの説が有力視されている。ちなみに謙信の信仰した毘沙門天は、仏教の守護神とされている四天王の毘沙門天ではなく、西域の兜跋（トルファン）にあらわれた兜跋毘沙門天である。

謙信のモットーは「第一義」。人に対するときは、義の心を第一に考えよという、幼いころすごした越後林泉寺で叩き込まれた教えである。謙信はこの教えを大人になっても大切にし、家訓にしていた。現在も林泉寺の大門には、「第一義」の額が掲げられている。

女性をよせつけなかったことや毘沙門天への信仰、義を重んじたことなどで、潔癖なお堅い人間像がイメージされる謙信。だが実際はかなりの大酒飲みであり、詩歌に秀で、琵琶を爪弾く粋人でもあった。米沢の上杉博物館には謙信ゆかりの品々が所蔵されており、馬上で酒を飲むための珍しい「馬上盃」や、愛用の琵琶「朝嵐」などが謙信の人柄を後世に物語っている。『米沢上杉家譜』など複数の史料には、謙信の辞世として、「四十九年　一睡の夢　一期の栄華　一盃の酒」という詩が残されている。

軍師山本勘助は実在したか

テレビの影響力は驚くほど大きい。二〇〇七（平成十九）年、大河ドラマ「風林火山」が放映されると、戦国の雄、甲斐の武田信玄の軍師は山本勘助（勘介）で、色黒で隻眼、片足を引きずって歩く人物だったというイメージが広く一般に定着したようだ。

しかし、実のところ、勘助の実像はきわめてあいまいだ。山本勘助という人物は近世初頭の軍学者小幡景憲がまとめた『甲陽軍鑑』という甲州流軍学・兵法の書に登場し、『名将言行録』などで、その活躍ぶりが伝えられたものである。それらによると、勘助は三河国牛窪(現愛知県豊川市)に生まれ、諸国を流浪して兵学を身につけた。京で将軍家に仕官を求めたが、将軍の威勢が日に日に落ちるのをみて、見切りをつけ、河内の葛井寺の寺僧に見込まれて門前の女の家に婿入りし、六~七年、楠木流軍学を学んだのち、安芸へくだった。しかし、毛利元就には敬遠されるなどして浪々したのち、甲斐の武田氏の将、板垣信方の推薦で武田晴信に仕え、名を晴幸と改めたという。しかし、勘助の記した文章は一通も残っておらず、研究者のあいだでもその実在を疑問視する見方が強かった。

近年になって一通の書状が発見された。武田晴信が奥信濃の豪族市河藤若に宛てて書いた一五五七(弘治三)年六月二十三日付けの書状で、これを持参する使者の名として「山本菅助」と記されている。これでみると菅助(勘助)は実在の人物で、武田家中のかなり上層に属する家臣であったらしい。

しかし、だからといって、この菅助が『甲陽軍鑑』の記す山本勘助と同一人物だったと断定するわけにはいかない。実在の山本菅助に『甲陽軍鑑』辺りの「兵法の大家」というイメージが付与されて、軍師勘助が誕生したのであろう。勘助は一五六一(永禄四)年九月、史上有名な第四回の川中島合戦で上杉軍と激突する。そして、そのなかで戦死して姿を消した。そのことが勘助のイメージをより豊かなものにしていったのであろう。現在、勘助の墓と称されるものが、各地に数カ所残っている。素直に手をあわせ、勘助のイメージをしのべばよいのではなかろうか。

武田信玄の死

一五七二(元亀三)年の秋、京都をめざす武田信玄の大軍は甲府を発し、遠江国へ進撃した。そして十二月には三方ヶ原で織田・徳川の連合軍を破り、翌一五七三(天正元)年二月には三河国野田城も攻略した。だが、ここで武田軍は進路を西から北へ変えた。主将信玄の病が急速に進行し、甲州の本拠地へ帰ることになったのである。信玄は馬にも乗れず、輿（こし）に乗っていたが、やがて昏睡状態になり、信濃国伊那（いな）郡の駒場（こまば）で四月十二日に息を引きとった。ときに五三歳である。

　死因については労咳（肺結核）説もあるが、あいつぐ転戦の日々のあいだに労咳で苦しんだようすはみられない。『甲陽軍鑑』には「肺を煩（わずら）い」、つまり胸と腹の境辺りの病であったとあるから、胃ガンであった可能性が高いと考えられる。現代日本人の三大死因はガン（悪性腫瘍）・心臓病（心疾患）・脳卒中（血液循環障害）だというが、戦国の巨星も例外ではなかったということである。

　ただし、これには異説もある。家康（いえやす）の部下が記した『松平記』によると、信玄は野田城を囲んでいたとき、城中で笛を吹く者がいたので、これを聴きに出たところ、城兵が狙撃し、この傷がもとで病み、ついに死亡したという。このとき使われた鉄砲なるものも、現在残されているのだが、常識的にはガン説をとるべきかと思われる。

　ともあれ、死に臨んで信玄は枕頭に嫡子勝頼（かつより）を呼んでいった。「自分が死んだら三～四年間は喪を秘し、分国（ぶんこく）内の備えを固めよ。その後、わが遺志を継いで京に攻めのぼることができれば、これにまさる喜びはない」と。遺言は守られ、堅く喪を秘して遺骸は甲府の躑躅ヶ崎（つつじがさき）の館におかれた。葬儀が行われたのは、三年後の一五七六（天正四）年四月のことだったが、そのときもなお遺骸はしっかりと坐ったままの形であったという。

　しかし、信玄死去の報は戦国大名のあいだに伝わった。報に接した越後の上杉謙信は思わず食事中の湯漬けの箸を落として惜しい英雄を失ったとなげいて、三日間城下の武士の家での音曲を禁じたといい、徳川家康も深い哀悼の意を表した。その一方、加賀（かが）の一向（いっこう）宗の門徒たちは、信玄の死で上杉軍の攻撃が始まることを恐れたといい、織田信長は信玄来襲の危機が回避されて、ほっと安堵したと思われる。

5 信長の全国統一

異説桶狭間の戦い

尾張の守護代織田信長がいちやく、天下にその名を知られたのは、一五六〇(永禄三)年であった。五月十九日、尾張の田楽狭間で京をめざして進撃中の遠江・駿河の守護大名今川義元の首をとったからである。

『信長公記』によって事件の動きを追ってみよう。五月十九日の明け方、二七歳の信長は「敦盛」を舞っていた。「人間五十年、下天の内を比ぶれば、夢幻のごとくなり。一度生を得て、滅せぬ者のあるべきか」。舞いおさめ、食事をとり、甲冑をつけた信長は、わずか小姓六騎を従えただけで出陣、これに続く雑兵も二〇〇余人にすぎなかったという。一方、義元は桶狭間の北にある田楽狭間で四万五〇〇〇人と称される大兵(事実は三万五〇〇〇人くらいか?)を率いて休息をとっていた。

十九日正午ごろ、折から烈しく雨がふるなかで、信長軍は二〇〇〇人に満たぬ兵力で突入した。決死の突入に乱された義元は輿をすてて逃れようとする。そこへ信長の近臣服部小平太が義元めがけて斬りかかったが、膝を斬られて倒れた。しかし、続いて飛びかかった毛利新介はついに義元の首をとった。天下を夢みた義元、四二歳の一期であった。信長は馬の先に義元の首を掲げ、夕刻、清洲に凱旋した。戦闘のなかでとられた今川軍の首は三〇〇〇余を数えたという。今川軍の求めに応じ、信長は義元の首を駿河へ送り帰した。のちの悪鬼羅刹のような信長の振舞いとは大きく異なる行動であったといえる。

歴史上の大事件に関し、異説がささやかれるのはよくあることである。桶狭間の合戦についても、十七~十八世紀にかけて記された尾張藩士天野信景の随筆『塩尻』に、おもしろい話が載せられている。今川義元の首をとったのは、桑原甚内という武士だったというのだ。

甚内は甲斐の戦国大名武田信玄の部将として知られる原虎胤の弟だった。幼いころ、駿河にあって父の命で義元の軍師をつとめた臨済僧雪斎(太原崇孚)の弟子となったが、今川家の近習七人と衆道(同性愛)のことで争って五人を討ち果たすという事件を起こした。甚内は、ために駿河国を去って尾張国の落合村に隠遁した。それから三年、一五六〇年に今川・織田の戦いが始まると、甚内は熱田神宮で密かに信長に会い、義元をよく知っていることを話し、信長の密命をおびることになった。義元を討ち果たし、信長に仕えることを約したのである。

甚内は大高村へいき、城を囲む今川の家臣たちと旧交をあたためた。義元軍勝利のあかつきには必ず今川家に仕えるよう約すると、密かに尾張へ使者を送り、情報を伝えた。義元が田楽狭間に陣をしき、雨のやむのを待っていたとき、甚内は義元に近づくと、突然組みつき刺殺した。驚いた近習たちは殺到して甚内を殺す。そのありさまはのちに甲州へ戻った下僕弥蔵によって伝えられた。信長はそののち、桶狭間の戦いの話があると、必ず甚内の行動をたたえ、惜しんだという。この話はある家に伝えられた書に記されたものといい、天野信景は「虚実は知れざれども筆し侍る」と記している。

鳥居強右衛門の忠節

これは戦国武将の自己犠牲の物語である。一五七五(天正二)年五月、武田勝頼は一万を超える大軍を率いて三河の長篠城を囲んだ。城には徳川家康に従う奥平信昌がいたが、織田信長・徳川家康の援軍を待つにしても、城中の食糧はつきようとしていた。この危急を報告するため、岡崎城の家康へ城中から鳥居強右衛門勝尚が使者に立つことになった。鳥居は「脱出できれば向こうの峰にのろしをあげる。二度ならば援兵はないが、三度ならば援兵ありと考えられよ」と言い残し、鈴木金七郎とともに出城することになった。

五月十四日夜、鳥居・鈴木の両人は城山の麓を流れる川に入った。寄手は当然、川底に縄を張って鳴子を仕かけていたが、両人は水泳が達者で川底へもぐり、脇差で縄を切ってとおった。当然のように鳴子はからからと音を立てたが、寄手の兵は五月雨のころに川魚がとおると音がするものとして見逃したため、両人は脱出に成功、十五日には岡崎で信長・家康に報告した。「援軍はただちに出動する」との吉報を報告したいと思った鳥居はただちに引き返し、鈴木は信昌の父へと報告へ向かった。

しかし、事は順調には進まなかった。鳥居は城に向きあう山の峰にのぼり、のろしを三度あげて城へ戻ろうとしたが、柵が何重もあり、まかれた砂に足跡が残ることに戸惑っていたところを寄手の兵にみつかり、捕えられた。鳥居を訊問した勝頼はいった。「汝の命は助けてとらせる。それゆえ、汝は城のまぢかで呼べ。信長軍は上方にあり、とても救援には来られぬと。さらば汝に厚い賞をあたえる」と。鳥居もこれを承知した。

しかし、城門近くにいった鳥居は叫んだ。「ご安心召されよ。信長御父子の軍は昨日、岡崎まで来られ、徳川殿御父子の軍も野田にまで参られておる。城の運も必ずやまもなく開けましょうぞ」。驚いた武田軍は鳥居を引きつれて勝頼の前にゆく。事情を知った勝頼は烈火のごとく怒った。鳥居は引き出され、城に向かって立つ柱に縛られ、無惨にも殺された。

やがて長篠の戦いがあり、勝頼の軍は大敗して退いた。信長・家康は改めて鳥居の無双の忠節に感じ入り、近くの甘泉寺に丁重にほうむることにした。

武田勝頼の首をめぐって

「鳴かざれば　殺してしまえ　ホトトギス」、いうことを聞かぬ鳥に対し、織田信長は一刀両断に切りすてる。しかし豊臣秀吉は「鳴かしてみしょう」と胸を張り、徳川家康は「鳴くまで待とう」と腰をすえる。中世を破壊し、近世を建設するにあたって、三者が果たした役割をいいえて妙な落首である。

湯浅常山の『常山紀談』は武田氏滅亡の際の興味深い話を次のように伝えている。一五八二(天正十)年、武田勝頼は天目山の麓で滝川一益の軍に攻められ、土屋惣蔵に介錯させて三七歳の生涯を終えた。従う数十人の人びとも刺し違えたりして死に、これらの首は道端の溝のなかにすてられた。ゆきかう人びとは一様に溝の前で平伏し、涙する。改めて探し出された勝頼の首をみた織田信長は口をきわめてののしった。「これは汝が父、信玄の非儀不道の報いである。信玄は上京を望んだと聞くゆえに、汝の首を京に送る。女童たちにみられるとよい」と。一説によると勝頼の首が信長のもとへもたらされると、信長はさんざんののしったうえ、杖で二突きし、足で蹴った。これをみた滝川荘左衛門は「織田家の運命は、はやつきはてたか」となげいたという。

首は家康のもとへ届けられた。家康は床几からおりて迎え、「一重に若きがゆえの浅慮の果て、いかにも哀れ」と礼儀正しく接した。これを伝え聞いた甲斐・信濃の武士たちは、徳川氏に心をよせるようになったという。また、のちに信長が甲府の信玄の館をたずねようとしたときに、馬が進まず、乗入れを断念したが、家康が訪れたときには、みずから館の門外で馬からおりたという話も伝わっている。

一方、勝頼敗死のとき、豊臣秀吉は備中国にあって西国の毛利氏を攻めていたが、報を聞いて嘆息した。「あたら人を殺したことで、信長公は問題をのちに残された。もし、予が甲州攻めの陣中にあったなら、あえて信長様をおいさめし、勝頼を死なせず、甲斐・信濃の二国をあたえ、関東にある北条氏を攻める先陣にしたただろう。東国一帯を支配する絶好の機会であったのに」と繰り返し、おおいに悔んだという。

甕破柴田の武勇

柴田勝家といえば、一五八三(天正十一)年、近江国賤ケ岳の戦いで、羽柴秀吉に敗れ、居城の越前国北庄(現福井市)において妻のお市の方(織田信長妹)とともに自害した武将であるが、羽柴の姓は秀吉が先輩の丹羽・柴田の一字ずつをもらってつくられたことが示すように、本来、秀吉の先輩であり、織田信長の家臣団のなかにあって猛将の誉れ高い武将であった。

勝家の勇猛さについては次のような話が伝えられている。一五七〇(元亀元)年夏、信長が越前国の朝倉氏攻略に向かったとき、近江国で佐々木承禎(六角義賢)が反旗をひるがえし、信長軍の上方の押さえとして長光寺城(現滋賀県近江八幡市)にあった柴田勝家軍を攻めた。六月上旬、炎暑が続き、雨はふらず、城中にたくわえてあった水甕も三つを残すだけになり、城兵は渇きに苦しんだ。

意を決した勝家は三つの甕を広縁にすえ、城兵を集めていった。「われらはこれまで一度も敗北しておらぬ。

今、水の手を断たれてこのままでは死を待つのみだ。心を一つにして討って出ようと思うが、老父母や小児をもち、城を出たいと思う者は去ってよい。ともに戦わんとする者は、この水甕から思い切って水を呑み、勇を奮って戦うことにせよ」。城兵は勇み立ち、一人の落伍者もなく、思いっきり水を呑んだ。勝家は長刀の石突きで三つの甕を突きくだくと、総勢八〇〇余人を引きつれて城門から押し出し、寄手の陣へ突入した。まだ明けやらぬ未明のこと、敵味方もわからぬままに防戦することもかなわず、承禎軍は槍や刀をもたぬありさまで敗走した。

承禎は部下に下知し、体勢立直しをはかったが、本城の観音寺城(現近江八幡市)が木下藤吉郎の軍に襲われ、士卒が敗走したとの報が届いて気力を失った。承禎は側近の士卒とともに石部をさして逃げ、全軍壊滅した。柴田軍は勇みに勇んで追討し、首級三〇〇余をあげて城へ戻った。

事の次第を聞いた信長はおおいに感じ入り、「勝家の勇壮は今に始まったことではないが、水甕を打ちくだいた勇気は尋常ではない」として、感状をあたえた。これより世人は勝家を称して「甕破柴田」と呼ぶようになったという。

明智光秀は二度生きた?

明智光秀は一五八二(天正十)年、本能寺の変を起こし信長を倒したが、山崎の合戦で羽柴秀吉軍に敗れ、小栗栖の里で命を落とした。山崎には光秀の首塚や胴塚といわれるものが点在している。しかし、このとき光秀は生き延び、数年後、天海上人と名乗り、二度目の人生を生きたという珍説がある。天海上人とは関ヶ原の戦い後、突如として歴史上にあらわれ、家康から家光の三代にわたって仕えた謎の多い高僧である。比叡山延暦寺の再興を行い、日光東照宮を創建して家康を権現としてまつり、江戸寛永寺の開山となった。その人物が、明智光秀であったかもしれないというのだ。

珍説の根拠は、以下であるとされている。

1 天海が東照宮を創設した日光には、天海が名づけたとされる「明智平」という地名が残っている。

2 三代家光を育てた春日局(お福)は、もとは光秀家

明智光秀が殺されたとされる明智藪址(京都市伏見区)

臣の斎藤利三の子で、間接的な秀吉の姪であった。春日の局の権勢は天海によって支えられたといわれ、彼女は天海にたいへん気をつかっていたようである。

3　近江坂本の光秀の菩提寺、西教寺には、光秀と妻の照子や明智一族の墓が残っている。そのとなりに日吉東照宮があるが、これは天海が日光東照宮のモデルとして建立したものである。

4　比叡山には光秀の名前で寄進された石碑が残っているが、きざまれている年号はなんと光秀没後のものである。

5　そもそも天海は出自のはっきりしない人物だが、比叡山延暦寺の出身ということがわかっている。光秀は信長が延暦寺焼討ちをしたのち、同寺の復興に力をそそいでいた。

6　光秀と天海の筆跡が酷似している。

このように疑わしいことが数多くあるのだという。しかし、年齢の問題がある。光秀が本能寺の時点で五五歳であったとすると、六〇歳で天下に天海として歴史上に再登場し、一〇六歳前後まで生きたことになってしまうのだ。だがこの問題についても、光秀の娘婿、明智秀満が後を継ぎ、二人の人物で天海を演じたのではないかという仮説が立てられている。

明智秀満は、『川角太閤記』に勇壮な伝説が残っている人物だ。本能寺の変の時点で、秀満はわずかの兵とともに安土城にいた。しかし山崎の合戦で光秀が敗走したとの知らせを受けると、領地の坂本城へ向かい、残存の明智勢を率いて発進。途中、追っ手に迫られるなか、琵琶湖に行く手を阻まれるが、なんと愛馬に乗ったまま湖水を渡り、坂本へ入城したというのだ。坂本城で落城に追いこまれた秀満は、みずからの妻子や光秀の妻子を刺殺したうえで、周囲に火を放ち自刃したとされており、遺体は発見されていない。これらの謎めいたことがらが、天海イコール光秀、秀満という転生説の土台になったのだろう。

　これらの異説は昭和の一時期、物議をかもしたもので、現在では光秀、秀満と天海は別人とされている。教養が高く、その才智ゆえに悩みも多く、主人信長に謀反を起こすにいたった光秀。無念の死をとげた彼だからこそ、ロマンあふれる珍説も生まれたのかもしれない。

6 豊臣政権

撫で切りにされた九戸の乱

一五九〇(天正十八)年七月、北条氏をくだした豊臣秀吉は、さらに一歩進めて奥州一帯の支配に乗り出し、八月、検地奉行浅野長政に、反対する者は「一郷も二郷も悉く撫で切りにせよ」という有名な指令を出した。北奥州では南部氏の家臣津軽為信がいち早く帰順して、三万石の検地を認められ、ついで南部信直が一〇万石の領地を安堵されて南部七郡の支配を許される一方、家臣の諸城を悉く廃棄させられた。そのかげには新時代に順応できなかった悲運の武将がいた。現在の岩手県二戸市福岡に城を構えていた九戸政実がその人である。

政実は南部氏の支族で、きわめて豪毅な性格で、信直と対立し、叛意を露わにしていた。一五九〇年六月、南部信直から報を受けた秀吉は、豊臣秀次・徳川家康の指揮のもとに、六万の大軍を奥州に投じ、奥州一帯の制圧をはかった。八月末から諸軍は五〇〇〇人の城兵で守る九戸城を包囲し、九月一日、総攻撃が開始された。支城はたちまち陥落し、二日には本城が囲まれる。九戸軍は必死の抵抗を行ったが、兵数からみても、刀と鉄砲との戦いといわれる装備の面からみても、どうにもならぬ状況であった。四日、九戸城はついに落城する。主将九戸政実と重臣櫛引清長らは剃髪して降参したが、二本松の秀次の陣へ送られたのち、斬首された。政実、時に五六歳だった。政実らの願いもむなしく、落城後、その場で斬首された者は一五〇〇人を超えたといわれる。統一者に抵抗する者は文字どおり撫で切りにされたのだった。

奥州各地で発生した一揆はあいついで鎮静した。十月から広がった葛西・大崎の一揆も翌一五九一(天正十九)年七月には伊達氏や蒲生氏の軍勢に降伏し、首謀者たちは処刑されたうえ、首を塩漬けにして京都へ送られている。戦国動乱の時代は終り、新しい豊臣支配体制が奥州まで貫徹したのである。

秀吉、天下人の誇り

豊臣秀吉が、天下に号令する天下人になる確信をもったのは、一五八三(天正十一)年賤ケ岳の戦いで先輩柴田勝家を破ったときであったと思われる。戦勝ののち、秀吉が小早川隆景にあたえた手紙に「日本の始まりはこのときにあると覚悟した」と記し、「東国・北国はわが手で制圧する。中国の毛利殿も覚悟を決めてくだされば、日本全国の平定は頼朝以来、これにまさることがあろうか」と述べているのは、その現れと考えてよいだろう。

織田信長がなしえなかった天下人になることは、秀吉の悲願であった。ただ信長と違うのは、尾張の百姓の倅という出自であり、これが秀吉の大きなコンプレックスになっていた。「猿」とか「日吉」とかいわれた幼少のころから、秀吉は出世とともに名を変える。「木下藤吉郎」から「羽柴秀吉」へ、そして信長の後継者を自認して、「平秀吉」と称したのち、「藤原秀吉」として関白・太政大臣になると「豊臣」の姓を受ける。この間、実力者徳川家康には一定の譲歩をしながら、着々と敵対勢力を打倒していった。

一五九〇(天正十八)年七月五日、小田原の北条氏直は秀吉に降伏し、秀吉は事実上の天下取りになった。十七日、秀吉は奥羽の平定に向かい、八月上旬に会津に着き、養子の秀次らに奥州の検地を命じると、反転して九月一日に京へ凱旋した。

途中、秀吉は小田原から鎌倉に向かい、鶴岡八幡宮に参詣した。白旗の宮に参った秀吉は扉を開かせて頼朝の木像と対面する。社壇へのぼった秀吉は像に向かっていった。「微小の身をもって天下を平らげ、四海を掌握したのは、わが国では御身とわれとの二人だけだ。しかし御身は清和源氏で皇子の身分から離れてそう遠くはない。ことに頼義・義家が東国の守護となって人びととのつながりも深くなった。為義・義朝も関東を領したので、御身が流人となっても人びとは慕い敬う状況だった。しかし、われはもとより卑賤の身分の出身で、氏も系図もない身である。それがこのように天下をとったのだから、御身より功績は大きいといえる。それでも御身とわれとは天下の友達というわけだな」。秀吉はここで木像の背を何度かたたいたというのである。「実力での天下取り」、秀吉はそれを大きな誇りと思っていたにちがいない。

秀吉の連歌

一〇九ページであつかったが、ホトトギスが鳴かなかった場合の対処法として、豊臣秀吉なら「鳴かしてみしょう」と胸を張るだろうという話がある。もちろん、これは作者不明の近世のつくり話だが、事実として、秀吉は和歌・連歌などにも大きな興味をよせていたようだ。

秀吉の連歌については、次のような話もある。あるとき、秀吉は傍にいた連歌師里村紹巴に向かい、「予が発句をよむ。汝は脇句をつけよ」と命じてよんだ。「奥山に　紅葉ふみわけ　鳴く蛍」。紹巴は「しかとも見えぬ燈火のかげ」と応じる。もちろん、「鹿」と「しか」とをかけてのことだが、紹巴は「蛍は鳴く虫ではございませぬが」と申し上げた。すると秀吉は「蛍に声はなくとも、予が鳴かそうと思えば鳴かずにはおれまい」といった。そのとき、かたわらにいた屈指の文化人細川幽斎が口を出した。「武蔵野や　しのをつかねて　降る雨に　蛍よりほか　鳴く虫もなし」とよんだ歌もございますな」。秀吉はわが意をえたりとにっこり笑ったというのである。

この話を『常山紀談』に載せた湯浅常山は注釈を加える。「この歌は蛍の声があるという意味ではない。雨のふる夜は、すべての虫が鳴きやむので、光のみえる蛍よりほかに虫はいなかったということなのだ」と。しかし、素直によむと、百姓の小倅から成り上がった秀吉だから、無学なのだと人びとが嘲笑したという「曽呂利狂歌咄」の解釈のほうが、より自然と思えてくる。はたしてどちらが正しいのだろうか。秀吉研究の第一人者桑田忠親氏によると、秀吉はけっして無学ではなかった。「奥山に　紅葉ふみわけ　鳴く蛍」にしても、土民出身の秀吉が蛍が鳴かないことを知らぬわけはない。俳諧の発句というのは、付け句をする人を困らせるのが狙いだから、奇想天外な句を選ぶのが普通であり、むしろ秀吉の文芸的な素質の優秀さを示すものだと解されている。

たしかに秀吉は自分の地位が高まるにつれ、学者・文人を集め、狂歌・狂句・和歌・茶の湯など広い範囲で嗜みを深めていった。一五九八（慶長三）年、伏見城で六二歳の生涯を閉じた秀吉の辞世も実感のこもった味わい深い歌だといえよう。「露と落ち　露と消えにし　我が身かな　難波(なにわ)のことも　夢のまた夢」。

加藤清正の人柄

賤ヶ岳七本槍(しちほんやり)の一人として名をあげた加藤虎之助清正(かとうとらのすけきよまさ)は武勇の士として広く知られ、それだけに近世以降、多くの書物にさまざまな逸話が伝えられている。それらのうち、いくつかを取り上げてみることにしよう。

まずは青年時代から野心が大きかったという話。賤ヶ岳の戦いのころであろうか。清正がわずかな供をつれて近江(おうみ)国の安河(やすかわ)を渡っていると、七〜八寸(一寸は約三センチ)の大黒天(だいこくてん)の像が流れてきて馬の足にあたった。「これは吉兆(きっちょう)で！」と喜ぶ家来に、清正はいった。「なにがめでたいのか、大黒天はわずか三〇〇〇人ほどの人を護るというが、予は一代のうちに一万人の家来をかかえようと思っている。このような小さな大黒天は早くすてよ」。像は川下めがけて投げすてられたという。

続いて領主としての心がけ。清正は二七歳で肥後(ひご)国に土地をえ、三九歳で肥後五四万石の領主となった。当初の肥後は諸氏が分立して戦いも多く、年に水害もあって田畑は荒廃し、百姓も落ち着かなかった。清正は当初から治水に留意し、堤防・溝をつくり、荒地を耕したが、一国の主になると城を築き、河川を改修し、灌漑(かんがい)を便利にした。こうして当初から数えて一七年のあいだに新村建設八、廃村復興二一、新田開発二〇〇〇余町、石高(こくだか)およそ二万石の増収をえたという。

つぎは朝鮮遠征軍の将としてのあり方。文禄(ぶんろく)・慶長の役(えき)では勇猛果敢な鬼将軍として朝鮮民衆に恐れられた。朝鮮半島各地に残る文化財の多くが、加藤軍を含む日本軍の手によって破壊・焼亡された事実は認めなければならないが、清正自身は暴逆な侵略者ではなかったようである。個人としては猛虎に立ち向かって倒したという武勇伝もあるが、一軍の将としては民衆への暴行を禁じた話も残っている。慶州(キョンジュ)近くの街道で、小西行長(こにしゆきなが)軍の雑兵が民家の女一〇人ばかりを拉致(らち)してきたのをみて、これをとどめ、将士(しょうし)に非道な行為を厳に戒める一方、女たちを解放して村落の人びとから感謝されたという。清正はふだんから家来思いで知られていたが、敵国の民衆に対しても仁徳ある態度で接していたのである。

最後に、清正が生涯を通じて豊臣氏に忠誠をつくした話。清正は秀吉と同郷、尾張国中村の出身で、秀吉の手足となって行動し、没後は秀頼の補佐に力をつくした。徳川家康が将軍宣下を受けて天下取りとなったころ、清正は領国を出ると、まず大坂城で秀頼に謁したのちに、駿府城で家康に拝謁した。家康側近の酒井忠世・土井利勝は清正に三つのことを要望した。第一は拝謁順をまず江戸の将軍家、ついで大坂の秀頼公とすること、第二は長い髭を剃ること、第三は連れ来たる三〇〇余の騎馬武者の数を三〇騎ほどにすることである。清正は丁重にすべて許容しがたいと答えた。第一は豊臣家への報恩がもっとも大切だから、第二は髭は兜の緒を締めるさいに便がよく、つねに武備を忘れないようにしたいから、第三は三〇〇騎あれば非常時にも備えられるからというのである。

清正は一六一一（慶長十六）年、六〇歳で病没したが、遺言は、具足をつけ、太刀を佩く姿で棺に入れること、末世の軍神たらんとしたいということであった。

信念に生きた敗将、石田三成

天下分け目の戦いに敗れ、四一歳で刑死した石田三成についてはさまざまの見方があるものの、どちらかといえば、悪いイメージが強いようだ。

近江国長浜近くの村に住む武士の家に生まれた三成は、佐吉と称し、幼少のころから才智に優れていた。有名な話だが、寺にあずけられていたころ、たまたま鷹狩の途中に立ち寄った羽柴秀吉に茶を所望され、三度にわたって、ぬるい茶から熱い茶へと出した機転を認められ、秀吉の近習に取り立てられたというから、人なみ優れた能力があったのだろう。

三成は恩顧を受けた人びとには誠意をもって応える誠実さをもっていた。秀吉とその子秀頼に対する態度がそれを物語るが、彼を取り巻く人びとにもそうだった。三成が所領四万石のとき、一万五〇〇〇石を割いて迎えた家臣島清興は恩を感じて関ヶ原で戦死し、三成と強い信頼関係にあった大谷吉継は病軀を押して戦い、これまた関ヶ原で壮烈な死をとげた。

三成自身の生活態度も質実剛健そのものだった。近江佐和山の居城も居室は板張り、壁も粗壁で、華麗さとはまるで縁がなかったといわれる。

しかしその一方で、三成は人の意見にはあまり耳を傾けず、傲慢な態度が多くの人の反感を買うことが多かった。三成は九州征討・小田原征討・朝鮮出兵にも参加したが、武将としてよりも、政務、財務をあずかる奉行としての能力に長け、秀吉政権の五奉行最高の実力者とみなされていたから、加藤清正・黒田長政・徳川家康らの武将と鋭く対立することになった。

秀吉の死後、三成の思いは豊臣氏の復興・徳川氏の打倒に集中した。しかしその願いは十分に計画したはずの関ヶ原の決戦が小早川秀秋の裏切りによって敗れたことで消え去った。近江で捕えられた三成は家康の陣に連行され、そこで出会った秀秋を「武将として恥ずることはないか」と激しく罵倒している。

一六〇〇(慶長五)年十月一日、三成は京の市中引廻しのうえ、六条河原で処刑され、首は三条の橋のたもとにかけられた。

次のような話が伝えられている。引廻しの途中、渇きを覚えた三成は「湯がないので」とだされた柿を「身体によくない」として断わった。「大義を思う者は首をはねられる瞬間まで、命を大事にするものだ」。三成は最期まで家康打倒の信念に燃えていたのである。

関白秀次の死

豊臣秀次は太閤秀吉の甥で、わずか二四歳で関白となり、聚楽第の主となった人物である。それが四年後には「殺生関白」の悪名のもとに生涯を閉じ、妻妾・子どもとともに刑死させられることになった。

秀次の前半生はバラ色であった。叔父の秀吉の出世とともに秀次の地位も上がり、一八歳のときには早くも近江二〇万石の領主となり、一五九一(天正十九)年、二四歳のときには秀吉の養子となって関白職まで譲られた。この年、秀吉が厚い信頼をよせていた異母弟の秀長が病死し、ついで長子の鶴松がわずか三歳で夭折したからである。しかし、その二年後、淀君が次子の拾(棄丸のちの秀頼)を生むと、一転して秀次の立場はあやうくなった。

もともと秀次は歌道・芸道の嗜みがあり、学問も好んだが、秀吉から高い評価をえていたわけではなく、秀吉の甥であることを鼻にかけていたきらいがあった。秀吉の実子誕生は秀次にとって大きな衝撃で、将来の望みを失った秀次は自暴自棄になったらしい。これ以後の秀次の乱行は諸書に誇大に伝えられている。鉄砲の稽古だとして農夫を撃ち殺し、往来の者を弓の的代わりとして射殺し、関白千人斬りといわれるほど多くの人を殺害したなどの悪行があったという。正親町上皇の諒闇中に狩猟するといった非常識な行動もあり、「殺生関白」のあだ名がついたともいわれる。

決定的な「そのとき」がやって来た。一五九五（文禄四）年七月三日、石田三成が秀吉に「関白謀反」の疑いありと進言したのだ。どうやら秀次失脚劇は秀吉の秀頼偏愛を知った三成の策謀で始まったらしい。怒った秀吉はただちに宮部祥坊・堀尾吉晴に命じて、秀次が伏見城へ出向くか、ひとまず高野山に退隠するかのいずれかを選べと迫らせた。秀次は三人の側近に意見を聞く。白江成定は、誰かを伏見へやって申し開きをする一方、聚楽第を出ないようにといい、熊谷直澄は謀叛といわれるのは口惜しいから、まず讒者を糾明されたいと申し出たらと答え、粟野秀用は、とても遁れえないから、今夜伏見城を襲えと進言した。

秀次がとった案は高野山への退隠であった。しかし、秀吉は秀次の関白・左大臣の地位を奪うとともに、福島正則らを高野山へ送り、七月十五日、青巌寺で切腹させた。秀次、まだ二八歳の若さであった。その首は伏見城へ持ち帰られ、京の三条河原にさらされた。処分はさらに拡大した。秀次の妻妾・子女三〇余人が京の町を引きまわされたのち、三条河原で処刑され、死体は一つの穴に投げすてられた。あまりにもヒステリックな行動である。そこには塚が建てられ、石に「秀次悪逆塚」ときざまれたという。死者の菩提をとむらうため、やがて一寺が建てられた。それが瑞泉寺である。

7 桃山の茶人たち

千利休の厳しさと優しさ

千利休といえば桃山時代に織田信長・豊臣秀吉の側近にあって天下一の茶匠とうたわれた茶人である。利休はその強烈な自己主張のゆえに天下人秀吉と衝突し、結局は死を賜ることになるが、人間利休を感じさせる側面もあった。

茶人としての利休は妥協を許さぬ厳しさをもっていた。あるとき、瀬田掃部が利休の茶の湯に招かれた。掃部は秀吉側近の武将だが、利休七哲の一人とされる茶人でもある。茶の湯が終り、利休が台子の棚へ茶杓をおいたのをみた掃部が深く感じ入った面持ちをみせた。「なにに感心なされたのかな」と問う利休に掃部が答えた。「いや、今日お使いになられた茶杓はいつもより五厘ほど短くみえ、至極優れた格好にみえました。某もかくありたく存じた次第」と。そののち、今度は利休が瀬田の茶席に招かれた。茶の湯が終ったとき、利休がいった。「今日の茶杓はかなり短くみえましたが」。掃部は答える。「されば先日の宗匠の茶杓をまねて、某の茶杓を短くしたのでござる」。利休は歎息した。「貴殿は茶道の本意をお心得かと思うておりましたが、いまだのようでございます。私は身体が小兵なので茶杓も短くしたのでございますが、あなたはいかにも大兵のお方、むしろ長くしてこそよけれと存じます。何故、短くなさるのか。あなたは存外茶道に達しておられませぬな」。利休にとって茶道のあり方は見逃せぬ重要事だったのである。

しかし、友人の心遣いでは利休は優しい一面をのぞかせる。ある人に「茶には、へつらいということがあると聞きますが……」と問われた利休が答えた。「私の友に山科に住むノ貫という者がおります。私を茶の湯に招いたとき、あえてまちがいの時刻を記して参りました。そのとおりに参りますと、潜り戸の前に穴を掘り、上に簀子をしいた落とし穴をつくっており、私はまんまと穴に落ちました。泥んこになった私は取りあえず入浴し、部屋へ参りまして人びとにおもしろがられました。実はこの企てについては、期明という者から聞いて知っていたのですが、せっかくの主人の遊び心を無にして穴に落ちなければがっかりするでしょうから、あえて落ちたのです。それによって人びとの興をえました。茶の道はひたすらへつらえというのではありませんが、来客と主人との心があいませぬと茶の道にもあわないのです」。はたしてそういうものかどうか、むずかしい問いではある。

奇行の茶人ノ貫

一五八七(天正十五)年秋、関白秀吉は北野大茶の湯を開いたが、各所に設けられた茶席のなかに、ひときわ人目を惹くところがあった。直径一間半(約二・七メートル)もある朱塗りの大傘を押し立てたその茶席の主人は京都の富裕な商人の出といわれるノ貫(ノ垣)である。名前だけでもおかしい奇人だが、秀吉は驚き、喜んで諸役免除の特権をあたえたという。

ノ貫は四〇歳で家業を譲り、山科に庵を構えて隠棲すると、武野紹鷗に学んだという茶に親しむようになった。彼の生活はとにかく変わっていた。釜一つで毎朝雑炊をつくり、食し終ると砂で磨いて清水を汲み入れ、茶を楽しむという数奇三昧の暮しであった。時の茶人たちはノ貫を「異風だが、潔い侘数奇」とみなして交わりをもった。茶の第一人者とみなされる千利休も例外ではなかった。あるとき、利休は仲間をつれて山科の草庵を訪れた。するとノ貫の庵の前にある井戸が街道をとおる人馬の起こす塵・埃で汚れている。これでは茶など飲めぬと、あえて帰ろうとすると声がかかった。「茶の水は裏山の清水を筧で引いてあります。それでもお帰りでしょうか」。ノ貫の言葉に納得した利休は「それならば」と庵に入り、茶を楽しんだという。あくまで自由奔放に振舞うノ貫に、ゆき方は違っても親しみを覚えたのだろう。

前項で取り上げたノ貫の落とし穴事件の話も二人の対比から生み出されたものではないかと思われる。事実としてノ貫は利休の茶に同調できぬものを感じていた。「世間にこびることが多くないか、高額な茶器を用い、貴人に寵せられる茶であっていいのか」。ノ貫はおそらくそういう気持ちを強くもっていたにちがいない。

ノ貫の茶は型破りだった。あるときは普通の床の真中にかざる葉茶壺を人が出入りする茶室のにじり口にかざったことも、ままあったという。常識的には驚きであるとともに、邪魔になって眉をしかめることだろうが、その反面、思わぬところにある壺の美を新鮮に感じることにもなるだろう。ノ貫の奇行は、徹底した侘びの追求だったのかもしれない。

ノ貫は利休と異なり、生涯、権力者に近づかなかった。晩年には交流があったと思われる南浦文之をたずねて薩摩へくだったといわれ、死に際して自分の書いた短冊を集めて焼きすて、風雅はわが身とともに終ると言い残したと伝えられるが、詳しい事情はわからない。

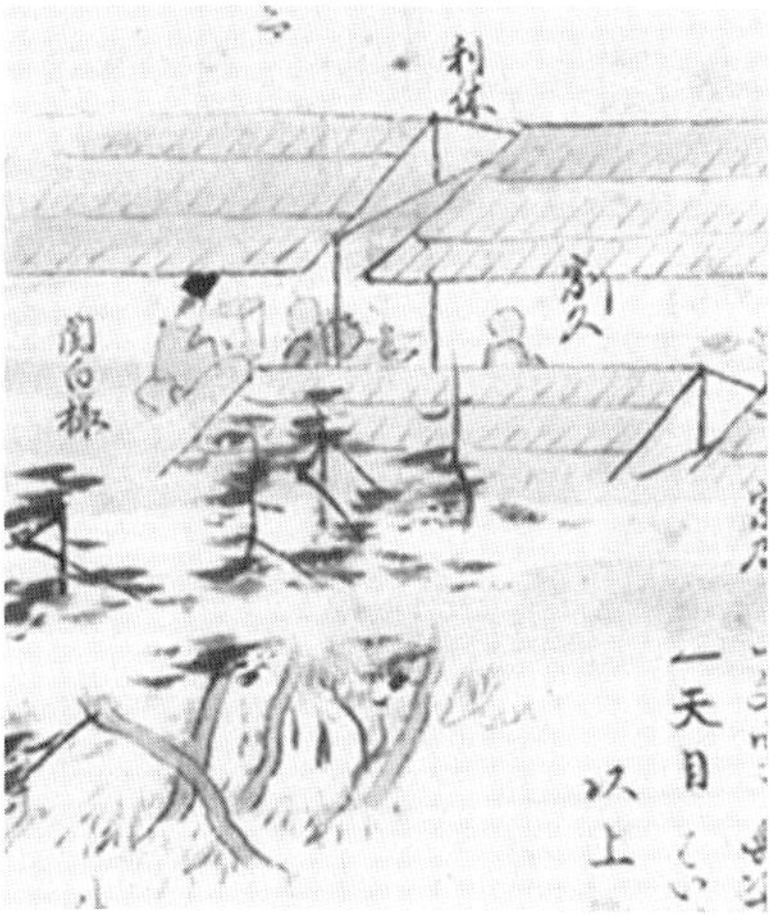

「豊太閤北野大茶湯図」(部分)　関白秀吉・利休・宗久の茶席。

曽呂利新左衛門の大きな話

頓智頓才の人物といえば、室町時代の僧一休さんと、桃山時代の豊臣秀吉のお伽衆、曽呂利新左衛門が双璧といえるだろう。曽呂利の逸話はいろいろあるが、ここでは「大きな話」を取り上げることにする。

あるとき、秀吉は藩士を集め、「なんでもいいから大きな歌をよめ」と命じた。まず出てきたのが福島正則、「両国に　はびこる梅の　枝に啼きて　天地もひびく　鶯の声」、感心する秀吉に向かって曽呂利がばっさりと切りすてた。「これははなはだ小そうござる」。

次に出てきたのが加藤清正。「某は上もなき大なる歌をよみましょう」といって一首よんだ。「須弥山に　腰打ち掛けて　大空を　ぐっと呑めども　のどにさわらず」。須弥山は仏教的宇宙観で世界の中心にある巨大な山で、高さは一〇〇万キロもあろうかというのだから、素晴らしい大きさである。一同の者が感じ入るなかで、曽呂利だけはいった。「まだまだ小さいな」と。

怒った清正が「それならば、もっと大きな歌をよめ」

と迫ると、曽呂利は平然とよみあげた。「須弥山を　喉にさわらず　呑むやつを　眉毛の先で　突きこかしけれ」。一座の者は腹をかかえて大笑い、秀吉はいった。

「望みあらば申せ、褒美としてかなえてとらせる」。すると曽呂利は答える。「ありがたきおおせでござりまする。ならば近江国の三井寺の石段の下から上まで五一段でございますゆえ、最下段に米一粒をおき、それより最上段まで倍増でくださりますればありがたき仕合わせ」。秀吉は思わず笑った。「さてさて、小さいことを申すものだな。汝の望みにまかせてとらせる」。

御礼を申し上げた曽呂利は役人に算盤をもたせて三井寺へゆき、最下段に一粒、次は二粒と倍増して順次におかせていった。ところがそれがまもなくできなくなる。計算してみると、五一段目はなんと一一二〇兆粒を超えることになり、全量を計算すると二二五〇兆粒まで膨れ上がった。米一合は約六四九〇粒だそうだから、二二五〇兆粒は三億四六〇〇万石という途方もない数字になる。さすがに秀吉もこの数字にはあきれかえったという。

Column

須弥山

須弥山は仏教的宇宙観において世界の中心とされる。この山を中心に八つの山脈が囲み、八つの海がめぐる。もっとも外側に四つの州があり、南の瞻部州に人間が住むとされる。須弥山は略して弥山、音訳して妙高山とも呼ばれる。

須弥山は何層にも重なっており、頂上忉利天に帝釈天が住む。山腹には持国天・増長天・広目天・多聞天の四天王がいて守護し、山頂の上空には二五層の天が広がる。須弥山は高さ八万由旬という。一由旬は七キロ説・一四キロ説などがあるが、八万由旬ともなれば一〇〇万キロを超える計算になる。

8 消えゆく戦国大名

天下を夢みた黒田如水

あるとき、豊臣秀吉は側近の者にいったという。「予の亡きあと、天下をとるのは誰と思うか。それは黒田如水だ」と。二〇一四(平成二十六)年十二月に終ったばかりの大河ドラマ「軍師官兵衛」の主人公だが、ふだんから秀吉が一目おいていたことがよくわかる。名は孝高、出家して如水、播磨国姫路に根拠をもつ小寺職孝の子に生まれ、波乱に満ちた戦国の世に五九年の生涯を送った人物である。

智略に優れた孝高はとくに時代を見通す能力を備えていた。時勢をながめて早くから織田信長につくことを決め、高松城水攻めの最中に信長の死を聞いて茫然とする秀吉に、「これぞ天下をとる好機だ」と進言して、いわゆる大返しの策を断行させたと伝えられている。

孝高が頭を丸めて如水軒円清居士と号したのは朝鮮出兵の文禄の役後、四七歳のときであったが、早くも秀吉以後の天下の情勢を見通していた。多くの声が天下の動きは石田三成によるとしていたなかで、如水は一人「日本は徳川殿の掌中にあるだろう」と予言していたという。はたせるかな、一六〇〇(慶長五)年の関ヶ原の戦いで、三成は敗死し、天下は家康の手に落ちた。このとき、東軍には如水の子、長政がいたが、如水は豊前国中津城にあって近国に触れをまわし、多くの牢人たちを召しかかえた。そこへ長政の使が来て、関ヶ原の西軍敗北のさまを伝えると、如水はおおいに怒り、「うつけ者」とわが子を叱ったという。のちの如水の回顧によると、みずから軍を発して筑紫一帯をおさえ、薩摩の島津氏を味方につけ、二万の軍勢を率いて西国をおさえ、加藤清正・鍋島直茂を両先陣として海陸二手で攻めのぼると、諸国の牢人一〇万人も集まるだろうから、徳川内府も滅ぼせると考えていたというのだ。

如水は人間もできていた。関ヶ原の戦い当時、中津城で牢人を集め、それぞれに金銀をあたえたとき、なかに金子を二重取りする不埒者がいたが、如水は怒らなかった。「このたびの参陣は決死のときだ。あの牢人はよほ

Column

キリシタン大名

新しいものをおおいに取り入れた如水は、洗礼を受けてキリスト教に入信した。キリシタン大名の数は六二人とする書物もあるが、正確にはわからず、まず数十人といったところだろう。

キリシタン大名として有名なのは、天正遣欧使節を派遣した大友義鎮(教名フランシスコ)、大村純忠(バルトロメウ)、有馬晴信(プロタシオ)、それに高山右近(ジュスト)、小西行長(アウグスチノ)、そして黒田如水(シメオン)ら一〇人ほどである。

興味深いのは如水が自分の印章の中央に十字をあらわし、周辺にシメオンをいれて Simeon Josui と記していることだ。如水の子、長政はキリシタン大名ではないが、印判は Curo NGMS、すなわちクロ・ナガマサである。

黒田如水の印判

ど貧しく、出陣の用意もできなかったのだろう。予が金銀をたくわえていたのは、いざというときに備えるためだった。今、たとえ二重どりさせたとしても、けっして無駄にはならぬと思うぞ」といったという。

それより数年、一六〇四(慶長九)年、五九歳の如水は福岡城で重い病の床にあった。わが子長政を枕元に呼んだ如水は遺言する。「汝は予にまさるところもあろうが、予も汝にまさることが二つある。一つは人が懐き、従うのは汝以上であること、今一つは予が無類の博奕上手なことだ。関ヶ原で石田三成が今しばらく支えていれば、予は筑紫から攻めのぼり、いわゆる勝相撲で日本を掌中に握ろうと考えておったのだ」と。

さらに如水は紫の袱紗につつんだ草履と下駄、それぞれ片足を取り出していった。「戦さとは万死のなかで一生にあうようなもので、万全ということはない。たとえばこの草履・下駄を履いているようなもので、一つと決めてかかってはならぬ。さて、ここに飯を盛る面桶(食器)がある。天下の人びとは誰も食物なくしては一日も生きられぬ。国を強くし、士卒を強くするためにもっとも大事なことは、この飯入れのようなものだ。形見につかわすこの面桶を忘れるなよ」と。

夢ついえた蒲生氏郷

黒田如水とならぶ異色の武将に会津若松城主蒲生氏郷がいる。近江国蒲生郡日野城主蒲生賢秀の長子に生まれ、信長、ついで秀吉に従って各地で武名をあげ、一五八五(天正十三)年、洗礼を受けてレオンと称したキリシタン大名で四度にわたってローマに使節を送り、教皇に黄金などを献上している。

会津城主となったのは、一五九〇(天正十八)年、秀吉が天下平定をなしとげて陸奥に赴いたときである。のち、十八世紀前半に湯浅常山が著わした『常山紀談』におもしろい話がある。

秀吉から会津九〇万石の地をあたえられた氏郷は、退出の際、柱によりかかって涙ぐんだ。これをみた山崎某が「これだけの領地を賜ったのだから、忝けなく思われたのももっともでござる」といったところ、氏郷は小声で答えた。「いや、私は都に近いところに領地をいただきたかった。それならたとえ領地が少なくても、天下に旗をあげられましょうに。かかる辺鄙なところにすてられてはなにごともできませぬ。わが志がむなしくなりましたので、思わず涙が流れたのでございます」。

どうやら秀吉も氏郷を敬遠していたらしい。十九世紀後半に館林藩士岡谷繁美が戦国名将九二人の言行をまとめた『名将言行録』によると、秀吉はこのあと近臣に氏郷の反応を聞きおおいに迷惑がっているようだと知ると、「いかにももっともじゃ。氏郷をこちらにおいておくと恐ろしいからな」といったという。朝鮮の役に際し、秀吉は名護屋で氏郷にあったとき、「朝鮮を私にくださるなら、みごと切りとってみせましょう。上様のご心労もやみましょうぞ」と氏郷がいったのを聞いて、氏郷をきらうようになったというから、氏郷の天下人への夢は秀吉にもわかっていたようである。

氏郷の近侍が主に問いかけた。「太閤様没後は関白秀次様に従われますか」。氏郷はいった。「あの愚人に従う者などあろうか。天下の主は加賀の前田利家か、さもなくば予であろう。徳川家康は、人に領地を多くあたえるというが、器量がないうえ、天下人になる器ではない。選ぶのなら前田利家であろう」と。氏郷は本気で天下人を夢みていたようである。

氏郷は一五九五(文禄四)年、伏見の自邸で四〇歳の生涯を終えた。死因はどうやら大腸ガンであったらしい。一五九三(文禄二)年に朝鮮から帰国したとき、肥前名護屋で最初の下血をみたといい、翌年、名医の曲直瀬玄朔が訪れたときには顔色も悪くて黒ずみ、首筋の肉もやせ、目の下にわずかながら腫れがあり、病気の進行は顕著だった。一五九四(文禄三)年の末に秀吉は徳川家康と前田利家に命じて上方の名医を集めて診察させたが、すでに手の施しようがなかったという。この二カ月後、氏郷は四〇歳で世を去った。

だが『常山紀談』は次のような話を載せる。石田三成がある夜、上杉の家宰、直江兼続にささやいた。「私は豊臣家の深い恩を受けているが、太閤殿下亡きあとは天下をめざしたい。そのとき、徳川家康をどのようにして討つか、貴殿の策をうかがいたい」。兼続はいった。「ごもっとも。されど徳川氏は関八州を領するうえ、蒲生氏郷とも親しい。ゆえに、まず氏郷を滅ぼし、上杉景勝公に会津をあたえてほしい。そうなれば私も景勝公にはかって旗をあげ、関東討滅に向かうだろう」と。こうして石田は氏郷毒害に踏み切り、会津を上杉にあたえることになったのだ、と。いかにもうがった話ではある。

信念を貫いた直江兼続

兜の前立てに「愛」の一字をつけた戦国武将といえば、上杉景勝の執政として知られた直江兼続である。湯浅常山の『常山紀談』には「長高く、容儀骨柄並びなく、弁舌明らかに、殊更大胆なる人なり」とあり、文武に優れた人物と評している。この兼続は初め上杉謙信に仕え、

「天下をとるのは小事にすぎず、それよりも義を貫くことこそ肝要だ」と教わり、生涯を通じて義と愛とを生活信条とした。今に残る冑の前立てには大きく「愛」の文字がある。それは、信仰する愛染明王もしくは愛宕権現の一字と考える説が強いが、彼のモットーとする「義と愛」にちなんだものとする考え方がしっくりするようである。

謙信の死後、兼続は謙信の養子景勝の近習となり、二二歳で直江家を継ぎ、上杉家の家宰となった。三八歳のとき、上杉氏は豊臣秀吉の命で会津一二〇万石に移されたが、そのとき兼続は陪臣なのに米沢三〇万石の地をあたえられた。

直江兼続の「愛」の前立ての甲冑

そのころの話である。家中の三宝寺庄蔵が下人を成敗した。罪は死に値するほどではなかったので、下人の親類たちは「彼を生かして返せ」と抗議した。話を聞いた兼続は「銀二〇枚をとらせるから」などとして説得にあたったが、どうしても承知しない。兼続は決断した。「やむをえぬ。返してつかわすが、冥土へ呼びにやる人がいない。たいへんだろうが、下人の兄・伯父・甥の三人を閻魔の庁へ送るゆえ、下人を連れ戻って参れ」。三人は斬罪に処され、かたわらに高札が立てられた。「一筆啓上仕まつる。三宝寺の下人を呼び返すため、三人を迎えにつかわしたゆえ、死人をお返しくだされ」。宛名は閻魔大王となっていた。この厳しさに国中で抗弁する者は誰もいなかった。「義と愛」に生きた兼続だったが、為政者としては厳しい「けじめ」があったと思われる。

兼続の人柄を語る話がある。豊臣秀吉の時代、聚楽第で伊達政宗が諸大名の居並ぶ前ではじめてできた銭貨を懐から取り出した。天正大判辺りでもあったのだろう。人びとは「これは重宝！」などといい、手にとってみたが、政宗は末座に坐る兼続にもみせようとした。兼続はそれを扇を広げて受けたので、政宗は声をかけた。「苦しゅうない。手にとってみよ」と。すると兼続は扇に載せた貨幣をぽんと政宗に投げ返した。「われらは景勝様の先手となり、軍兵を動かしまする。その手にかようにむさき物はとれませぬ」。兼続にとって銭貨は手もふれたくない下賤なものだったのである。

兼続は無欲な人であった。関ヶ原の戦後処分で、上杉氏は会津から米沢三〇万石に移封され、兼続は景勝から五万石をあたえられたが、みずからは五〇〇〇石にとどめ、大半を同僚の諸士に分与した。彼が意を用いたのは、あくまで米沢城下の発展であり、水防のためには最上川左岸と直江石堤と呼ばれる堤を築いたりすることであった。二〇〇九(平成二十一)年の大河ドラマ「天地人」で兼続の名は全国に広まったが、本人にとって望ましいことではなかったかもしれない。

ライ病の武将、大谷刑部と石田三成

東西両軍の名だたる武将が一堂に会した関ヶ原の戦い、そのなかに異形の人物がいた。白い布で顔をほとんど覆った頭巾をかぶり、歩けないため何人もの兵士が支える輿に乗っている。彼こそが石田三成の盟友、大谷刑部少輔吉継であった。吉継はこのときライ病が進んでおり、白い布でそのくずれかけた顔を覆っていた。すでに目もみえなくなり、手足も思うように動かせなくなっていた彼は、余命が長くないことを悟っていた。だからこそ一命を賭して、親友、三成の一世一代の賭けに駆けつけたのだった。

時をさかのぼり関ヶ原の戦いの数カ月前、琵琶湖に近い佐和山城で、城主石田三成と吉継が話し込んでいたとしよう。二人は豊臣秀吉の懐刀として、幼いころからともに育ってきた気心の知れた仲間であった。吉継は幼いころ秀吉に可愛がられる美しい小姓だったが、青年になると非凡な才覚を発揮し、三成らの五奉行とならんで秀吉のかたわらにつねにひかえ、執政や事務に敏腕をふるった。「一〇〇万の兵をあたえて、自由に指揮させてみたい」。主人秀吉は吉継を評して、こう語ったとさえ伝わる。しかしそんな吉継がライ病を発症してしまい、朝鮮出兵以後は、表舞台から姿を消してしまった。一六〇〇(慶長五)年夏、三成は吉継を佐和山城に呼びよせ、近く挙兵して徳川家康と戦う決意を告げた。吉継は、「まったく考えの浅いことだ」と猛反対し、思いとどまるように三成を諫めたが、三成の意志は固かったらしい。一度は加勢を断わった吉継だったが、それほどいうならばと、ついに三成の挙兵に協力することを誓ったという。ほかならぬ盟友三成の危機を、友情に厚い吉継は黙ってみすごすことができなかったのであろう。

関ヶ原の戦いの際、事前の情報収集によって吉継は、「小早川勢が裏切るのではないか」とうすうす察知していた。だからこそ自軍を松尾山の麓に布陣して、山上の小早川勢が裏切りなだれかかってきた際に、身を挺して食い止めその場を死守する覚悟であった。案の定、小早川は寝返って怒濤のように山上から攻め込んできた。吉継らは応戦、激しく抵抗したが多勢に無勢、ついに力つきてしまった。自害の覚悟を決めた吉継は山中で輿をおろさせると、「病で醜くなってしまった顔を、敵にさらしたくない」と、首を切り落としたら、すぐさま土中に埋めるように部下に頼んだ。吉継には自害する力ももはや残っておらず、家臣の手を借り自決した。家来の一人、湯浅隆貞、通称五助は吉継を介錯すると、命令どおり土を掘り首を埋めた。『平尾氏答記』には、その際のことが詳しく描かれている。五助が首を埋めていると、運悪く敵将、藤堂高虎の甥である高刑にみつかってしまう。五助は「主人は病で見苦しい顔になってしまっています。かわりに私の首を差し出しますから、主人の首が土中にあることは内密にしてください」と懇願した。高刑はその忠義に心打たれ、望みどおりに五助の首を吉継の首と

石田三成の居城，佐和山城址（滋賀県彦根市）

して家康に差し出し、本物の首のありかは長く誰にも明かさなかったという。関ヶ原にいくと五助の墓が、吉継の墓のすぐかたわらに残っている。高刑緑故の藤堂家の手によるものと伝わっている。

傾奇者、前田慶次郎

近世前期、都市を中心に異様な風体（ふうてい）と行動とで人目を驚かせる人びとがいた。文字どおり、傾奇者（かぶきもの）と呼ばれた彼らは、型にはまった社会に対する反抗者といえるだろう。意外なほど知名度は低いが、前田慶次郎利太（けいじろうとします）もその一人である。

慶次郎は加賀前田家の始祖利家の甥にあたる。一五四一（天文（てんぶん）十）年ころ、尾張（おわり）の「荒子（あらこ）城主前田利久（としひさ）の長子に生まれたが、織田信長の命（めい）で利久の弟利家が荒子城主を継いだので、慶次郎は父とともに城を退去することになった。

豊臣秀吉が天下取りになると、前田利家は加賀一国の主となり、慶次郎は利家に召し出されて五〇〇〇石取りとなったが、本来傾奇者の慶次郎と利家とは、どうにもうまがあわなかったらしい。一五九〇（天正十八）年の冬、事件が起こった。慶次郎は利家を茶席に招き、言葉たくみに風呂を勧めた。これに応じた利家は思いもかけず、氷のような水風呂に入らされることになる。怒る利家を尻目にかけ、慶次郎は名馬「松風（まつかぜ）」を奪って逃走した。傾奇心のなせるわざとでもいうべきだろうか。

京都に移り住んだ慶次郎は、武芸十八般に通じていたうえ、古今東西の書をひもとき、連歌（れんが）や茶道（さどう）にも打ち込んだが、竹光（たけみつ）の脇差を差したまま湯に入ったり、乱暴な町人をこらしめたりとかの傾奇行動にも事欠かない生活ぶりだった。越後（えちご）上杉氏の家宰直江兼続とあい、交わりを深めたのは、このころのことらしい。

一五九八（慶長三）年、慶次郎は兼続を通じて会津一二〇万石に転封した上杉景勝に仕官した。禄高に注文つけずに一〇〇〇石、会津に入った慶次郎は剃髪して忽々斎（ひょっとさい）と称し、土産として大根三本を差し出した。みかけはいかに粗末でも、かみしめれば味は出るというのだ。傾奇者の心根は少しも変わっていなかった。

慶次郎の傾奇ぶりは家中にしだいに知れわたった。ある年の馬揃えでは馬ならぬ牛にまたがって登場し、「ものの役に立てばよかろう」と場内を牛で疾駆したという。出陣の際には指物に「大ふへん者」と大書し、武辺者（武勇優れた侍大将）を自認する武士たちにとがめられると、「これは大不便者、金銭に差し支えておる者の意じゃ」と断わったという話もある。

一六〇〇（慶長五）年、上杉氏に苦難が襲った。石田三成と近い直江兼続は徳川氏に敵対して会津討伐を受ける。その途中で徳川軍は西軍の蜂起を知って関ヶ原に向かい、間隙をぬって上杉軍は出羽の最上義光討滅に向かった。だが関ヶ原で西軍は潰滅、上杉軍は撤退を余儀なくされる。そのとき、殿軍を引き受けたのが前田慶次郎、みごとな采配によって撤退に成功した。

戦後の上杉氏に悲運が襲う。会津一二〇万石は没収されて、家宰直江兼続の米沢三〇万石に上杉氏が追いやられた。兼続自身は五〇〇〇石に減じ、多くの武士が禄を放たれたが、慶次郎は信義を貫き、わずか五〇〇石の小禄で上杉藩にとどまった。

慶次郎は米沢に住み着いた。堂森山の北東に一庵を構え、悠々自適の日々を送る。奇行はたえない。あるときは城下であばれる無頼の男をきつくこらしめ、またあるときは立派な邸をつくった村長の新築祝いに出かけると、新しい床柱に斧で大きな傷をつけ、有頂天になることを戒めたという話などが残っている。慶次郎は一六〇五（慶長十）年に世を去った。齢、六五～六六歳ということになる。

第3部 近世

1 幕府成立のころ

真田一族の生き残り作戦

真田幸村(信繁)というと、明治の末に出版された立川文庫『真田十勇士』が有名だ。大坂冬の陣・夏の陣で、豊臣方として奮闘した幸村を主人公に描かれた、痛快時代小説である。そのもとになったのは、江戸中期に発表された『真田三代記』であろう。この物語は、幸村が六人の影武者を使い、神出鬼没に徳川家康を翻弄し、最後には豊臣の跡継ぎ秀頼をつれて鹿児島に新天地を求めるというストーリーで、豊臣びいきの大坂の庶民にとくに人気があったようだ。登場人物も穴山小助・由利鎌之助・三好清海入道など、後世の『真田十勇士』と重なる人物が多い。『真田十勇士』は、穴山小助・由利鎌之助・筧十蔵・海野六郎・根津甚八・望月六郎・猿飛佐助・霧隠才蔵・三好清海入道・三好伊三入道の一〇人である。

実際の真田家は、一族の血脈を守るため生き残り作戦をとった、したたかな一族であった。一六〇〇(慶長五)年、勢力を増した徳川家康は、命令に従わない上杉景勝の討伐を全国の大名に呼びかけた。多くの大名たちとともにこれに応じた真田家当主昌幸と息子の信之・幸村は、下野犬伏の唐沢山城(現栃木県佐野市)に布陣した。

ところがその昌幸のもとに、反家康である豊臣方の奉行から密書が届く。石田三成が打倒家康を掲げて挙兵したからこちらに味方してほしいという内容である。悩んだ昌幸は二人の息子、信之・幸村とともに、近くの薬師堂に籠り思案した。昌幸と幸村は、秀吉にただならぬ恩顧がある。しかも、昌幸の娘婿と石田三成の妻は兄妹で、幸村の妻は三成の盟友、大谷刑部の娘であった。その一方で、長男信之は、家康の養女小松姫を愛妻としていた。双方に恩義や婚姻、親戚関係があるだけでなく、天下分け目の瀬戸際、判断に真田家の存亡がかかっている。

そこで一計を案じて、父昌幸と次男幸村は大坂方につき、嫡男信之は徳川方に忠誠を誓うことにしたという。どちらが勝っても負けても、真田家は生き残るという前代末聞の方策である。とはいえ、親兄弟が敵味方になるのだから、断腸の思いの決断であったろう。俗にこれを「犬伏の別れ」という。
　結局、関ヶ原の戦いと、大坂冬・夏の両陣によって、大坂方は瓦解、昌幸は病没、幸村は討死した。家康側についた信之は、無事に上田領と沼田領をまかされたが、のちに松代に移され、松代藩の基礎をつくった。真田の血脈は守られ、松代藩は明治維新まで、真田家が統治し続けたのである。

真田井戸（和歌山県九度山町）　秘密の抜け道ともいわれる。

　ところで、生き残った信之の愛妻小松姫には伝説がある。小松姫は、賢夫人の誉れ高い女性だった。「犬伏の別れ」ののち、深夜に陣を離脱した昌幸と幸村は、領地上田に向かうべく行軍した。その途上、沼田城の小松姫をたずねている。しかし、小松姫は昌幸たちが豊臣方に寝返ったのではないかと行動をあやしみ、城門の上にみずから立ちはだかると、義父といえども入城を許さなかったという。昌幸が今生の別れに孫の顔をみせてくれと請うたため、小松姫は近くの寺でだけ孫と対面することを許したと、『滋野通記』には記されている。その後、小松姫は徳川家と真田家のあいだに入って、よく橋渡しの役割を果たした。関ヶ原の戦いで負けた昌幸・幸村の助命運動を行ったり、高野山に配流された二人を援助するなど、優しい一面も伝わっている。

豊臣秀頼、薩摩亡命説

　一六一五（元和元）年五月八日、大坂城は最期のときを迎えた。十七世紀後半、幕臣真田増誉がまとめた『明良洪範』は、豊臣秀頼の最期を次のように記している。秀頼と母の淀君たちは二の丸の芦田曲輪に逃れていた。秀頼は側近の速水守久と毛利氏家とを呼ぶと、守久には淀君の、氏家にはみずからの介錯をせよ、と命じた。最後に豊国大明神を拝した秀頼は母と後世のことを話し合いながら目配せをする。守久がまず淀君を刺し、ついで氏家が秀頼の刀を抜くのをみて介錯した。時に秀頼は二三歳、六尺五寸（約一九七センチ）の巨漢であったという。

大坂の役の処分は厳しかった。残党は徹底して追及され、八歳になった秀頼の子国松も六条河原で処刑された。落人は日に五〇人、一〇〇人と斬られ、京都から伏見にかけて一八列の棚がつくられて、一列に一〇〇〇人以上の首がさらされたと伝えられている。

しかし、世間は敗者に同情をよせる。誰いうとなく、巷に秀頼亡命説がささやかれた。十八世紀末の随筆集『翁草』はその噂を次のように紹介する。秀頼は薩摩へ逃れ、島津家に客分として遇せられた。ことのほか長寿で、天和年間（一六八一〜八四）のころ、九〇歳ほどで薨じた。そのころ、薩摩の大守島津侯は参勤の際に、人払いをして言上したこともあったという。秀頼の側近には真田某がいた。世を憚ってマナダと呼んだというが、これは真田幸村の子、大助の子孫ではないかという。

『翁草』はさらに踏み込んで推測する。「考えてみれば、本来豊臣家は徳川家の宿敵というわけではなく、時の流れによって徳川家が天下をとったのだから、家康が太閤の子孫を根絶やしにしなければならぬ理屈はない。大坂の秀頼に野心がなければ、そのまま残そうと考えたので千姫の輿入れもあったのだ。ところが大坂方が徳川に抵抗したために、やむなく豊臣氏滅亡という事態になった。それゆえ、秀頼の死についても深く詮索しなかったと思われる。大坂の役の戦いが激しかったのは、城の東・南・北であり、西方はあえて手薄になっていた。おそらく落ち延びる者は落としてやろうという気持ちだったと思われる。だから秀頼薩摩落ちの風評もあながち偽りだとは決めつけられない。それはあえて平家滅亡の際、安徳帝をはじめ、平家一門の人びとの西国亡命説があったのと同じではないか」と。

鷹商人に救われた南部藩

今では想像もつかないが、近世三〇〇年を通じて東北地方陸奥国の津軽・南部の両藩は仇敵のように憎みあっていた。それは立藩のときからのことであった。

豊臣秀吉により、天下が統一されたころ、陸奥国津軽の地は南部氏の一族、津軽氏が支配していた。弘前を根拠とする津軽為信は南部側の史料でも「頗る才気あり」と評せられ、とくに時勢をみることに優れていた。為信は南部氏の内紛に乗じて津軽地方を掌握したが、一五九〇(天正十八)年三月には小田原にあった豊臣秀吉の陣にいち早く馳せ参じ、津軽領有の承認を受けた。

そのころ、南部氏の頂点にあったのは、南部信直であった。信直の領国は陸奥国糠部郡を中心に、北は津軽、南は岩手・閉伊の二郡にわたり、三戸城を根拠にしていたが、広い国土の支配をめぐって内紛状態にあった。信直もまた、新時代をみすえる眼をもち、内政・外交につとめたが、中央情勢の判断については、為信より一歩おくれをとっていた。

新井白石の『藩翰譜』は次のような興味ある記述を残している。一五九〇年の春、南部信直は津軽為信・九戸政実らの反抗に苦しんでいた。そこへ、かねて交際のあった京都三条に住む鷹商人清蔵が南部へやって来た。「殿はまだご存知ないが、天下は関白秀吉公の手中にあり、関東の北条氏を攻めて、今、相模に陣を構えておられる。北条氏滅亡はまもなくと思われ、陸奥国へも下向の命がくだるでしょう。急ぎお味方に参陣なされば、当家の繁栄も約束されましょう」。聞いた信直は驚き悩んだ。「天下はすでに定まるか。早速参陣したいが、留守中に逆徒に国を奪われる恐れもある」。清蔵は重ねていった。「ならば御家人のなかから使者を選ばれてはいかが」。信直は早速、人選を始めたが、いずれも無骨な田舎者でうまくゆきそうもない。みかねた清蔵は「ならば私めが御使の役を果たしましょう」と申し出た。喜んだ信直は清蔵を使者とし、優れた名馬を進物として贈った。清蔵は秀吉の陣にゆくと、信直不参の理由、国内紛争のことなども申し伝え、秀吉も納得した。「このたびの使、まことに神妙、南部領は安堵する。内紛については秀吉の下向を待て」と。南部領は救われたのである。

北条氏が滅んだのち、八月十日に秀吉は陸奥国へ下向した。信直は急ぎ参陣する。しかし、津軽の地はいち早く手を打った津軽為信の領とされ、南部の手には戻らなかった。『南部史要』はこれについて次のように記す。「これより以後、士民・童幼・婦女と雖も津軽を仇敵視し、維新のときにいたるまで来往を断つにいたる」と。戦前の南部・津軽の人びとのあいだにはこの傾向がかなり残っていたようである。

森本儀太夫の智略

江戸時代も後期になると経済難もあって武士はしだいに誇りを失っていったが、心ある武士のなかには近世初頭の文武に優れた武士の言行を回顧し、記録する者もあった。幕臣真田増誉の『明良洪範』、岡山藩士湯浅常山の『常山紀談』などがそれだが、ここから一人の人物を取り上げてみよう。

熊本藩主加藤清正の家臣に森本儀太夫という智勇優れた人物がいた。文禄の役で加藤軍が朝鮮半島に出兵したときのこと、ある戦いの最中に儀太夫は臂に流れ矢を受けたが少しも屈せず、同僚の庄林隼人にこの矢を抜かせるとふたたび敵陣に突入したという。また、朝鮮南部の晋州城攻略戦のときは、堅固な城壁にぶつかって攻めあぐんだが、儀太夫は鉄の棒をもって石垣に取りつき、それを登り切って城内に突入、勝利の道を開いたという。

しかも儀太夫は武勇一辺倒の人ではなかった。徳川家康が江戸城修築に大名たちを動員したときのこと、城の西南、桜田・日比谷周辺の石垣築造が加藤清正と広島藩主浅野長晟とに割りあてられた。ここはもともと沼地だったところだが、浅野家は全力を投入して昼夜兼行で石垣を築いた。一方、加藤家はゆっくりと構えた。儀太夫の命により、まず大勢の人夫が動員され、武蔵野にしげる萱を大量に刈りとると、それを沼に投入した。ついで一〇歳から一三～一四歳までの子どもたちを集めて自由に遊ばせた。子どもたちは喜んで思いのままに踊りまわる。そのうちに浅野家の工事は終りに近づいたが、加藤家の工事はやっと始まりかけたばかりだった。

ある日、大雨がふった。土台の固まっていなかった浅野の石垣はあちこちでくずれ、ふたたび築きなおすことになった。しかし、加藤家の石垣は少しもくずれず、これをみた人びとはなるほどと膝を打った。浅野長晟はこれを聞いて儀太夫を呼び、「いかになせるや」とたずねた。儀太夫はつつしんで答えた。「沼地は急に固めてはなりませぬ。それゆえ、まず萱を十分に敷き込み、ついで子どもたちに心のままに遊び、おどらせ、おのずと固めていったのでござります」。長晟は改めて儀太夫の深謀遠慮に感じ入ったという。

大久保長安の断罪

二〇〇七(平成十九)年、島根県の石見銀山が世界遺産に登録され、多くの観光客が訪れるようになった。石見銀山は、近世の金銀山開発の先駆となったところで、戦国時代に激しい争奪戦が行われたことで知られている。当時、日本の銀は世界の産出量の三分の一を占め、大量に輸出されたが、その大半は石見の銀だったと思われる。この銀の産出は近世初頭に倍増したが、それにもっとも多く貢献した人は大久保長安であった。

長安は武田信玄に仕えた猿楽師の子に生まれ、長じて武田氏の地方支配にあたったが、そのころ銀山採掘技術も身につけたと思われる。武田氏が滅び、長安が徳川家康に用いられたことから運命は大きく変わった。大久保忠隣の庇護を受けた長安は、姓を大久保と改め、家康の関東入部後は代官頭として、徳川氏直轄地の支配にあたり、八王子に陣屋を構える。一六〇一(慶長六)年、長安は石見銀山奉行となり、手腕を見込まれて、二年後には佐渡金銀山の奉行として増産につとめ、二代将軍秀忠の〇六(同十一)年には伊豆大仁金山の増産にもあたった。その間、天領の支配も進め、各地の代官を通じて、一二〇万石の地を支配した。当然、蓄積した富は莫大なものになったと思われる。

長安が金銀増産に成果をあげたのは、採掘と製錬とに技術革新を起こしたからである。どうやら長安はキリシタンではないものの、ポルトガル人に近づいて鉱山技術を学んだらしく、横穴の坑道の掘削、水銀を利用した製錬方法を駆使して金銀産出の倍増に成功したのである。

一六一三(慶長十八)年四月二十五日、長安は駿府で六

九歳の生涯を閉じた。それより半月もたたぬ間に幕府の断罪が行われた。長安の遺体は磔にして河原にさらし、七人の子は全員切腹、財産すべて没収という厳しい処罰で、理由は長安が七〇万両にもおよぶ金銀を不正にたくわえたことと、キリシタンを通じて幕府の顚覆をはかったことである。幕府顚覆計画については、のちにドイツ人ケンペルも、その『日本誌』のなかでふれ、長安と通じたカピタンがポルトガルの軍隊を日本に派遣するように求めたとしている。

石見銀山の坑道入り口（島根県大田市）

　事の真相はわからない。しかし、当時の情勢を考えあわせると、幕閣における本多正信を中心とする吏僚派が大久保忠隣を中心とする三河以来の武功派追い落としをはかったなかで、経済的にも豊かな大久保長安が標的にされたものと考える説が有力である。長安がポルトガルの新知識をものにしたことも、長安キリシタン説を生む原因となったのであろう。気の毒なのは長安だったが、石見銀山には今も一七九四(寛政六)年に建てられた顕彰碑が残されている。

2 幕閣の要人たち

兵法家を超えた柳生宗矩

柳生但馬守宗矩は柳生新陰流を樹立した宗厳(号石舟斎)の五男で、江戸柳生家の開祖である。宗矩は徳川秀忠・家光の兵法師範となり、柳生新陰流を将軍家の「御流儀」とし、総目付(のちの大目付)となったのちに大和国の一万石の大名となった。

宗矩は兵法家であったが、父の宗厳や兄の三厳(十兵衛)のような剣技にかかわる話はほとんど残っていない。新井白石の『藩翰譜』は、宗矩の剣技についてはふれていないが、次のような話を載せている。将軍家光は宗矩について武芸をおさめ、かなりの上達をみたが、どうしても宗矩にはおよばない。すると宗矩がいった。「あとはただみずから努力して会得するしかありませぬ。私も嘗て師について禅をおさめ、自得するところがありました」。喜んだ家光は、宗矩がすすめる臨済僧の沢庵宗彭を召し、みずから悟るところがあったという。どうやら宗矩は剣禅一如の境地にあったらしい。

宗矩の真骨頂は兵法家としてよりも時勢を広くとらえ、天下統御の法に通じていたことにあった。『藩翰譜』は次のような事実を記している。時は一六三七(寛永十四)年十一月、宗矩は久留米藩主有馬豊氏の邸で猿楽をみた。未の刻(午後二時ごろ)、宗矩の家来がやって来ると、肥前有馬でキリシタンの土民百姓らが蜂起したとの急報があり、幕府は名所司代の誉れが高い板倉勝重の三男重昌(三河深溝藩主)を追討使として発向させたことを伝えた。聞いた宗矩はさりげない態度で豊氏から足早の馬を借りると重昌を追った。しかし、品川・川崎にいたっても追いつけず、日もとっぷりと暮れた。

やむなく引き返した宗矩は、城へのぼって家光に拝謁した。訝しげな家光に対して宗矩はいった。「このたびの乱を普通の土民百姓の反逆と思し召さるな。これは宗門に絡む大事件で、このままでは必ず重昌は討死にいたしましょう」。不快に思った家光は、一度は座を立ったが、改めて理由をたずねた。「下々の者は宗門を深く信じれば、これを固く守って死ぬのを誇りといたしますゆえ、彼らは必死の勇士と変じます。伊勢長島の一向一揆、摂津石山の戦争、三河の一向一揆などすべてそうでございます。今、この鎮圧の将に選ばれた重昌は、真正面からあたるでしょうが、誰もが下知に従うとは限りませぬ。今少し、地位も高く、禄高も多く、経験も豊かであればいいのですが、今の立場の重昌でしたら、必ずや攻めあぐみ、宿老がかわって追討使に任ぜられれば、重昌は面目を失って生きては帰りますまい。それゆえ、私は連れ戻そうと考えたのでございます」。家光は後悔のようすをみせたが、なにもできず、宗矩は退出した。果たせるかな、重昌は援軍の来るのを待たず、総攻撃をして果てた。

宗矩はこのことを密かに新井白石の師、木下順庵に語り、白石もそれを伝え聞いたという。柳生宗矩は単なる兵法家ではなく、広い視野をもつ政治家だといえそうである。

土井利勝の質素

「予は生まれながらの将軍」と宣言した家光は、一六三二（寛永九）年、父、秀忠の死をきっかけに新しい幕閣をつくりあげ、将軍権力の絶対化をはかっていった。当初の家光の幕閣は下総佐倉城主土井利勝と上野厩橋城主酒井忠世の両元老を筆頭として構成されていたが、忠世はもともと家光にはばかられ、一六三四（寛永十一）年の江戸城西の丸の火災に際して寛永寺に引き籠ったことが家光の不興を買って失脚した。

こうして翌年、新しい幕閣がスタートする。将軍家光は三二歳、老中は土井利勝六三歳、酒井忠勝（忠世のいとこ）四九歳の二人を元老として、家光側近の若手、松平信綱四〇歳、阿部忠秋三四歳、堀田正盛二八歳の三人を加えた五人体制で、五人は月番交代で執務した。一六三八（寛永十五）年、堀田正盛が阿部重次四一歳と交代し、土井・酒井の二人は毎月朔日と十五日とだけ登城して大事にあずかるということになった。これが大老の始まりだが、土井利勝は幼少から家康に仕え、秀忠が誕生してからはつねにその側近にあり、大老就任後まもなく病に倒れ、一時は回復したものの七二歳で生涯を終えることになる。

十八世紀に編まれた『明良洪範』は、利勝がナンバーワンの地位にありながら、けっして奢るところはなかったとその人となりをたたえ、次の話を紹介する。あるとき、座敷で一尺たらずの唐糸(中国産の生糸)を拾った利勝は、かたわらにいた近習大野仁兵衛に「これをあずける。大切にいたせ」といった。次の間にいた近習たちは、「あの糸屑がなんの役に立つのか。殿も大名に似合わぬことをなさるものだ」と笑いあった。

三〜四年ののち、利勝は仁兵衛を呼んだ。「先年あずけおいた彼の糸の切屑はあるか」。畏まった仁兵衛は巾着から糸を取り出し「ここにござりまする」と答える。受け取った利勝は脇差の下げ緒の先がほどけていたのを、その糸でしっかりと結び、かたわらにいた家老寺田与右衛門にいった。「これをみよ。三年以前に仁兵衛にあずけおいたのじゃが、奴はそれを大切にもっておったわ。糸をあずけおいたとき、他の者は予をけちな振舞いとして笑っておったが、主の言葉をこのように大切に守っておったのはまことに奇特じゃ。ゆえに知行三〇〇石をとらせるにより、そう申し伝えよ」。

利勝はさらに続ける。「この糸を予が何故大切に思うたかを皆の者に申し聞かせる。この糸は元来、中国の民がみずから桑をとり、蚕を飼い、糸にしたものじゃ。それが彼の国の商人の手によって海を越えて日本の地に渡り、長崎の商人から京・大坂の町人をへて江戸までくだってきたのだ。これほどまで多くの人の苦労をへてきたものゆえ、少しだからとて塵芥のようにすてるのは天のとがめも怖ろしい。今、下げ緒の先をくくったゆえ、これで無駄ではなくなったといえるのう」。笑った利勝はさらに続けた。「予は一尺にも満たぬ唐糸を三〇〇石の知行で買いとったわけじゃな」と。

智徳に優れた大老、酒井忠勝

土井利勝の死後、大老として家光施政を助けたのは、当時四九歳の若狭小浜藩主酒井忠勝であった。忠勝は老中松平信綱・阿部忠秋とともに老臣会議につねに出席して最高方針を定め、家光なきあとは家綱を補佐して、一六六二(寛文二)年、七六歳の死にいたるまで幕政に関与した。

『明良洪範』は、忠勝は仁徳・智略に優れた人物として、数々の逸話を載せている。たとえば、島原(しまばら)の乱(らん)が起こったので、老臣たちが誰を上使(じょうし)にするかと協議していたとき、忠勝は板倉重昌を推挙した。折しも重昌は腫物(はれもの)をわずらっていたので、老臣たちが異議を唱えると、「各々方(おのおのがた)は重昌の人柄をご存知ない。病気だからとして他人に役を命じたら、重昌は必ず自害するだろう。もし途中で病死すればそのときに代役を考えればよかろう」といった。聞いた重昌はおおいに感謝したが、その後、重昌にかえて松平信綱を派遣すると決まったとき、重昌は子の重矩(しげのり)にいった。「そちは必ず忠勝殿の子孫にまで疎略に思うてはならぬぞ」と。重昌は最後の戦いを挑んで討死する。忠勝の人をみる眼は正しく、これに応じた重昌もこの気持ちに応えたといえよう。

人を信じる忠勝の政治は徹底している。両国と六郷(ろくごう)の舟渡しを橋に変える話が起こったときもそうだった。「ともに要害の渡しだから、舟を橋に変えるのはいかがなものか」との反対の声があがったとき、忠勝はいった。「天下の将軍は人をもって要害とする。その人が難儀して用心などできようか。川で人を防ぐようになっては江戸城は一日も守れないだろう。諸人が迷惑しないように処置することが第一なのだ」と。

また、こんな話もある。老臣会議で、ある老中から提案があった。下野国(しもつけ)に一〇万石の新田開発をしたいという。それに対し、忠勝はいった。「新田で一〇万石の増収があっても古田が潰れて二万石ほどは川筋に、二万石ほどが土手になるというのだから、六万石の利をえるわけだ。しかし、開発費用に二万石ほど必要だというから、利益は四万石となる。考えてみれば年々繁栄するにつれて薪の必要もふえるから、むしろ松・杉その他の植林をすればよい。また、まぐさの必要もあるだろう。今新しく四万石の利があったとしても、幕府の収入はさほど変わらないから、民衆の利益をまず考えるべきだろう」。

とにかく、忠勝は目先の利益にとらわれず、広い視野をもっていた。明暦(めいれき)の大火のときも、大風が起こってなんとなく騒がしくなったとき、早速家臣に命じて板橋(いたばし)・高井戸(たかいど)・千住(せんじゅ)といった江戸のはずれのところまで人を出し、米を買い入れて、大火で人びとが困窮したときに放出したという話もある。幕政にかかわらず、国政を担当するにはつねに忠勝のような人物が必要なのである。

才智あふれた政治家、松平信綱

〝知恵伊豆〟の呼称のある松平信綱は、幼少のころから群をぬく利発さをあらわしていた。代官大河内久綱の養子に生まれた三十郎(信綱の幼名)は、六歳のとき、叔父の松平正綱の養子となった。それも三十郎自身が叔父のもとへゆき、「大河内では将軍家の近習にはなりにくうございますが、松平となればご奉公もできましょうから」といったというのである。

三十郎は八歳で二代将軍秀忠に出任し、翌年、竹千代(のちの家光)が生まれると小姓となった。あるとき、竹千代は西の丸へいったが、堀にかかる橋の反り加減がどうも気に入らない。「もう少し反らせてつくりなおせ」と指示された信綱は、とたんに腰から扇子を抜きとると、少し開いて「これくらいではいかが」とうかがい、「もう少し」といわれてまた少し開いた。このやりとりで反りの角度が決まったという。当意即妙の対応であった。

信綱は家光のもとで順調に出世し、三二歳で大名、四一歳で老中となった。才知はますます磨きがかかる。あるとき、家光からぐるぐる巻いた縄の長さを急いではかれと命じられて当直の者たちが当惑していると、やって来た信綱が「一〇間の長さに切った縄の重さをまずはかり、全体の縄の重さをはかれば計算できよう」と指示したという話がある。

朝鮮使節が来日したとき、問題が起こった。朝鮮人の曲馬を将軍が上覧するというので、八代洲河岸に馬場をつくることになったが、土を運んで土堤をつくるには経費も運送上の問題も絡んでたいへんなことになる。すると信綱は町中の籠づくりに無数の竹籠をつくらせ、土堤の高さに積み上げて、上に芝を植えさせた。一見、みごとな馬場がこれで完成したのである。

家光の子、竹千代が元服して家綱と称し、大納言に任じられたときも問題が起こった。家綱が祖廟参詣にいくというので、御三家の当主もすべて供奉せよ、との命令が出たのだが、紀伊の頼宣がクレームをつけた。「上意はうけたまわった。しかし予らはすでに大納言である。

新大納言の供を大納言たちが行うというのは、武家の仕来りなのであろうか」と。老臣たちが困惑していると信綱がいった。「公方（くぼう）様は今日の拝賀をお喜びである。そこで御三家の方々にもご同道願えればと思し召されたのである」。供奉と同道、この語を変えるだけで、頼宣も納得して受け入れたという。

　信綱は家光逝去ののちも、家綱を補佐し続けた。諸大名・諸旗本（はたもと）たちは毎月の命日に上野の仏殿に参詣する習わしとなったが、七月の盆の前後の命日に信綱は遅れて午後二時ごろに参詣した。信綱は当番の武士にいった。「暑いなかをご苦労である。今日は参詣の人びとも多かったようじゃな」。どうしてそういうことがわかるのかと思った武士は説明されてわかった。信綱は手洗石のところにたくわえられている水をみて、その減り具合で参詣者の数の多少を悟ったのである。信綱の才智はいろいろなことに目を配る周到さにも示されていたのである。

3 安定する幕政

わが道をゆく伊達政宗

　東北の雄、独眼竜政宗（どくがんりゅうまさむね）はきわめて個性豊かな武将で、多くの逸話を残している。大胆不敵で意のままに行動したという政宗は、参勤（さんきん）の節に鉄砲の火縄を火のついたままもたせたり、仙台城下は江戸と同様に曲輪（くるわ）のなかを衆人に往来させるなど、他家と異なる家風をもっていた。後年、三代将軍家光（いえみつ）の時代にも政宗は特別扱いされていたという。また、政宗が中納言（ちゅうなごん）に任じられたとき、島津（しまづ）家久（いえひさ）が薩摩（さつま）中納言と呼ばれたように、陸奥（むつ）中納言と称したいと希望し、水戸中納言・小松中納言のように仙台中納言と称せよといわれると、へそをまげ、生涯陸奥守（かみ）とばかり称して、中納言とはいわなかったという意地っぱりの面も強かった。

　あるとき、政宗は「名物（めいぶつ）」と呼ばれる優れた茶碗をみていて取り落としそうになり驚いたが、すぐにいった。

「予（よ）はこれまで畳の上はもちろん、どのような戦場へ出て、いかなる剛敵に出くわしても驚いたことは一度もなかった。しかし、この茶碗は名物だと聞いたために落としそうになって驚いたのだ。たとえ名物だとて、たかが器物一つにすぎぬものをなぜ尊ぶ必要があるのか」。言い終るなり、茶碗を庭石に投げつけて微塵にくだいたという。その後、酒井忠勝（さかいただかつ）の茶会の席に出たときに、千利休（せんのりきゅう）作という茶杓（ちゃしゃく）をみると、あやまったふりをして茶杓を三つにおった。さて帰宅した政宗は早速、自分の所蔵する武野紹鷗（たけのじょうおう）作の茶杓を忠勝に送り届けた。一体、どういうつもりでこのようにしたのかはわからず、政宗のすることはいつも他人と異なっていたといわれている。

　この政宗が「一生の不覚」と悔やんだことがある。政宗は独眼流と呼ばれたように、片方の目玉が飛び出していて、見苦しかった。家臣（かしん）の片倉小十郎（かたくらこじゅうろう）が「これは見苦しいだけでなく戦場の働きにも邪魔になり、万一組打ちでもなされば、この目玉を敵に握られれば負けましょう。つまり、その目玉は不用というだけでなく、害になりますゆえ、切りすてられるべきでしょう。万一、その際お命にかかわりましたら、私も切腹して冥土へお供いたしましょう」というと、政宗は「尤もなり」として切り落とした。ところがおびただしい血が流れ、苦痛にたえかねて絶息しそうになったので、小十郎が耳元で大声で言い放った。「さても未練かな。昔の鎌倉権五郎景政の話をあわせ考えれば、これしきのことに弱られるとは、言う甲斐もなき大将でござりますな」とたんに政宗はむっくりと起きなおり、「思わず不覚をとった」といった。しかも、のちのちまで「これは生涯の不覚だ」といったという。

将軍家光は政宗を深く信任した。一六三六(寛永十三)年、政宗の病気が重いと聞いた家光は、みずから政宗の宅へいこうとし、麻上下を着用した。酒井忠勝が「そこまでの必要はございますまい」と言上すると「いや、政宗は余の朋友じゃ。嫡子忠宗には君臣の礼をもって臨むが、政宗には朋友の礼をもってする」といったという。さて、政宗宅へ臨むと、政宗は重病で起き上がれないので、臥したまま、胸の上に麻上下を載せて拝謁し、忠宗と家老たちに「わが家の盛衰は将軍家とともにせよ」と遺言した。時に七〇歳、政宗の廟は松島につくられたが、そこには甲冑をつけた像が安置された。

生粋の武人、石谷貞清

東京都の狛江市に八世紀に良弁が開いたと伝える泉竜寺がある。この寺名は良弁が雨乞いをすると、竜神が雨をふらせ、霊泉が湧き出したという伝説からつけられたが、禅寺となった近世初頭には、徳川家康の旗本石谷清定がこの辺りを領し、霊泉の南に陣屋を構えて寺を中興した。泉竜寺は石谷家の菩提寺となり、墓所があるほか、清定の三男貞清の画像・木像が残されている。

石谷の名を高めた貞清は、初め秀忠に仕えて大番をつとめ、大坂の陣に従った。家光の代には目付となって石高も一五〇〇石となり、島原の乱では板倉重昌に次ぐ副使として赴き、原城の戦いで重傷をおった。その後、一六五一(慶安四)年に町奉行となり、慶安の変で丸橋忠弥捕縛に動いたが、このとき牢人問題に関心をもち、八年後に役を辞して「土入」と号してからも牢人対策に力をつくした。貞清の力で再就職した牢人の数は、町奉行時代に七〇〇〇人、退隠後七九歳の死にいたるまでに一三〇〇人に達したと伝えられる。

貞清は生粋の武人であった。「武士は武士らしく」というのが、その一生を貫く信念だったようである。大坂の役のとき、江戸残留を命じられた貞清は、なんとしてもと思い、当世具足と呼ばれる甲冑に槍をもって秀忠を追い、駿府で追いついた。「江戸に残るのはいかにも口惜しい。しかし法を破ったうえは首をはねられることは覚悟のうえ、いかにでもなされませ」。しばし沈黙していた秀忠は貞清を呼び出し、「法を破るは憎き所業なれど、若さのゆえとして許す」とし、黄金二両をあたえたという。

貞清が「土入」と号して隠退してのちのこと、ある旗本が子息をつれてくると「倅にはじめて具足をつけさせたゆえ、武士の心得をお教え願いたい」と頼んだ。土入は答えた。「別に変わったことはないが、夜討の心配などがあるときは具足をつけたまま、よりかかって寝むのが第一の早具足である。ついでに一つ話しておく。大坂落城の際、切腹した死体が多くあるなかに、具足は脱ぐが佩楯(大腿部の防御具)はつけたままの死体があった。のちに聞くとそれは真田大助で『自害の際に大将たる者は切腹の際も佩楯は解かぬもの、われも真田幸村の倅なれば』といって自害されたとのこと、若年ながらさすがは真田幸村の子、健気な振舞いと人びとは感涙にむせんだという。このような心掛けこそ武士の心得である」と。

またあるとき、土入は太田某の宅を訪れた。亭主はおおいに喜び、長子を呼んで土入に会わせ、一四歳だと紹介した。土入は太田がまだ甲冑は揃えていないと聞くとこういった。「私も昔、島原の乱で出陣した。そのとき、ある陪臣が一三〜一四歳の倅をつれて戦場を往来するのをみて、父子ともども器量ある者と見受けたものだ。武士たる者は子どもであっても家においているだけでは大事のときの役には立たぬ。ご子息にも早く甲冑をあたえられてはいかがか」と。

慶安の変、正雪・忠弥の死

一六五一(慶安四)年七月二十三日夜、弓師栗林藤四郎らの密訴を受けた江戸の南北両町奉行所は、奉行以下、与力・同心総動員で丸橋忠弥一味を逮捕した。一五〇〇人とも三〇〇〇人ともいわれる牢人たちが荷担した幕府顚覆計画、慶安事件の発覚である。

駿府の旅宿梅屋(うめや)にあった由井(比)(ゆい)正雪(しょうせつ)が大事発覚を悟ったのは、七月二十五日の早朝だったという。東方の空をみて「大事発覚！」と叫んだ正雪は仲間に指示して部屋を整えさせ、みずからは湯をあび、髭を剃り、身に香をたきしめ、連判状(れんぱんじょう)などの書類を焼きすて、自害をはかった。駿府町奉行所への出頭要請が来たのは二十六日である。「おっつけ参る」と答えた正雪は九人の同志と車座になって最後の酒宴を行い、一通の書を残して肌を脱ぎ、短刀を腹へ突き立て引きまわし、声をかけて首を打たせた。残る者たちはあとを追って自決する。四方から捕方(とりかた)たちが乱入してきたが、積み上げた道具などに邪魔されるうち、七人の同志が自決し、二人が捕えられた。残された遺書には、正雪たちの意図が記されており、とくに紀伊大納言(きいだいなごん)へ迷惑がかからないようにとの配慮がみられた。正雪らの首は七月三十日、駿府の安倍(あべ)川原にさらされた。

一方、江戸では厳しい取調べが行われた。丸橋忠弥は厳しい拷問にあっても一言も白状せず、老中松平信綱(のぶつな)みずから糾明にあたった。これに対して忠弥は「伊豆守殿(いずのかみどの)ほどの人が、武士に対してものの問い方をご存知ないようなのは残念だ。これほどの大事を考えたのは、この世にある多くの武士、多くの人間たちである。貴殿たちとなんの差別があろうか」と言い放った。信綱は拷問に苦しむ忠弥にみずから水をあたえたりしたが、抗弁できずに引きさがったという。

八月二日、評定所(ひょうじょうしょ)の沙汰がくだり、十日に江戸の鈴ケ森(すずがもり)で刑が執行された。忠弥は人品骨柄、群を抜いていたが、年は四〇歳、髪はとかし、さわやかで美しい着物を着てあらわれた。忠弥とその母・妻ら二六人は磔(はりつけ)となったが、忠弥の妻は母に念仏(ねんぶつ)をすすめ、落ち着いて死を迎えたという。そのほか七人が斬罪となり、残る四〇余人は後日、処刑された。忠弥は馬よりおろされると、役人に一礼したが、辞世らしいものをいおうとしたとき、槍の一突きで血煙を立てて息たえた。連日の拷問で心身ともに疲れていたようだったという。「雲水の行方ともなき此(こ)の身をば、何によらまし南無阿弥陀仏」。落書(らくしょ)もかなり多かった。「丸橋を　架けし品川　なりければ　安房・上総まで　いい渡るかな」。

名君、保科正之

江戸前期の名君といえば、備前の芳烈公池田光政、会津の神公保科正之、水戸の義公徳川光圀の三公があげられ、いずれも学問を好み、人の諫言をよく受け入れ、適材適所に家臣を配置して職務をなさしめたとされている。保科正之は将軍秀忠の四男で高遠三万石の保科氏の養子になり、のち山形二〇万石をへて会津二三万五〇〇〇石になり、四代将軍家綱の補佐役をつとめた人物である。

正之は会津藩主として細かいところまで気を配った。領内の松・檜・漆・櫨などはすべて藩主の用木とし、百姓の屋敷内にある木でも伐採の際は出願して一定金額を上納させたうえで伐らせたという。とくに漆と櫨の管理は厳しく、その歳入は藩財政を豊かにしたとされる。

しかし、正之はよく家臣の意見を聞いた。あるとき、法度を改正しようとして家老を呼んだ。その条文のなかに「口論堅く停止たるべし」とあるのをみた家老が反対した。「議論停止となれば誰も意見はいわなくなります。結局は重役や古参の意見のままに不当なこともとおってしまうからでございます」という。聞いた正之は即座に自分の誤りだとして、条文を墨で抹消したそうである。

またあるとき、正之はとくに重んじている四人の家臣に海辺の下屋敷につくった別館をみせて意見を求めたが、家臣たちは普請や景色をほめようとしない。強いてたずねると「いかに景色がよくても、武備の役には立たず、かけた金銭も無駄になります。惜しい無駄遣いでござりましょう」と答えた。不興の正之は奥へ入ったが、のちに四人を呼び、藩の要職に就けることを申し渡したという。

こんな話もある。正之が儒臣小櫃与五右衛門にたずねた。「そちはいかなる楽しみをもつか」。与五右衛門は「二つございます」といい、一つは貧乏なことと答えた。貧しいがため、奢りということを知らず、礼儀の道を知ったというのだ。「今一つは申し上げにくい」として退出した与五右衛門は、一〇日ばかりあとに召し出されると、「大名に生まれなかったこと」と答えた。なぜかとたずねると「大名は阿房だから」という。生まれつき聡明であっても、家来たちがほめそやし、どんな無理でもとおるから、学問も教えもないままに阿房になってしまう。大名に生まれなかった私はそうならなかったというのである。じっくりと聞いていた正之は「余も心しよう」として、二万石の加増をした。

　正之は一国の宰相としても有能だった。一六五五(明暦元)年の朝鮮使来日が決まったとき、たまたま西国が大風雨・洪水で被害が大きかったため、老臣たちが使節来日延期をはかった。しかし、正之はただ一人反対した。「天災はいつ、どこでもある。こんなことで隣国との交誼を失ってはなるまい」というのだ。さらにまた明暦の大火が起こって被害が出たとき、正之は「こんなときこそ、仁政をほどこすべきだ」として、江戸・大坂の城の倉を開き、金銀をはたいて困窮する人びとを救ったのであった。

長崎の異国人たち

いわゆる「鎖国」の状態にあった日本でも、長崎の町は唐人・紅毛人たちの住む別世界であった。当時の日本人たちに伝わった異国人の生活の一端を、十八世紀末の随筆『翁草』におさめられた「長崎噺の事」から探ってみよう。

　長崎は異国人の町であった。華夷思想が一般的だった江戸時代の書物だけに筆者は「華夷入り交る」なかで多いのは、「中華の人」で、「流石異邦と違ひ人品宜し」と断じている。なかでも多いのは南京の人で、頭は清国風の弁髪、風俗は北狄のように野卑だが、商売に関しては利に聡く、日本人を超えると評している。これに比べると、周辺の中国人は人品は感心しないが、商いは柔和だとする。おもしろいのは、中国人が長崎で子を生むと役所へ必ず申告し、下知を受けて養育することで、子を外国へ連れて帰れないために、親は長崎へ来るたびに品物を持って来たり、家宅を整えたりしていた。異国人といってもオランダ人は鼻高く、色白く、人相は異なってとくにめだっていたという。

　毎年正月、四日から長崎で行われる絵踏はかなり注目されていた。長崎奉行所が町々へ絵を渡し、つぎつぎとまわすのだが、その絵は真鍮製、図柄は十字架上の処刑場面で「耶蘇の本尊」といわれていた。一七面あって一面ごとに絵の形は違ったが、これを受け取った町は住民のすべてのほか、他国から来ている居候も、異国人もすべて踏ませた。ために長崎では宗門帳などはつくられなかったという。

　オランダは西欧でただ一つの来航を許された国だけに観察も細やかである。まず指摘するのは、オランダは侵掠のわずらいがない国としていることで、交易中心に考えているから、国王以下みな商人だと断じ、そのため幼少のころから万里を遠しとせずに、世界各国へ船をよせて交易するのだとしている。彼らは若死する者が多く、一二～一三歳にもなると立派な大人のようで、きわめて怜悧だとほめる。しかし、亡くなると五〇日間は喪に服するが、あとは山野へ土葬して墳墓も築かず、年忌もしないと突き放す。国に儒教・仏教はなく、書も乏しく、やっと三〇字ばかりの字を書くことですべてを処理する国だともいう。今一つ驚かされるのは「クロンボウ」を奴隷にしていること。これを棹銅一本くらいで買い求めて使役し、船の操り方などは猿のようにすばしこい。豆腐にも似た丸っこいパンという食べ物を投げあたえると、悦んで食べているなどなど。まさしく日本人にとっては理解できない人間であった。

踏絵

　最後におもしろい記述がある。抜荷をした者の処刑は異国人にもみせていた。あるときの刑で、首を打ち損じることがあり、異国人はおおいに嘲笑した。すると通辞がいった。「刀がなまくらだと笑ってはならぬぞ。これは科の軽重により、重罪人は鈍刀で、軽罪人は利刀で行うことになっているのだ」。異国人たちはなるほどと納得した。これを聞いた奉行は「日本の刑を外国人に笑われては国の恥だが、あの通辞はよく頓智で納得させたものだ」。通辞はこの功により褒賞を受けたという。

細川家の香木

十七世紀前半、豊前小倉藩主細川忠興は、父の幽斎にならって歌道・茶道に心をよせていた。一六二〇(元和六)年、五八歳の忠興は子の忠利に家督を譲り、三斎と号したが、たまたま一六二四(寛永元)年、長崎に安南から交易船が入ったと聞き、家臣の興津弥五右衛門に相役の横田清兵衛をそえて長崎に送り、珍しい品を求めさせた。

長崎に着いた弥五右衛門は、伽羅の香木に目をつけた。伽羅の木には根元のほうの本木と梢のほうの末木とがあるが、本木のほうが値ははるかに高い。そのころ、奥州の伊達政宗の家臣も来ており、たがいに競いあって本木の値段が吊り上がった。横田は興津に「しょせんは同じ木、安い末木のほうでよかろう」といったが、弥五右衛門は「いや、なんとしても本木がほしい」と言い張る。ついには激しい口論の末、横田を打ち果たすということになった。

本木を買いつけた弥五右衛門は豊前に帰ると、三斎に報告し、切腹を願った。だが三斎は「奉公のために相役を討ったことゆえ、切腹すべきいわれはない」としたうえ、横田の子を召しだし、「けっして意趣を残すな」と言い渡し、二人に和解の盃を交わさせた。その二二年後、三斎は八四歳で世を去った。その三回忌が京都で行われたとき、弥五右衛門は船岡山の西麓で、主を追って殉死した。大徳寺の清岩和尚が引導を渡したという。

さて、弥五右衛門の買い求めた伽羅は類いない名香で、三斎は「初音」と名づけて秘蔵した。「聞くたびに　珍しければ　郭公　いつも初音の　心地こそすれ」という古歌にちなんでのことである。一六二六(寛永三)年九月、二条城へ後水尾天皇が行幸したとき、細川忠利にこの名香を所望したが、感服した天皇は「白菊」の名を授けた。「類いありと　誰かはいわん　末匂う　秋より後の　白菊の花」。古歌の心によるものだという。一方、末木をえた伊達政宗はおおいに残念がったものの、それでも名香だったから「柴船」と名づけて愛好した。それは「世の中の　憂きを身につむ　柴船や　たかぬ先よりこがれゆくらん」の古歌の心から、命名されたものである。

「一木三名香」のこの話は十八世紀の随筆『翁草』に載せられているが、一九一二(大正元)年十月、森鷗外が「興津弥五右衛門の遺書」として『中央公論』に発表した。それは九月に乃木大将夫妻が明治天皇に殉じて自殺したことに衝撃を受けたからであった。この話では、弥五右衛門が息子にあてた遺書のなかに事情を記してあったということになっている。

Column

ホトトギス

ホトトギス科の鳥で、全長は三〇センチ弱、背面は灰褐色で腹は白く、羽は長くて白い斑点がある。日本では春のウグイスに次ぐ夏の鳥で、山林に単独で住み、八〜九月に南方へ去る。

文学にもよく登場するが姿よりも声の鳥で、鳴き声は「テッペンカケタカ」とか、「特許許可局」とか聞こえるといわれている。

異名もすこぶる多いが、宛てられる字も多い。よく用いられるのは「時鳥・郭公・杜鵑」などで、明治の俳句雑誌の主宰にちなんで「子規」、純愛小説の題名の「不如帰」も一般化している。蜀の王の霊が化した鳥という伝説から「蜀魂・帝魂」などとも表記され、「冥土の鳥」ともいわれている。

4 異彩を放つ文化人

池田光政と熊沢蕃山

岡山藩主池田光政は姫路城を築いた輝政の孫で、初めは播磨、ついで因幡・伯耆の領主をへて一六三二(寛永九)年、岡山藩主となった。このとき、家光の一字をもらって光政と称したが、幼名の新太郎はその後も通称として用い、官位は従四位少将だったので、新太郎少将と呼ばれることが多かった。

学問を好んだ光政は、常にいった。「国家をよくおさめるには恩と威の二つを兼ね備えねばならぬ。恩ばかりであれば、あまやかした子が教訓を聞かないようになって役に立たない。逆に威だけならば表面は従うが、真に納得していないから、これまたよくない。恩で懐け、法度が少しも乱れぬように賞罰を行うのが威である。恩と威と、共にあってこそ役に立つのだが、為政者としてはまず下情をよく知ることが大切だ。ともかく聖賢の教えをまず学ぶべきである」と。

閑谷学校(岡山県備前市)

この光政が熊沢蕃山を登用した。蕃山は少年時代に岡山藩に仕えたのち、一時去って近江の中江藤樹に入門し、学者となった人物である。実はこのとき、ある人が光政に軍学者山鹿素行を推挙したが、光政は「戦国時代なら軍師は必要だが、泰平のこの世では仁義の道こそが大切だ」といい、あえて蕃山を登用したという。はたして光政は蕃山を用いて仏法にかわって儒学を興し、藩学・郷学を建て、民政では新田開発・社倉設置などの治績をあげた。

おもしろい話が残っている。のちに江戸にくだった蕃山は、あるとき松平信綱に招かれた。話のついでに信綱がたずねた。「もし、主人の使いに出たとき、途中で親の敵に出会ったらどうすればよいか」。蕃山は即答した。「親の敵をもつ者は、そもそも奉公はいたさぬものでございます」。信綱は「なるほど」と感服したという。

蕃山の言行一致の態度はなるほどと思わせられるが、光政自身、率先垂範の人物であった。あるとき、光政は国家老の池田大学が巾着に大きな珊瑚の珠の緒締をつけて出仕して来たのをみたが、あえて不興のようすをみせなかった。二〜三日後、光政みずから普段は用いない巾着を持って来た。近習の者が不審に思ううち、大学を呼

熊沢蕃山の名

一人の人物の名も時に応じて変化する。元服以前の幼少の時代の名は幼名で、元服後は実名(名乗)をつける。ただし、他人が呼ぶときは敬意を払って口にしないので諱(忌み名)と呼ばれる。実名では呼べないから、通称とか字とかの別名で呼ばれる。近世の武士は、この実名と通称とを用いたが、学者などは号(別号)を用いることが多かった。

さて熊沢蕃山である。本姓は野尻だが八歳のとき、祖父熊沢守久の養子となった。幼名は左七郎、実名は伯継、字は了介、通称は次郎八、さらに助右衛門、号は息遊軒である。それなら蕃山とはなにか。備前国で隠退したのち、蕃山村に住んだので、蕃山了介と称したのだ。多くの名をもつが、今は熊沢蕃山と呼ぶのが普通である。

んで巾着をあたえていった。「この巾着の緒締は予の手づくりじゃ。左様心得て用いよ」。巾着はきわめて粗末な木綿製で、緒締の珠も粗末なものだった。つつしんで拝領した大学は、以後、ぜいたくな珊瑚の珠のついたものを用いず、国中の若侍たちもこれにならって、ぜいたくなものをもたぬようになったといわれる。

愛・敬を体現した近江聖人

熊沢蕃山の師でもあり、近江聖人の名で知られる中江藤樹は、日本陽明学の始祖であり、「愛・敬」の二字で庶民を教化した教育者である。十七世紀の初め、近江国小川村の農家に生まれた藤樹は、六歳で武士である祖父の養子となり、翌年から伊予国大洲へ移り住んだ。一七歳のとき、儒学を志し、二七歳のとき、母を案じて脱藩、故郷へ帰った。これより四一歳の死まで、小川村にあって民衆とともに生活する。

藤樹はその一生を通じて多くの逸話を残した。伊予国から近江国へ戻ったとき、わずかに銀三〇〇銭しかもたなかったが、二〇〇銭を下僕にあたえ、残る一〇〇銭で酒を買い、これを農家に売って母を養った。さらに刀を売って銀一〇枚をえ、これで米を買って農家に貸し、わずかな利息で生計を立てたと伝えられるから、清廉そのものの人柄だったと思われる。三〇歳で妻を娶ったが、容姿ははなはだかんばしくなかったものの、きわめて聡明、心を用いること正しい女性だったという。

自宅にある藤の木から藤樹先生と呼ばれた彼は、近郷近在の人に愛と敬とをもって人に接することを教え、みずから実践した。加賀の飛脚が公金三〇〇両を馬の鞍に忘れたのを、馬方又左衛門が深夜に宿までたずねて渡し、謝礼を受け取らなかった話や生来愚鈍な大野了佐を医者にしたいという父の願いに応じて「医筌」という医書まで書いたという話など、まさしく理想的な教育者であったことを示している。もっとも、藤樹自身は「吾、了佐においてほとんど根気を尽くせり」とぼやいているが。

当然、人びとは心から藤樹先生を敬愛した。戦前の小学校国定教科書『尋常小学修身書　五』と『初等科修身三』は、次のような話を載せている。ある年、一人の武士が小川村を訪れ、畑を耕している農夫に藤樹の墓はど

近江聖人とその墓を訪れる武士(『尋常小学校修身書　5』)

こかとたずねた。農夫はみずから案内に立ったが、途中、自分の家によって着物をかえ、羽織まで着た。武士は「自分を敬まってこんなに丁寧にしてくれるのか」と驚きながら、藤樹の墓を訪れた。すると農夫は垣の戸を開けて武士を案内すると、自分は戸の外にひざまずき、うやうやしくおがんだ。驚いた武士は「そなたは先生の家来でもあったのか」と聞くと、農夫は答えた。「そうではありませぬ。この村では一人として先生のご恩を受けない者はおりません。私の父母も、私たちが人間の道を知ったのは先生のお蔭だと常々私に申し聞かせておりました」と答えたという。このような教育者が各地にいたら、昨今彼方此方で話題となっている道徳上の問題などはなくなってしまうと思われるのだが……。

自然体で人を惹きつけた雲居禅師

雲居希膺は江戸初期の臨済僧である。土佐国に生まれた雲居は禅を志して上洛し、大徳寺の賢谷宗良について出家し、ついで妙心寺の一宙東黙に参じたが、ここで僧鉄牛と知りあった。ところが鉄牛は武勇で知られた塙団右衛門直之が主家を去って入道した姿であった。雲居は大坂の役に際し、団右衛門に従って入城することになったが、戦後許されて妙心寺へ戻る。

雲居はその後、若狭国小浜で寺を開き、摂津国勝尾山に隠棲して朝廷の帰依を受けるが、やがて東北の雄伊達政宗に招かれて陸奥国松島の瑞巌寺に入り、念仏禅を勧め、中興の祖とうたわれた。のちに一度妙心寺へ戻るが、ふたたび瑞巌寺へいって世を終えることになる。

雲居の人柄は死後の追号「大悲円満国師」が示しているように思われる。江戸前期の逸話集『明良洪範』からそのエピソードを拾い出してみよう。伊達政宗の招きで奥州へ向かったとき、雲居は美濃路で、盗賊七人に襲われた。「路銀を出せ」と迫られた雲居は、笑ってありったけの路銀を渡すが、盗賊は「衣服も脱げ」と迫る。「それでは旅もできぬ。いっそ、命をとったらどうだ」と言い放った雲居はどっかと道に坐り、坐禅に入った。感じ入った賊は、雲居を解放したあと、わが身の所行を反省して、跡を追い、雲居の袖にすがって罪を謝し、髪を切って七人ともに雲居の弟子となった。

さて、瑞巌寺で修行する雲居のもとへ瑞巌寺末流の伊豆国興禅寺の和尚がやって来た。「貧しいので寺院再建もままならぬので、退院したい」というのだ。笑った雲居は「僧は貧しいのがよいのだ。檀家の皆さんがともに再建につとめればよい」と諭しながら、瑞巌寺から姿を消した。聞いた伊達政宗は八方、人を出してたずねたが、雲居の姿は興禅寺にあった。雲居は百姓たちにまじって田畑で鍬をふるい、臨済の教えを説きながら耕作にいそしんだ。秋になって仙台からたずねてきた者は、畑で雲居をみかけて拝し、雲居の名声を知った近辺の僧俗たちは驚いて無礼を詫びた。この話を聞きつけた人たちが小田原、江戸、近国辺りからやって来る。たちまち金銀米穀が集まると、雲居はすべてを住職に譲りあたえ、瑞巌寺へ戻った。

雲居の奇瑞の話もある。政宗の子、伊達忠宗はまだ幼く、遊んでいるうちに馬のくつわの穴に指を入れて抜けなくなった。引いてもとれず、やすりで擦り切ろうとしても指が腫れあがって痛い。政宗も「その指を切りすてよ」といったほどだった。やむなく雲居を招き「禅師の徳をもって苦痛を解き給え」と願った。雲居は「鉄で石をくだくならたやすいでしょうが、鉄をきたえたこれは、力ではできませぬ」といいながら、忠宗の指に自分の手をそえて撫でた。とたんにくつわの輪が「りん」と響いて跳ね切れた。政宗はじめ一同はあまりの嬉しさに落涙したと伝えられている。

実在したか？　名工左甚五郎

左甚五郎といえば、日光東照宮の奥社参道入口の眠り猫の彫物であまりにも有名だが、東京上野東照宮の唐門左右にきざまれた昇り・降りの竜も彼の作と伝えられ、全国各地にも多数存在する。甚五郎の名は現代でも講談・落語などで耳にすることがある。彼の彫った昇り・降り竜が毎夜、池におりて水を呑むとか、旅先で宿料がわりに残したところの水仙が、水をえるといきいきとして花を咲かせたとか、現実にはありえない話が伝えられているのだ。

　では実際の甚五郎はどんな人物だったのか。残念ながらそれがはっきりとはわからない。一六七五(延宝三)年にまとめられた芸州藩儒医黒川道祐の見聞雑記である『遠碧軒記』にはこうある。「左甚五郎と云もの」は彫刻師栄徳の弟子で、細工がうまく、北野社の透し彫や、豊国社の竜の彫物などみごとな作品を残したが、「左の手にて細工を上手にしたるものなり」と。つまり、甚五郎の姓が「左」だったというのではないようだ。

　時代はくだって一六九〇(元禄三)年に刊行された『人倫訓蒙図彙』の「細工人部」には「木彫師」として「上古には飛騨匠名人なり、天正の比、左と号する名人あり」とあって、古代の「飛騨匠」と呼ばれた名工の流れを引き、近世初頭にあらわれ、「左」と号した名細工人だと説明している。

　これを受けて、一八〇四(文化元)年、戯作者の山東京伝は『近世奇跡考』のなかで、次のように記した。「仏教や山門などにある彫物で古雅なものは、由来がわからないものでも、勝手に『左甚五郎が作』と称して名声をえているが、甚五郎がいつごろのどこの人かということを知る人は少ないようだ。私はたまたま、その家譜を入手した。それには『伏見人、寛永十一甲戌年四月廿八日卒。四十一歳』とある」と記している。つまり、伏見に住み、一六三四(寛永十一)年四月に四一歳で亡くなったというのだ。どうやら江戸前期の上方に住んだ実在の人物らしい。

　しかし、一八三〇(文政十三)年、国学者喜多村信節がまとめた百科的随筆『嬉遊笑覧』は、これに疑問を呈している。「ひだのたくみ」は番匠の惣名だ。昔、飛騨国から木工が出たからだが、「左甚五郎」とは「飛騨の甚五郎」と呼ばれたのが、のちに「左」とあやまって称したのかも知れない。諸書には甚五郎の時代は天正のころ、明暦・天和のころなどとあり、山東京伝のいう「家譜」なるものはあてにならないと。

『日本史こぼれ話』で、以前紹介したことがあるのだが、平安初期には木工の名手を「飛騨工」と呼ぶ習わしがあったらしい。「左甚五郎」も、「飛騨の甚五郎」から起こった名だとすれば、実在の人物ではなくなってしまう。しかし、一六三九(寛永十六)年の讃岐高松藩生駒家の分限帳に「大工頭甚五郎」という名が存在していることもあり、甚五郎という実在の人物がいた可能性はある。どうやら、実態解明は無理ということになりそうだが、「飛騨の甚五郎」の転訛というのが、真相に近いと考えられている。

流転した有楽と如庵

愛知県犬山市、木曽川のほとりの有楽苑に静かなたたずまいをみせる茶室如庵がある。ここは千利休好みの待庵(妙喜庵の茶室)、小堀遠州好みの密庵席(大徳寺竜光院の書院)とならぶ国宝三茶席の一つで、近世初頭、織田有楽斎が建てたものだが、人も茶席もさまざまの流転を体験する運命をたどったといえる。

有楽斎如庵は織田信長の一三歳年下の弟で、通称源五、名は長益というが、戦国乱世を武将として生きながら、茶の湯に生きぬいた数奇者であった。信長の守役平手政秀の娘を妻とし、茶事を学んだ長益は、連歌・香道などにも親しみ、武将としてよりは大名たちとの文化的交流などに生き甲斐をみつけるようになったらしい。本能寺で信長が倒れたあと、秀吉に従っていたとき、それまでの「無楽」の号を「有楽」としたというが、千利休に茶を学びつつ、独自のものをみつけて楽しみとするようになったのではないかと思われる。

秀吉亡きあと、有楽は家康に近づく。大坂冬の陣では秀頼の守役をつとめながら家康の意にそうように行動したが、夏の陣を迎える前に退去し、京都二条に屋敷を構え、茶事にいそしむようになった。建仁寺の塔頭正伝院を再興し、そこに移り住んだが、その三年後の一六二一（元和七）年、有楽は七五歳の生涯を閉じた。波瀾に富んだ一生といえよう。

有楽苑内には旧正伝院の書院と茶室の如庵およびその露地などがある。如庵は入母屋造、柿葺の屋根をもつ茶室である。いかにも風情あるたたずまいだが、内部は二畳半の客座に台目（四分の三の大きさの畳）の点前座と床を配し、変わった意匠で客の心を惹く。壁の腰張りには暦の反故紙が張られて「暦張席」の異称があるが、床脇には三角の鱗板をいれ、壁面を斜めにするというユニークさで、点前畳の窓の外から竹簀子を詰めて打った「有楽窓」があるなど、開放的でもある。

しかし、この茶席は初め京都にあった。『都林泉名勝図会』には建仁寺の正伝院内にある如庵と露地の情景が描かれ、露地内のつくばい（手洗鉢）と井筒（井戸の地上部分）は今も有楽苑内にある。この如庵は有楽の死後、

Column

有楽町と数寄屋橋

丸の内や銀座に隣接する有楽町は東京の都心にあるが、ここに慶長年間（一五九六～一六一五）、織田有楽斎の屋敷があったところから、町名が起こった。ここにほど近い数寄屋橋は、数奇者（風流人・茶人）の有楽斎が住んでいたとか、辺り一帯が幕府の数寄屋坊主たちの屋敷地だったからといわれている。

人名が地名に残る有名な例としては、東京駅の八重洲がある。リーフデ号で来航したヤン＝ヨーステンの屋敷地耶楊子河岸である。同じく来航した水先案内人のウィリアム＝アダムズの屋敷地は日本橋室町の按針町となっている。

参考までに、江戸城外濠の西にある紀尾井町は、紀伊・尾張・井伊の三家の屋敷地だったところから明治時代に命名されたところである。

その血筋がたえても正伝院に寄進されて維持されていた。それが明治を迎えると流転が始まる。一八七三（明治六）年には経営難から祇園女紅場（女子の仕事場）に払い下げられて有楽館となり、さらに一九〇八（同四十一）年には三井家に売却されて東京麻布の本邸に移築された。さらに一九三六（昭和十一）年には旧国宝に指定されたが、翌々年には三井家の大磯別邸城山荘に移築され、ここで五一（同二十六）年に文化財保護法における新国宝の指定を受けた。しかし、一九七〇（昭和四十五）年にはふたたび名古屋鉄道に売却され、二年後、やっと現在地、犬山の有楽苑に移築されたのである。思えば京都―東京―大磯―犬山と、その所在地は転々と変わったのである。国宝如庵の内部は現在、ふつうの見学はできないが、毎年、特定期間に公開されている。

人命を重んじた徳川光圀

「水戸黄門漫遊記」は戦後のテレビ番組に早くから登場し、最長命の番組ともなったものだが、実際の水戸光圀は一度も漫遊していないし、名君とされて講談や演劇で漫遊記が広まったのは化政期（一八〇四～三〇）から明治期にかけてのことであった。当時の庶民の旅ブームの高まりが、これを生み出したのだろう。

光圀は学問を愛好した。少年時代は不行跡が多かったが、一八歳のとき『史記』の伯夷伝を読み、弟の叔斉が兄の伯夷をさしおいて家を継ぐことを断わり、たがいに譲りあった故事に衝撃を受けて学問に志し、三四歳のとき、兄の頼重をさしおいて二代水戸藩主となったものの、兄の子綱条を養子として家を継がせた話が伝わっている。

光圀は藩主として領民を撫育し、とくに文教政策に力を入れた。江戸の藩邸に史局を開き、学者を集め、家臣を派遣して史料蒐集にあたらせて『大日本史』編纂をはじめ、多大な出費を問わなかった。みずからもまた学問に励むとともに、宗教についても儒教・道教・仏教諸宗（禅・法華・浄土・真言など）を学んだうえ、多数の寺社整理を断行した。那須国造碑をはじめとして多くの文化財の修復・保存に力を入れたこともめだっている。

光圀在国のときの話である。領内の殺生禁断の場所で鉄砲を放ち、鶴を討ちとった者がいた。光圀はただちにこの男を捕えて入牢させたが、翌年、領内の寺院の代表者八人を召し出した。「そのほうらはまだ人を斬るところをみていないであろう。幸い、一人の罪人がいるから、それを斬ることにする」。そして鶴を殺した罪人を引き出すと、庭の木に縛りつけ、みずから刀をとって今にも斬ろうとした。八人の僧たちは無言のまま、恐る恐るみていた。とたんに刀を投げすてた光圀は八人の僧に向かっていった。「僧という者は命を大切にし、わが一命にかえて他の命を救うとか聞く。なのにそちたちは八人もいながら、誰一人として命乞いをする者はいなかった。このような破戒の僧は、必ず刑罰を加えられるべきだが、予は人命を断つことは好まぬゆえ、追放を申しつける」。八人は僧衣を奪われ、追放された。そして鶴の罪人は「法をおかす罪は重いが、人命を鳥類にかえるわけにはゆかぬ」として放免した。この話を聞いた人びとは「まことに仁君！」と感じ入ったという。

Column

後楽園

東京小石川の後楽園(こうらくえん)は水戸藩主徳川頼房(よりふさ)がつくったもので、光圀の代に完成した。名称は朱舜水(しゅしゅんすい)の意見により、宋(そう)の『丘陽楼記(がくようろうき)』にある「士はまさに天下の憂(うれ)いに先んじて憂い、天下の楽しみに後(おく)れて楽しむ」からとったものである。

日本三名園は金沢の兼六園(けんろくえん)、水戸の偕楽園(かいらくえん)と岡山の後楽園である。兼六園の名称は松平定信(まつだいらさだのぶ)が宋の『洛陽名園記(らくようめいえんき)』で、名園の資格とされた「広大・幽邃(ゆうすい)・人力・蒼古・水泉・眺望」の六条件を兼備したとの意である。偕楽園は徳川斉昭(なりあき)が「士庶と偕(とも)に楽しむ」の語にちなんでつけたもの。岡山の後楽園は池田綱政(いけだつなまさ)がつくった当時は「茶屋屋敷(ちゃややしき)」、ついで「後園(こうえん)」と称したが、明治になって「後楽園」と改称されたものである。

破門された久隅守景

下図をみよう。「ああ、あの絵か」と思いあたる人も多いだろうが、東京国立博物館所蔵の国宝『夕顔棚納涼図屏風』である。描いたのは久隅守景、素材としたのは、みずからの失敗で大名の身分をすて、隠棲して風雅の生活に徹した木下長嘯子の歌「夕顔の　咲ける軒端の　下涼み　男はててら（ふんどし）　女はふたの物（二幅の布でつくった湯文字＝腰巻）」である。夕顔の棚の下に莚をしき、親子三人で夕涼みしている情景を情緒豊かに描いた名作というべきだろう。

守景は通称半兵衛、江戸初期の画師、狩野探幽の弟子であった。創造性にあふれた才能を認められた守景は、探幽の姪を妻に迎え、探幽門下四天王の一人とされた。その作品は知恩院小方丈の襖絵や大津の聖衆来迎寺客殿の障壁画などにみられるが、寛文末年（一六七三）に破門されたらしい。その理由は息子の彦十郎が遊里通いに明け暮れた末、事件を起こして佐渡ヶ島へ流され、娘の絵師雪が同門の絵師と駆け落ちしたという不祥事の責任をとったものと考えられている。

『夕顔棚納涼図屏風』

守景はこののち、延宝年間（一六七三〜八一）に加賀の金沢へいった。どうやら加賀藩主前田利常が建てた現高岡市の瑞龍寺に描いた水墨の襖絵が縁となったようである。ともあれ、これよりしばらく金沢に滞在し、『夕顔棚納涼図屏風』や『四季耕作図屏風』などの大作を描いたのだが、このころの守景について、一七九〇（寛政二）年に伴蒿蹊が著わした『近世畸人伝』は、次のように書いている。

金沢に三年いた守景は、一向に前田氏から扶持をあたえられなかったので、「これでは故郷にいるのと同じだから帰国しよう」と考え、藩主の近侍の士に別れを告げた。これを聞いた藩主はいった。「予もよく知っておる。だが、守景は豪胆で、人の求めに応じようとはせぬ。あやつの絵はもちろん、世にもまれな優れたものだ。よってこれに禄をあたえれば絵を描くこともすまいと思ったので、このようによろしくさせておいたのだ。今はもう三年もたったので、彼の絵も国中に多く残っているだろうから、改めて扶持しようぞ」。こうして、守景は貧しくないように扶持を賜ったという。

蒿渓はさらに記す。「守景はたしかに奇人だ。前田侯はこれをよく知り、また、処置されたことも奇なことだ。白楽天の詩に『丁寧に扱い、充ち飽きるようにすれば放れ、反対に飢えさせるようにすれば馴れるものだ』といっているように、人事のあり方を教えてくれたものだと思う」と。守景はその後、京に住み、茶に親しんだという。

鳩巣、家康の五字・七字の心得を説く

朱子学者室鳩巣は将軍家宣の時代に、幕府の儒員に登用され、吉宗の享保時代まで、将軍の侍講をつとめた人物だが、幕初以来の「士道」を説き、武士の本分は「仁義」にあることを強く主張した。赤穂浪士の仇討については浪士たちの行動を義挙とたたえ、みずから『赤穂義人録』を著わしたほどである。

老境に入った鳩巣は官を辞すると、駿河台の草庵に籠り、一七三二(享保十七)年、七五歳のときに随筆集『駿台雑話』をまとめた。鳩巣はこの書で、草庵を訪れる諸生に「翁」が気の向くままに雑話をするという体裁で、彼の持論とする「士道」や「義理」を説いた。その一つを取り上げてみよう。

「翁」は若いときの話だがと断わって、京都の老儒者に聞いた話を紹介する。東照宮(徳川家康)はあるとき、近習の者たちにいった。「お前たちが日ごろ心得ておくべき言葉がある。五字でいえば『上をみな』、七字でいえば『身のほどを知れ』だ。これをけっして忘れてはな

らぬぞ」と。「翁」は言葉を続けた。当世の人はどうも上に目をつけて身のほどを知らないようだ。ためにみずから驕り高ぶり、華麗さを好むので、家をもちくずし、不義のことも起こってくる。昔の話だが、ある大名の家老某は万石以上の身でありながら登城の際には粗末な茜の木綿の羽織を着ていた。あるとき、路で雨にあい、玄関の扉にかけて乾かしていたところ、たまたま鷹狩の帰りにそれをみつけた主君は、「茜は日に乾かすと色が変わるから、早く取り入れよ」と注意したという。また、こんな話もある。親藩の大名家の物頭だった者が、黄金一〇両で着替えの鎧をつくらせたが、「今、家中でこれほどの金子を出して鎧をつくらせる者はいないだろうが、武具は特別に大切なものだから、立派にしたのだ。子孫たちには私の真意をよく知ってほしいと一筆書いてそえておくので忘れるなよ」といったという。これはけっしてぜいたくではないと「翁」は指摘したのである。

「翁」の話はさらに続く。これらは六〇～七〇年前の話だが、いつしか風俗は驕奢になってしまった。馬具・武具などの軍装ならやむをえないが、それも華麗さだけを考えてのことなら誉められない。大坂夏の陣のとき、将軍家が巡見されたことがあるが、本多佐渡守は渋帷子を着、冑をつけただけの姿でお伴した。加賀侯の家臣の山崎長門守という武功の者は髪を切って仏門に入ったが、大坂在陣のときのものだとして、紙子羽織に銃弾のあたった跡があるものを大切にしまっていたという。これらによって軍装でも華美でなかったことがわかるが、まして普段の衣服・飲食・家作などに華美を尽くし、金銀を無駄遣いすることなどは実に嘆かわしいことだと。

「翁」はいよいよ結論を述べる。このような風潮の根源は私欲に惹かれて上を望み、身のほどを忘れたからだ。東照宮はこういったことをうれえておっしゃったのだろう。しかし、この奢りは、誰しもあることで、その人は必ず国を失い、身を亡ぼすことになるのだ。戦国の今川氏真・武田勝頼の例でもわかるだろう。これを三河国から起こり、天下をとった東照宮がよく理解し、威光絶大となっても少しも奢ることなくなされているのだ。五字・七字の教えも深いが考えあってのことなのだ、と。

5 元禄の文化人たち

隠元禅師、来日の狙い

隠元豆、普茶料理、煎茶など、当時としては新しい文物を日本に伝えたのは明末の禅僧宇治黄檗山万福寺の開山、隠元隆琦である。隠元は明の万暦二十(一五九二)年、福建省の生まれで、二九歳で出家、四六歳で同地の黄檗山万福寺の住持となった。それが、一六五四(承応三)年、三〇人ばかりの弟子をつれて長崎に来航した。ときに隠元六三歳、一体どういう狙いで来日したのだろうか。

昔から諸説がある。早くから説かれていたのは、戦乱を避けて日本に帰化したとする説である。折しも明の王室は北方の満州から起こったヌルハチ率いる女真族の騎馬軍団勢力に押されていた。国号を「清」と定めた満州族は、一六四四年についに北京を首都とし、これに対して中国南部で鄭芝竜・成功父子をはじめとして明室復興を叫ぶ勢力が執拗に抵抗した。隠元もまた明の滅亡を悲しんだにちがいないが、だからといって内乱を避け、日本に帰化を求めたとする証拠はない。

今一つは隠元みずからが弘法のための渡航を発意したとする説である。隠元みずからも「法のために東来」したといい、元禄年間(一六八八～一七〇四)のドイツ人ケンペルの『日本誌』は「隠元は長崎唐三カ寺(興福寺・

万福寺大雄宝殿(京都府宇治市)

福清寺・崇福寺）の母国人への愛情と弘法のために東渡した」と記している。しかし六三歳になった隠元が、自発的に来日を考えたとは考えにくい。かつての唐僧鑑真の場合のように、日本からの働きかけがあったと考えるのが普通だろう。

通説とされているのは、長崎の唐三カ寺を代表して興福寺の住持逸然が、長崎の唐人たちの願いとして、隠元を四度も招請したことが動機だとする説である。隠元来日後の行動をみても納得されるが、この招請説はさらにふくらみ、長崎奉行が逸然の企てを幕府に上申したからとか、逸然は四代将軍家綱の禅寺建立の命を受け、隠元に白羽の矢を立てたのだとする説も生まれた。たしかに、隠元はのちに家綱に会い、寺地も賜ってはいるが、それは結果だったというべきだろう。

ここにおもしろい説が登場する。隠元は鄭成功の密使だったとするのである。明室復興のため、アモイを根拠としていた鄭成功は、一六四〇～五〇年代に四度にわたって幕府に援軍派遣を願い出た。幕府も一応は検討し、二万人出兵計画もあったのだが、結局は実現しなかった。

この流れのなかで、隠元の来日がある。一六五四年六月、隠元は鄭成功の仕立てた船に乗ってアモイを出帆したのであり、アモイの鄭成功記念館にはこのことを記した文献もあるという。

隠元は出発の際、引留めをはかる人びとに三年後の帰山を約した。しかし、事態は隠元の予測を超えて動き、明宮再興の願いも無になった。隠元は長崎から京都の禅寺、摂津国の普門寺などをへて、一六五八（万治元）年九月、江戸城で家綱に面会する。そして家綱は鄭氏援兵問題が消滅するなかで、隠元に山城国宇治に黄檗山万福寺を建てさせた。このころ、隠元も日本永住の決意を固めたようである。寺に入ったのは一六六一（寛文元）年、時に隠元七〇歳、その死は、八二歳となった七三（延宝元）年のことであった。

三度、『一切経』を出版した鉄眼

一六六一（寛文元）年、隠元が開いた黄檗禅の総本山万福寺はJRと京阪電鉄の黄檗駅にほど近いところにある。ここで驚かされるのは普通の寺とは違って中国風の趣きが強いことだ。総門をかざる鬼瓦と怪魚マカラの装飾、門を入ってまず迎えてくれる天王殿の存在、ここには弥勒菩薩の化身とされる布袋和尚の大きな像と仏殿に向かって立つ韋駄天の存在が目を惹く。大雄宝殿と記された仏殿の前には白砂を敷き詰めた広い月台があり、殿内の床は畳や板ではなくて石敷きである。

驚くのはまだ早い。総門から西へ向かうと、一段高いところに塔頭の宝蔵院がある。ここに四万八二七五枚という膨大な『鉄眼版一切経』の版木が蔵されている。『一切経』とはすべての仏教経典の総称で、『大蔵経』ともいうが、これを鉄眼道光が生涯をかけて作り上げたのだ。今もこの重文指定の版木を用いて刷った『般若心経』などを入手することができる。

鉄眼道光は、十七世紀前半に肥後国で八幡宮の社僧の子に生まれた。一三歳で浄土真宗の僧となったが、真面目一方の人柄で、肉食もせず、女性も近づけず、ひたすらの修行に徹した。施主たちは妻でももたせればと考え、美女の嫁をもたせたが、鉄眼はどうにもなじめず、旅に出た。このとき長崎興福寺で出会ったのが中国僧隠元隆琦で、これよりひたすら黄檗禅の修行に入ることになる。ときに鉄眼二六歳、隠元六四歳であった。

禅の道に入った鉄眼は、やがて仏法を広めるため、まず『一切経』を購入し、さらにそれを刊行したいと考えるようになった。一六六七(寛文七)年、三八歳のときである。企てを知った隠元は中国の『万暦版一切経』を鉄眼にあたえ、鉄眼は広く各地を歩いて資金の喜捨を集めにかかった。努力の末、二年後にはようやく一応の目途がついた。

しかし、一六六九(寛文九)年、北陸以西の地に飢饉が広がり、大坂では出水によって多数の人が路頭に迷った。悩んだ鉄眼は出資者の同意をえて、すべての資金を諸人救済にあてた。鉄眼はふたたび募金を再開する。しかし、このころ毎年のように飢饉や水害が起こり、世情は不安をきわめていた。数年かけて資金調達の目途がようやく立ったとき、またもや近畿一帯に大飢饉が起こり、餓死者が続出した。幕府は三都に多くの救い小屋を設けて救助につとめ、鉄眼はふたたび救済を決意した。ようやく集まっていた資金はまた消えた。

ふたたび募金が始まった。『近世畸人伝』は鉄眼を取り上げて「此師、学深く説法能弁にて俗間を化度すること多し」といい、三度目の募金成功を「徳の至りにや」と評している。刊行事業は本格的に始まり、一六八一（天和元）年、ついに全六九五六巻の『一切経』が完成した。発願の年から数えて実に一七年の歳月が流れていた。明治の福田行誡はこれを回顧していった。「鉄眼は一生に三度、一切経を出版した」と。業なった鉄眼は法嗣も立てず、法弟に寺を譲り、翌一六八二（天和二）年、五三歳で世を去った。

仙人に教わり大悟した白隠

白隠慧鶴は江戸中期の臨済宗妙心寺流の僧、日本臨済禅中興の祖とたたえられる人物である。駿河国の原（現静岡県沼津市）に生まれ、一五歳のとき、原の松蔭寺で叔父の単嶺祖伝について得度し、慧鶴と名づけられた。以後、東国各地の寺をめぐり、高田の英巌寺の性徹のもとにあったとき、悟るところがあったという。托鉢に出かけてある家の前に立つと、出てきた老婆が「よそへゆけ」という。慧鶴が立ち去らずにいると、怒った老婆が竹箒で打ち、その瞬間に悟ったというのだ。しかし、その自信はまもなくくずれる。信州でたずねた道鏡慧端の一喝でくずれ、心気一転して諸方に師を求め、山中で修行するなど努力した。

二四歳で松蔭寺へ戻った慧鶴は、いちだんと厳しい修行に明け暮れたが、二年後、急に身体の不調に気づく。『近世畸人伝』によると、身体は熱く燃え、耳はざわつき、足は氷のように冷たく、心には怖れが生じ、眼にはあらぬ物が浮かび、汗が生じ、涙がたえない。驚いた慧鶴は洛東白河の山中に出かけた。齢二〇〇歳にもなろうという白幽子なる仙人がいて、天文・医道に通じていると聞いたからである。しばらく山中の洞穴に端座する仙人を発見した慧鶴は、自分の病状を克明に伝え、助けを求めた。初めは断わっていた白幽子だったが、ついには手をとり、身体を検めた末にいった。「この病は針・灸・薬の三つでは癒らない。ただ心をむなしくして仏祖の清浄を念ずるしかない。私もかつては重い病にかかっていたが、無念無想の心境に達して治癒したのだ」と。

悟るところのあった慧鶴は授けられた内観修養の法をもって難病を克服したという。時に慧鶴二六歳であった。

俗念を脱却した慧鶴は生涯を黒衣ですごす。名利栄達は求めず、京都妙心寺へはゆかずに、三三歳で故郷の松蔭寺へ帰り住んだ。翌年には妙心寺第一座の位をえて白隠と号した。白隠は精力的に数多の経典と碧巌録・臨済録などの祖録とを講じ、多くの人びとに白隠禅を伝えた。無学の公案(二元的な有無を超えて絶対無の境地を悟る禅の問題)・隻手音声の公案(両手を打てば音声が出るが、片手でも出るか。片手で鳴らす音を心で聞くという悟りの境地の問題)などで、多くの学人たちを厳しく指導し、池大雅のような一般人からの思慕も厚かった。白隠は晩年に原の松蔭寺と三島の竜沢寺とのあいだを往還し、八四歳で生涯を閉じた。

余技が本業となった渋川春海

渋川春海は江戸中期の天文学者で、陰暦(太陰太陽暦)の時代に貞享暦をまとめ、暦は一六八五(貞享二)年から一七五五(宝暦五)年まで七〇年間使用された。これは日本人の手による最初の暦として画期的なものであった。

中国から日本に伝わった暦は、元嘉・儀鳳・大衍・五紀・宣明の五種類が用いられた。しかし一年を三六五・二四四六日とする宣明暦は(正しくは三六五・二四二二日である)、八〇〇年以上も用いられたので、一六八四(貞享元)年には二カ月以上の誤差が生じた。そこで春海は改暦を建言し、みずから編暦し、土御門泰福が改正した貞享暦が採用されたのである(貞享暦の一年は三六五・二四一七日となっている)。

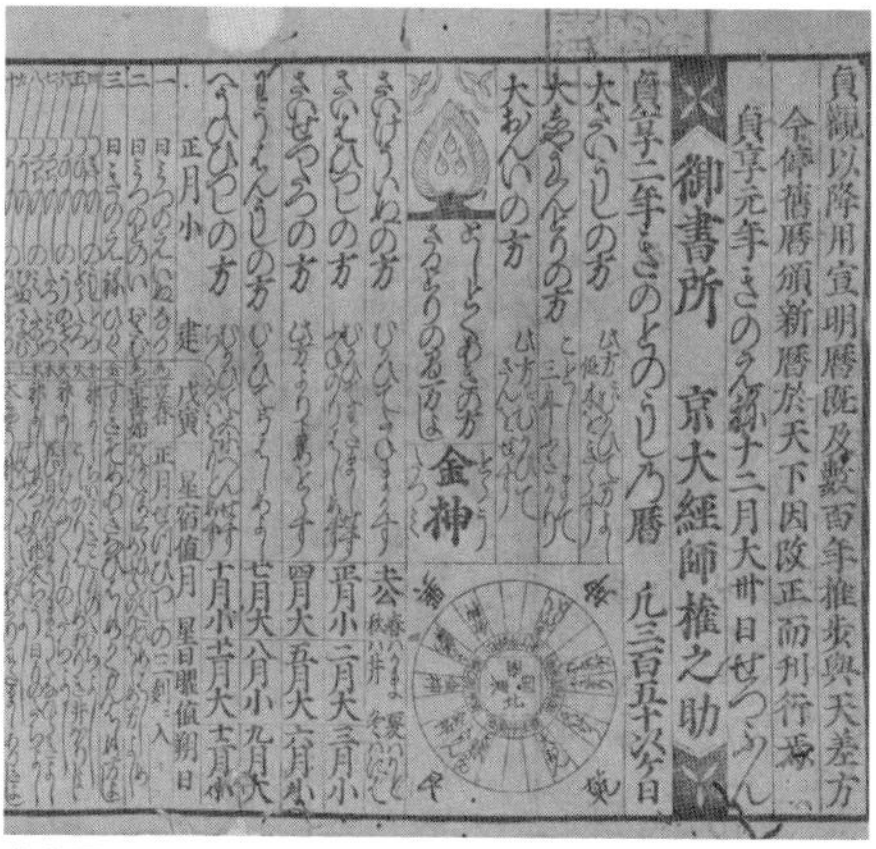

貞享暦

Column

本因坊

江戸時代に囲碁界を支配したのは、本因坊・井上・安井・林の四つの家元で、代々は世襲していた。このうち、本因坊は初代の算砂が京都寂光寺の塔頭本因坊に住んだところから起こった名で、四家のうち、由緒正しく、格式も最高とされた。

名人の称号は技倆抜群とされた者に許されたもので、織田信長が始めたという。徳川幕府は総仕切役として碁所をおき、四家から選出したので、最高の碁格は名人・碁所ということになる。

近代になって、囲碁・将棋ともに世襲制がなくなって実力選手権制となる。囲碁界では現在、日本棋院と関西棋院の二つの組織があり、両者共催の「棋聖・名人・本因坊・十段・天元・王座・碁聖」の七大公式戦がある。プロ棋士なので、賞金の多い順から以上の称号が位置づけされるが、棋聖・名人・本因坊の三つは七番勝負、ほかは五番勝負である。このうち本因坊はとくに伝統あるものとして関山利一は利仙、加藤正夫は剣正、石田芳夫は秀芳というように特別の称号をつけることが許されている。

春海は幕府の碁所安井算哲の長子、六蔵として生まれ、幼少のころから碁を学んだ。当然、安井家の跡を継ぐが、生来の「一を聞いて十を知る」という聡明さで碁技を高め、妙手は父を超えるといわれたほどであった。

しかし、その才は多方面におよび、とくに天文学に興味を示した。七、八歳ころには人から東西南北の方角、昼夜の別、日月の出入りの方向などを問われると、即座に天空を指差しながら的確に解説したと伝えられる。一二、一三歳のころには毎夜のように竹筒で北極星を観察し、「北極星は不動だというが、この三年間に観察したところ、少しずつ動いていることに気づいた」といって師を驚かせたという。

一四歳で父が死ぬと、六蔵は家を継いで算哲と称し、京にあったが、秋・冬には江戸にくだった。土御門泰福に暦学を学んだ算哲は、二一歳のとき、中国・四国を歩いて緯度を測定したりしたが、この年から保井算哲として御城碁もつとめた。碁技も上達して七段となり、「上手」の称号をえたが、六歳年下の名人碁所四代本因坊道策にはかなわなかった。あるとき、算哲は道策との御城碁で天元の局を打った。盤の中央の星を天元というが、算哲は天文の理を応用してこれを宇宙の根元とみなし、初手に天元の一着を打って勝利を確信したという。しかし、現実には算哲の九目負けに終り、それより碁を打つのをやめたと伝えられている。

一六八四(貞享元)年、四六歳の算哲は貞享暦を作成し、改暦の功によって碁所を免じ、最初の天文方に任じられた。宅地は江戸本所、のちに駿河台に拝領し、観測に従事する日をすごすことになる。一七〇二(元禄十五)年には姓を祖先の渋川と称することになった。

大仏殿の巨大な梁

十世紀の後半、貴族の子弟のための教科書『口遊』は雄大な建築物として「雲太・和二・京三」をあげている。出雲太郎(出雲大社)・大和二郎(東大寺大仏殿)・京都三郎(大極殿)をさすのだが、記録によると、天平時代に創建された大仏殿は正面一一間、八六メートル、奥行七間、五〇メートル、高さ四六メートルもあったという。この仏堂のなかに高さ一六・二メートル(五丈三尺五寸)の盧舎那大仏が安置されていたのである。

それより四三〇年、一一八〇(治承四)年に不幸が襲った。源平争乱における平重衡の南都焼打ちにより、大仏殿は灰燼に帰したのだ。この再建にあたったのが俊乗房重源、彼は諸国勧進につとめ、まず首と手の落ちた大仏を修補し、五年後に完了すると、続いて大仏殿の再建に着手、一一九五(建久六)年に竣工した。再建にあたって天平大仏殿の規模にならったが、その様式は中国伝来の新しい大仏様を用い、内部の柱や梁の数などにもかなりの違いがあった。この事業のため、重源の苦心は並大抵ではなかった。大仏修補には宋人陳和卿を起用し、檜を中心とする材木の調達には、重源みずから近江から畿内、そして播磨から周防の西国まで足を伸ばしたのである。

さらに三七〇年、一五六七(永禄十)年、第二の不幸が東大寺を襲った。戦国大名松永久秀が東大寺付近で三好三人衆を破ったとき、大仏殿がまたもや焼亡した。火災後に建てた仮屋も大風で潰れ、大仏は露坐のままで一世紀以上風雨にさらされることになる。

丹後国宮津出身の公慶が大仏殿再建事業に着手したのは一六八四(貞享元)年のことだった。公慶は六〇余州をめぐって勧進につとめ、一六九一(元禄四)年、まず大仏を修復し、ついで大仏殿再建工事を始め、仏殿は一七〇九(宝永六)年に完成するが、公慶はその四年前に世を去っていた。

現在、私たちがみる大仏殿はこのときのものである。しかし経済的理由から天平・鎌倉の規模の再現は無理だった。正面一一間、側面七間の長方形の堂はやめ、正面七間、五七メートル、側面七間、五〇メートルの方形で、高さ四九メートルという形になったのである。

とりわけ公慶が悩んだのは、用材の確保だった。もっとも望ましい檜は枯渇しており、大部分は材木商に調達させた松や杉を用いたが、太さが必要な柱には十数本の材をあわせて金輪で締めて一本とした。それでも棟木には二〇メートルの長材が必要で、とくに大仏の上に架け渡す大梁には長さ一三間、二三メートルの長材が必要とされた。公慶は材を求めて九州まで足を伸ばし、ようやく日向国(宮崎県)霧島の白鳥神社で、これにふさわしい松を発見した。伐採した二本の大木は牛四〇〇〇頭、人足数万人を動員し、一一五日をかけて鹿児島の海岸へ運び出し、ついで千石船をいったん海中へ沈めた上に二本の材を載せ、引き潮を待って水を汲み出すという作業をしたという。それより三カ月、船は瀬戸内海・淀川・木津川をへて木津へ陸上げし、さらに二万人を動員して一三日かけて奈良へ運んだという。伐採から到着まで、実に一年の歳月がかかっていた。

一七〇九（宝永六）年二月、江戸期の大仏殿が落慶（らっけい）した。それまでに要した用材二万七〇〇〇本、瓦一三万四〇〇〇枚、釘・金物類二八万七〇〇〇本、人足一九万四〇〇〇人、大工二一万二〇〇〇人などを用い、経費は一五万両を要したという。

近代に入って大仏殿は二度の大修理を行った。まずは一九〇三（明治三十六）年から一三（大正二）年まで行われた明治の大修理、このときは鉄骨などを使って建物を補佐し、屋根を軽くするために瓦を軽くし、枚数も二万枚以上減らしたが、二四万六〇〇〇人を投入し、七三万円近くをかけている。

続いては一九七三（昭和四十八）年から八〇（同五十五）年まで行われた昭和の大修理。今回は明治修理の手なおしで屋根瓦を葺きかえて軽くし、下の材を取りかえることを主眼とした。機械を用いて省力化をはかったので、職工の数は一〇万人程度ですんだが、経費は三七億五〇〇〇万円近くかかっている。

Column

目から鼻へ抜けた男

優れて賢い、また抜け目がなく敏捷なありさまを「目から鼻へ抜ける」という。目と鼻はきわめて近いから物のたとえとしてもっとも速いようすをいうのだとされるが、これに関して次のような話がある。

奈良の大仏完成の間近なとき、大仏の片目が体内に落ちた。そこで、職人が一メートルもある大仏の目から体内に入り、拾った目を体内から打ちつけた。「それじゃ自分が出られないぞ」と人びとが心配していると、職人は大仏の鼻の下から抜け出してきた。「さすが、利口な！」利口な男は目から鼻へ抜けた男として評判になったという。

江戸の五百羅漢

東京目黒の浄土宗羅漢寺にいった人は、あっと驚くにちがいない。本堂と羅漢堂にはなんと三〇五体の等身大の木造の羅漢像が居並び、その迫力に圧倒されてしまうのだ。これは十七世紀の末、難波で出家して諸国遍歴の旅にでた松雲元慶という仏師が、九州耶馬渓羅漢寺の五百羅漢の石像に心を打たれて造像を発願し、江戸にくだると浅草で造像を始め、多くの人の助けをえて、一〇年余をかけて完成したものである。元慶は一六九五(元禄八)年、本所に羅漢寺を建て、鉄眼を開山として五百羅漢を東西二堂に安置した。羅漢とはわかりやすくいえば「修行を積んで迷いの世界を服する境地をえた高僧」のことである。

「本所の羅漢寺?」と不審に思われる方もあろうか。この寺は安政の大地震などで衰退し、目黒に移ったのは一九一〇(明治四十三)年のことだった。昭和期になると、五百羅漢も散逸するなどしたのだが、歴代住職の努力に支えられ、戦後になってみごとに再建されたのである。

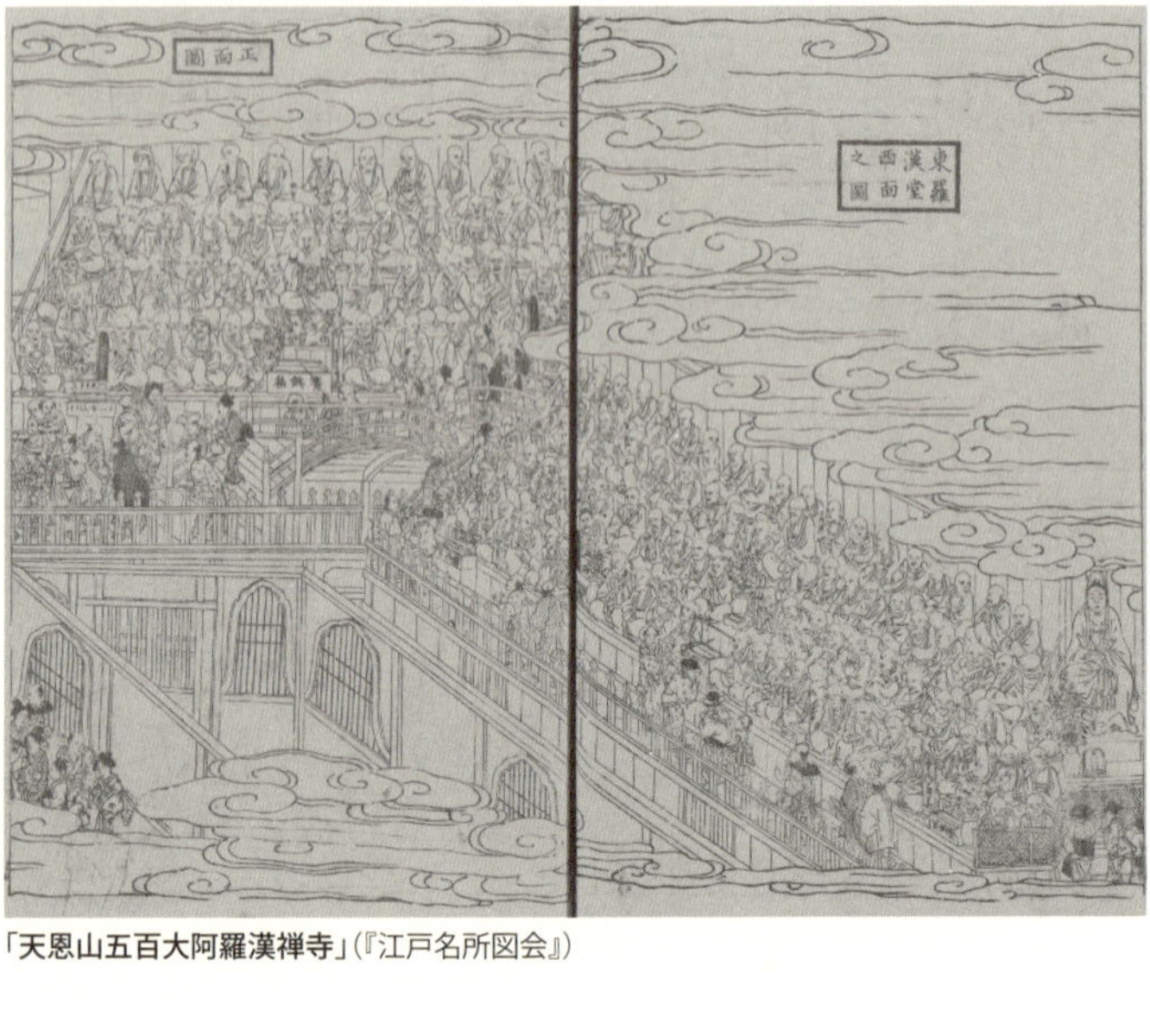

「天恩山五百大阿羅漢禅寺」(『江戸名所図会』)

江戸時代の羅漢寺の人気は抜群だった。『江戸名所図会』には「天恩山五百大阿羅漢禅寺」が挿絵入りで長々と紹介されており、江戸最大の黄檗派禅林で将軍家の帰依も厚かったという。中央の仏殿には釈迦(約四・八メートル）・文殊と普賢（各二・四メートル）の二尊仏に阿難・迦葉の二弟子（各二・七メートル）を配し、東西の羅漢堂にはさまざまの姿勢の五百羅漢像（等身大）がおかれ、参詣の善男善女がそのあいだを巡り歩く風景が常にみられていたようである。

さらに人気を高めたのは珍しい三匝堂であった。仏にお詣りするには右廻りで三度（右繞三匝）というのが最高の礼儀だが、羅漢寺の三匝堂は総門のうち、左のほう、天王殿にならべてつくられた。外観は二層三階、本尊は百衣観音、魚籃観音および阿弥陀・勢至・地蔵などで、各階の中央におかれ、一階には秩父三四、二階には坂東三三、三階には西国三三カ所の観音霊場を移し、一階から右廻りで回廊をゆくと、おのずと三階までのぼれる仕組みになっていた。三匝堂の建立は一七四一（寛保元）年、これが大評判となり、俗称さざえ堂は江戸名所の一つとなった。当時の浮世絵にもそのにぎわいぶりが描かれている。残念ながら目黒の羅漢寺には三匝堂はないが、会津若松市の「さざえ堂」（円通三匝堂）でどんなものかを知ることはできよう。

通し矢、天下一の激闘

毎年、正月中旬の日曜日、京都市東山区の三十三間堂ははなやかな色彩と歓声につつまれる。全国各地から集まってくる弓道者、さらに新成人の女性弓道者の通し矢競技が堂の裏手で催されるのである。

三十三間堂は一一六四（長寛二）年、後白河上皇により、法住寺の一院として西側に創建された蓮華王院本堂である。それは鳥羽上皇が平忠盛に命じてつくらせた千体観音堂である得長寿院を受け、後白河上皇が平清盛に命じてつくらせた新千体堂であった。現在の本堂は一二六六（文永三）年の再建で、三十三間堂という通称は内陣の柱間数三三によるものだが、この数字はもちろん三十三観音、三十三身というところから生じたものである。この堂の前には長い縁があり、堂内には丈六の中尊に、一〇〇〇体の等身大の観音像が安置されている。堂が三三間という多くの柱間をもつからこそ、側縁が一二〇メートルという長さになったのである。

通し矢が行われたのは堂の西側の側縁一二〇メートル

のところで、射手は上半身裸体で縁の南端に跪坐し、北端の的に向けて矢を射放した。これを堂射と呼んでいる。伝えによると、この堂射の始まりは十二世紀半ば、保元の乱の崇徳上皇方であった蕪坂源太であったという。

一時すたれていた通し矢が復活したのは戦国時代で、江戸時代になると矢数競技として行われるようになった。最初の記録は一六〇六(慶長十一)年、尾張清洲の藩士浅岡平兵衛で、五一本を命中させている。やがて競技は暮六つから翌日の暮六つまで一昼夜の大矢数、その半分の日矢数、百射、千射などに分かれ、記録更新が競われるようになった。江戸にも三十三間堂がつくられると、ここでも競われ、参加者の数は一六〇六年から一八六一(文久元)年までの二五五年間に京都で八二三人、江戸で五四四人が数えられている。

京都の優勝者は天下一、江戸のそれは江戸一と称された。前記の年間に天下一は四一人を数えたが、とくに御三家の尾張藩と紀伊藩とは激しく競いあい、ともに一二回ずつ天下一を出している。続くは一〇回の加賀藩だが、参加した藩の総数はおおよそ九〇にものぼっている。

大矢数にまず飛び出したのは尾張藩の星野勘左衛門茂則であった。日置流竹林派の弓術を学んだ茂則は、六度目の挑戦の一六六二(寛文二)年に通し矢六六六六本の新記録で天下一となり、六九(同九)年にはついに大矢数八〇〇〇本(総矢数一万五四二本)の大記録を達成した。しかもこのとき、まだ六時間余も残していたという余裕があった。時に二九歳である。

遅れをとった紀伊藩は必死に追いかけた。登場するのは和佐大八郎範遠、一四歳当時、すでに二メートルの長身だった範遠は体力は十分で、師の吉見台右衛門から日置流竹林派の射技を学び、通し矢に打ち込んだ。そして星野のあと一七年、一六八六(貞享三)年に範遠は二四歳の若さで大矢数八一三三本の新記録を樹立した。このとき範遠は途中で調子が悪くなったが、星野が範遠の掌に小刀を刺し、悪い血を出させて救ったという話がある。範遠の総矢数は一万三〇五三本なので、まる一昼夜、一分間に九本というハイペースで射続け、命中率六二%という驚異的数字を示したことになる。天下一のこの記録は以後、破られることはなかった。

6……たくましい町人たち

商人のしゃれた生きざま

近世前期、上り坂にあった商人たちの生き方はさまざまだった。十八世紀末の随筆『翁草』に載せられた三人の場合を取り上げてみよう。

十八世紀前半、江戸で最初に越後屋を開いた三井俊次は、商売に成功すると、晩年には奢侈になり数寄・風流を好み、浄貞と号した。ある年の春、浄貞は日ごろ親交のあった茶人吉見喜斎を鷹ケ峰の山荘に招いた。喜斎は妻にあとを託して出かけるが、興の向くまま、島原遊郭まで駕籠を飛ばすことになった。たちまち数日がすぎ、大晦日になって、ようやくわが家に戻った。年末のあわただしいなかで、さぞや妻はたいへんだったろうと恐る恐る帰ってみると、意外にも妻はのんびりとして知合いの女と話している。「どうしたか」とたずねると、喜斎が出かけるとまもなく、浄貞のほうから手代と下男がやってきて、暮れの支払いなど面倒な雑務一切をすべて片づけてくれたので、今年ほど楽だった年はなかったとの答え。喜斎は「さすが名におう浄貞だ」と感心したという。

これとは逆に吝嗇で知られる百足屋又真の場合はどうだろう。とにかく「分相応」を信条とする又真は手代が夏のころ、縮の帷子を着ているのをとがめ、値段ではなく奢りの気持ちが問題だとして、暇を出すといい、ようやく詫びを入れて、一〇日間米を踏む仕事を命じたという人物で、朝早くから店を開けたので朝帰りする近所の若者たちからきらわれたという話もある。

あるとき又真は養生のため、医師をともなって有馬温泉へいった。滞在中にも又真のけちぶりがしばしばみられ、医師は落ち込んで帰洛したが、そこへ又真から銀五枚と縮緬一疋とが礼として届けられた。驚いた医師は又真宅を訪れて謝礼を断わり、「自分こそ入湯させてもらって礼を申し上げる」というと、又真は「この一月の湯治であなたが療治の仕事ができなかったことへのお詫びだと説明したという。この又真は隠居すると、これまで足を踏み入れなかった遊里にいくようになったが、必ず不断着をもっていくと、遊里の店の入口で着がえた。人がこれを笑うと、又真はいった。「遊里は酒肴や油の類いが衣類にかかる不浄のところだ。そこへ美服でいくというのはおかしいではないか」。けちとは思われても、又真にはそれなりの理由があったのである。

今一人柊屋甚右衛門という大酒呑みがいた。あるとき、彼は名もあいまいな僧侶と一つの席で一斗ずつの酒を呑んだ。この話が院の御所に伝わり、二人が招かれたが、甚右衛門は「これは恥ずかしいことだ」として、疲れを理由に断わり、僧だけが院に参って一斗の酒を呑んだという。

またあるとき、甚右衛門は矢橋の辺りで船に乗った。すると、一人の若い男が荷桶に一斗余の酒を入れ、「どなたか、この酒を呑んでくだされればご馳走いたしましょう」と呼びかけた。甚右衛門は「では私が呑もうか」というと「ただし、一滴でも残ればお代はいただきますよ」という。さらばと甚右衛門は一気に一斗の酒を呑みほした。「まさか」と思っていた男は、親方にどう謝ればいいかと悩んだ。甚右衛門はいった。「さもあらん、私はたとえ呑みほしても代金はつかわすつもりであったぞ」。人さまざまながら、商人たちは自分のすることに筋をとおしたのである。

越後屋の誕生

江戸三大呉服商の第一とされた越後屋の開祖は、三井八郎兵衛高利である。高利は高俊の八人の子女の末子で、通称を八郎兵衛といった。一二歳で父を失った高利は、一四歳の一六三五(寛永十二)年、江戸に小間物店(釘抜三井)を開いていた長兄の三郎左衛門俊次のもとで商売の見習いを始めた。

高利は生来、商才に長けていた。伝えによると、俊次は高利に一貫文の銭を渡し、「如何様にもせよ」といったところ、出ていった高利はその夜二貫文の銭をならべ、繁昌する日本橋で、一貫文で購入した足袋や引はだ(ヒキガエルのようなしわのある革でつくった刀の鞘袋)を往来の人に売り払ってもうけたと報告した。末恐ろしいと感じた俊次はその後の働きぶりをみて危機感を強めた。とにかく釘抜三井の身代を一〇年間で十数倍にまでふやしたのだから、無理もない。一六四九(慶安二)年、俊次は銀五〇匁をあたえて、高利に伊勢松坂へ戻って母の世話をすること、商売するのはいいが、三カ津(京・大坂・江戸)に店を構えてはならぬことを申し渡した。二八歳だった高利は、すでに江戸の本町に屋敷を購入して

駿河町の越後屋呉服店

いたが、じっと我慢したという。

松坂へ戻った高利は金融業を営む一方、長子の高平、次子の高富をあいついで江戸へ送り、商売の見習いをさせた。彼の目標は、いつかは「江戸店持、京商人」になることであった。雌伏二四年、ついに転機がきた。一六七三(延宝元)年、俊次が世を去ったのだ。高利は故人との約束は果たしたとして江戸への進出を決意し、本町に「越後屋八郎右衛門」ののれんを掲げ、長男高平を初代八郎右衛門として呉服業を営ませた。また、京の室町に「越後屋」の呉服仕入店を開いて次男高富に任せ、自分は松坂で金融業を続けながら江戸・京の二店に指図をくだし、呉服店の組織的発展をはかった。高利、時に五二歳、高平二一歳、高富二〇歳であった。

一〇年後、本町の越後屋は駿河町に移転し、両替商も併置した。高利はこのとき、すでに一〇男五女という多くの子女をもっており、これをフルにいかして三都の各地での店の経営にあたらせた。越後屋の商法は目新しく、効果をあげた。店先売を始めて、不特定多数の客に「現銀掛値なし」の商法で薄利多売を行い、諸国の商人たち

に卸売をする諸国商人売を展開して利益を倍増させた。

一方、店内では、一人一色の分業制を取り入れて責任を明らかにするとともに細かい店規を定め、商売の方式・お客の接待から普段の生活心得まで詳しく定めた。

とくに注目されるのは、三井家の事業を高利を中心とする共同経営とし、各店舗の経営を子どもたちに分担させるとともに、利益を一定の規準に従って配分したことである。事業と資本を共有することによって、兄弟たちは共同して運営にあたり、三井家の利益増大と維持発展とが約束されることになった。一六九四(元禄七)年五月、高利はこれらを定めた遺書を残し、七三歳の生涯を閉じた。井原西鶴が『日本永代蔵』で記したように、三井八郎兵衛高利はまさに「大商人の手本」だったといえよう。

Column

越後屋と三越

三井家の先祖は藤原氏というが、戦国時代は武将で、三井越後守と称した。松坂に移住したのは慶長年間(一五九六～一六一五)のころで、商人となり、酒屋を営んだ。世間はこれを「越後殿の酒屋」と呼んだところから越後屋の屋号が生まれたといわれている。

やがて越後屋が江戸と京都で呉服店を開業した。明治初年に越後屋は銀行設立をめざし、政府は呉服店の分離を奨めたので、一八七二(明治五)年に呉服業は分離して三越呉服店となった。三井の三と越後屋の越とをあわせた呼び名である。

一九〇四(明治三十七)年、三越呉服店は株式会社となって三井家と離れて独立した。店名から「呉服」の文字が消え、株式会社三越となったのは一九二八(昭和三)年のことである。

江戸の三大呉服商

一八一六(文化十三)年、武陽隠士が著わした『世事見聞録』は、商人は身分卑しく、武家・百姓らにおもねり、売買の利潤を掠めとって世を渡る者だと決めつけ、そのころの江戸の商人は多く近江・伊勢・三河国から出ていること、とくに近江・伊勢の出身者はすべて財をなし、近江屋・伊勢屋などと号して本人は本国にいながら毎年江戸から大金を取り込んでいると指摘している。武陽隠士はさらに諺に「近江泥棒に伊勢乞食」というように商人はほどよい盗賊だとまで極言している。

『世事見聞録』は続けて江戸で有名な商人を列挙する。まず取り上げるのは駿河町の越後屋呉服店を本店とし、通油町にも支店をもつ三井八郎右衛門でこれが日本一の商人だとする。三井家の祖は寛永年間(一六二四～四四)のころ、伊勢松坂から江戸へ出、富をたくわえて豪商となった。文化年間(一八〇四～一八)のころには大店が三カ所あり、一〇〇〇余人の手代を使い、日に二〇〇〇両の商いがあると祝いをし、地主としても五万石の大名並みの、年に二万両という収入があった。出店は京・大坂・堺・伊賀・伊勢にもあり、いずれもその地の一番と称されたそうである。

三井についで取り上げるのは大丸屋庄右衛門である。先祖は伏見京町の下村彦右衛門で、一九歳で古着商大文字屋を継ぎ、京都で行商、やがて伏見・京都・大坂・名古屋に呉服などの店舗を構えた。『世事見聞録』はその創業についての話を記す。彦右衛門はある日、両替商の門口で丁稚が四〇両をもって出かけたのを追い、これを奪いとった。「商売はなにがよいか」と占師にたずね、みずからも宮参りして参籠・断食して祈ると夢告があり、丸のなかに大の字をつけた手拭いを暁方に拾った。これから、まず妻の在所名古屋で手拭いと木綿類の店を出し、やがて江戸・京都・大坂・伏見に出店して成功したというのである。文化年間(一八〇四～一八)のころ、大丸屋は五〇〇余人の手代を使い、一日一〇〇〇両の商いがあると祝い、一カ年の入用は一〇万石の大名並みだったそうである。

三番目に登場するのが白木屋である。この開祖は近江

Column

近江泥棒・伊勢乞食

　商売に抜け目のない近江商人と節倹を重ねて富をたくわえる伊勢商人のやり方は、江戸っ子にとってはねたましく、うとましい存在であった。将軍さまのお膝元に生まれ、下町で水道の水を産湯に使って育ったというプライドはもつものの、金もうけは苦手で金放れはいいという彼らは、他国者や武家に対して基本的に対抗意識をもっていた。それが上方の商人に対し、「近江泥棒に伊勢乞食」という軽蔑の語をぶつけることになったのだろう。

　これに対し、上方の商人は反論する。正しくは「近江殿御に伊勢子正直」なのだと。とにかく、庶民はいずれも自分たちの出身地に強い誇りをもっていたことがわかっておもしろい。


国長浜生まれの大村彦太郎で、幼くして父母を失い、母方の材木商河崎家で育ったが、その援助をえて京都で材木商を営み、漸て江戸に出て通町に小間物店を設け、呉服を扱いはじめ、本町通に大呉服店を開くにいたった。『世事見聞録』は詳しくは触れず、初めにある町人の軒下で煙草のキセルを売り、京針も商ったと記すだけで好意的ではない。

　ここにおもしろい数字がある。江戸の隠密廻りの報告によるものだが、越後屋（本店と向店）・大丸屋・白木屋の売上げは天保の改革直前の一八四〇（天保十一）年六月に越後屋本店一万一六六六両、越後屋向店三五〇〇両、大丸屋七六六六両、白木屋五〇〇〇両であった。それが改革開始直後の一八四一（天保十二）年六月には、それぞれ四六六六両、一一七〇両、二八〇〇両、三六七〇両の売上減をみせたというのである。改革の厳しさがよくわかるが、当時の三大呉服商が越後屋・大丸屋・白木屋であったことがわかる。

明治を迎えると、この三大呉服店はいずれも近代的なデパートへの道を歩んでゆく。日本橋にあった白木屋は一九五六(昭和三十一)年に東急に合併され、九九(平成十一)年にはそれも閉店して消え失せたが、三越と大丸は平成(一九八九〜)の現在も健在である。

乞食八兵衛の死

一七二三(享保八)年十二月のこと、江戸室町の越後屋吉兵衛の手代市十郎が集金からの帰途、三〇両を入れた袋がないのに気づいた。どこかに落としたのだろうと思い、辺りをたずね歩いていると、一人の乞食が近寄ってきた。事情を聞いた乞食は「それなら私が拾ったこれでしょう」といって袋を渡した。

喜んだ手代は「せめてものお礼に」と五両渡すが、乞食は受け取らない。「礼金をもらうつもりなら三〇両はお返ししないでしょう。落とした人の気持ちを考え、なんとかしてあげたいという気持ちですから」という。市十郎は「それでも」と思い、とりあえず二分の金を渡し、「せめてこれだけでもどうぞ。寒いですからお酒でも」といった。名を聞くと「八兵衛。浅草の非人頭善七の手下です」と答えた。

帰宅した市十郎から事情を聞いた吉兵衛は涙を流して感激した。「なんとかして、この五両を差し上げたい。明朝早く、善七のもとへいって渡しておいで」といった。

翌朝、市十郎は手代頭と同道して善七宅を訪れるが、とたんに驚かされた。「昨夜、八兵衛は金子をもらったといって仲間を集めて酒盛りをしたが、食べつけないものを食べたせいか、今朝、急死した」というのだ。驚いた市十郎は吉兵衛に報告したうえ、五両の金で、八兵衛の亡骸を無縁寺にほうむることにした。

この話を聞いた室鳩巣は、駿河台の邸に集まった人たちに語り聞かせ、感想を述べた。「八兵衛はおそらく由緒ある人物だったのだろう。貧窮して乞食となり、善七の手下になったのだろうが、礼金をえて仲間と酒盛りしたあとで、これをかぎりと考えてみずから喉などを締めたのだろう。この八兵衛なら武士であっても権威を振りかざしたりはすまい。世には歴々の士太夫と呼ばれても、心根は乞食の者もあり、八兵衛は姿は乞食でも心は士太夫なのだ」と。

八兵衛の話は別書では非人の八助が越後屋の手代とかかわったということになっている。そして八助は美食したあとで、「私はどうせ一生この身分で果てるのだから、今日の美食をこの世のかぎりと思う」といって自殺したのだという。その辞世はこうだった。「事足らぬ　憂き世に我は　生まれきて　今日事足りて　夢で見果てぬ」。この話をどう受けとめるかだが、どうやら鳩巣の見解は八兵衛を少し過大評価しているようで、現実の八助は厳しい身分制度のなかで、非人という階層に生まれ、苦しんできたようである。

薬師を観音に鋳直した話

三井親和は俗称弥兵衛、号を竜湖という十八世紀後期の能書家である。細井広沢に学んだその書は人気を高め、寺社の扁額から商家の看板にいたるまで幅広い揮毫を行っている。彼はまた、弓術・馬術にも優れ、江戸深川の三十三間堂で行われた通し矢でも優れた腕前を発揮していた。

江戸の三十三間堂は射術練磨のために天海の発起で一六四二(寛永十九)年に京都のそれに模して浅草につくられたというが、九八(元禄十一)年の火災で焼失したので、深川の地に移された。それが安永年間(一七七二〜八一)のころ、堂を盛んにするために扁額を掲げることになり、親和に白羽の矢が立った。親和は額の文字を三十三間堂と書くことに頭をかしげ、外の文字もあるはずだとして「円通」と記した。「円通」とは仏・菩薩の円満融通の悟りという意味で、とくに観世音菩薩のそれを意味する語であるが、親和は浅草の三十三間堂に能筆で知られた大名、土屋数直が記した額の「円通」の字にならって書いたのである。

書に優れた親和の筆だということで、通し矢などで集まった人びとはこの書をみてほめたたえた。ところが、ある日やって来た二人の僧がこれをみるとおおいに笑い、「さても文盲の書きざまよ」と嘲った。「なぜ」と不審に思う親和にある老人が教えた。「これはもと浅草の堂にあったときは、三十三間堂に観音菩薩を安置していたから、ぴったりしたのだが、この深川の堂には薬師如来像を安置しているから、「円通」の語はぴったりしない。瑠璃光浄土にいらっしゃる薬師如来さまには「瑠璃殿」などの語がよいだろうから、書きなおされては」と。

親和は答えた。「いかにもごもっとも。私はただ土屋様にならって書いただけですが、なんと観音像が薬師像に変わっておられるとは気づきませなんだ。しかし、私は一度書いたものを書きかえたことはありませぬ。ゆえに、仏像のほうを鋳造させましょう」。親和はそれから侍僧と話しあい、薬師像に手を加えることにした。鋳師は薬師像に多くの手をつけ、たちまち薬師如来千手観音という珍妙な形の像に生まれかわったという。

Column

お釈迦になる

俗にいう「お釈迦になる」は、「金銭を使い果たす」「無一物になる」の意だが、どうやら釈迦誕生仏の裸の姿を思い浮かべてのことらしい。

しかし、今一つ「製品を作り損なう」という意味もある。それは金属熔接の際、火が強すぎて失敗した。つまり、「火が強かった＝ひがつようか＝四月八日」は釈迦の誕生日というところからきたという説だが、いささかこじつけの感がある。

おもしろいのは印相をまちがえたとの説である。平安末期、阿弥陀信仰の流行で、阿弥陀仏の注文が殺到した。それを仏師が阿弥陀の九品の印相をつくるのをまちがえて施無畏・与願印などの釈迦の印相にした。それによって仏像は「阿弥陀にならずにお釈迦になった」というわけである。一説では阿弥陀仏ではなく地蔵をつくろうとしたのをまちがえたとするようだ。どちらにせよ、それでは使い物にならない。すべては無になったということである。

7 ゆらぐ幕藩社会

武左衛門一揆

愛媛県宇和島市、八幡神社近くの須賀川の土手に「安藤継明忠死之地」ときざまれた一つの石碑がある。これは一七九三(寛政五)年に起こった吉田騒動と呼ばれる農民一揆の責任をおって自刃した吉田藩家老安藤継明の碑で、近くには安藤神社がある。

宇和島一〇万石の伊達氏は三万石を割いて吉田藩をつくったが、小藩なので財政も苦しく、重税を課された領民は、しだいに困窮の度を強めた。また、この地の特産物である紙は、藩の専売となって、紙方の役所も設けられていたが、吉田の豪商法華津屋は役人と結託したうえ、農家に銀を貸しつけて製品の紙を安く買いたたくなどして巨利をおさめ、農民の怒りを買っていた。

天明・寛政年間(一七八一〜一八〇一)のころ、日本各地はしばしば飢饉に襲われ、生活を破壊された民衆は各地で百姓一揆を起こし、江戸・大坂などでは打ちこわしも発生した。吉田藩でも農民生活は破壊され、不満はしだいに高まった。一七九二(寛政四)年、農民たちのあいだに法華津屋襲撃計画が起こり、代官・手代たちの鎮撫に応じて、紙専売の廃止・年貢の減免など一七カ条におよぶ嘆願書が藩に提出されたが、翌年の回答文ではすべてが無視された。

一人の百姓が立ち上がった。上大野村の武左衛門は家事を妻子に託し、三年前から密かに藩内をまわり、門付けの姿で各家を訪れて、祭文を語る形で同志をつのり、その数は二四人に達した。ついにそのときが来た。一七九三年二月九日、法螺貝を合図に山間部・川筋の農村の百姓たちがいっせいに蜂起し、その数は全八三カ村のうち、八〇村、九六〇〇人に達した。彼らは初め吉田の法華津屋をめざしたが、藩の役人に「むしろ、宇和島の本藩に訴えたほうが得策だろう」と諭されて方向を変えた。

一揆勢は中間村八幡河原に集結した。二月十二日夕刻、河原には各村名を記した八〇余の蓆旗が立ちならび、群衆の数は一万人に近かった。このままでは藩の名目は失われるとして家老安藤継明がかけつけた。継明は農民の代表者数人に対し、かかる事態を招いた責任を詫びたうえ、河原をみおろす堤の上で割腹して果てた。時に四七歳であった。

事態は急速に収拾された。宇和島藩の家老たちは吉田藩と打ちあわせたうえ、農民たちから改めて提出された一一条の願いをすべて聞き届けることとし、農民たちの責めは問わないとしたので村々への引揚げが行われた。

しかし、一揆の首謀者探索は密かに進められた。その巧妙な誘導でついに武左衛門ら計二四人の名が浮かび上がる。そして一七九四(寛政六)年二月、彼らはすべて捕えられ、武左衛門は斬罪、ほかは永牢の処分が行われた。しかし、武左衛門を慕う村民たちは、その墓石が取りすてられたのちも、彼を忘れず、その後長く毎年七月の施餓鬼の日に追善供養をしたという。

迷惑な年号

普段はあまり気にしないが、現在、元号(年号)を用いているのは世界でただ一つ、日本だけである。元号はヤマト政権の昔から、中国の古典からおおよそ二字をとってつくられる仕来りだ。現在の「平成」は『史記』の「内平外成」と『書経』の「地平天成」の語から選ばれ、その前の「昭和」は『書経』の「百姓昭明、協和万邦」からつくられた。ところが『書経』のこの語は、江戸時代後期にも採用されていた。江戸後期、後桜町天皇の一七六四(宝暦十四)年六月の改革で、「宝暦」を「明和」と改めたのである。

しかし、「明和」の文字に期待した人びとの願いはむなしかった。連年のように各地で一揆・打ちこわしが起こり、天変地異も頻発した。明和の七、八月は諸国で大旱魃となり、空には彗星も出現した。一七七二(明和九)年は文字どおり「めいわく」の年となり、早くも二月に江戸目黒の行人坂の大火が起こって、焼失六〇八町、けが人六一〇〇人、死者は不詳という大惨事となった。諸国は旱魃で苦しみ、東北や九州地域では洪水が起こった。十一月十六日、年号は変わって「安永」となった。「めいわくも　昨日を限り　今日よりは　寿命久しき　安永の年」と期待をかけたのだが、実際は依然として「年号は　安く永しと　変われども　諸式高直　今にめいわ

Column

ついたち、つごもり

陰暦では月の満ち欠けで日が決まる。月と太陽が同方向にあってみえないときを「朔」、反対方向にあって満月がみえるときを「望」といい、月は朔から望へ、望から朔へと移る。この満ち欠けの周期が朔望月で、一朔望月は平均して二九・五三日である。

朔の時刻を含む日が朔日であり、これが毎月の始まり、一日である。月が天空一周の旅に出ることから、月立ち＝ついたちと呼ぶ。当然、この日は月はみえない。月はしだいにみえ、満月（望）をへて、またやせてゆき、二九ないし三〇日目にみえなくなる。この月末の日は月籠りすなわち、つごもり（晦日）である。一年の終りとなれば大つごもりということになる。

く」という状態であった。

元禄から享保へ、十七世紀から十八世紀に変わるころに記された随筆に尾張藩士天野信景の『塩尻』があるが、そのなかにおもしろい記述がある。四代将軍家綱・霊元天皇の一六七三（寛文十三）年九月に「寛文」から「延宝」に改元されたが、そのとき「明和」にしようという意見もあった。しかし、天皇がこのとき「もし九年になったら、めいわくということになるが」と疑問を洩らしたので、「明和」年号が見送られたというのである。いちがいに「科学知識が乏しい時代だったからな」と切りすてるわけにはゆかないだろう。

『塩尻』には改元の際の手続きなども記述してあるが、次の話などもきわめて興味深い。一七一一（宝永八）年四月、中御門天皇の代始改元として「宝永」が「正徳」に改められた。『尚書』に「正徳者自正㆓其徳㆒」とあるのをとったのである。ところが一七一二（正徳二）年の冬に将軍家宣が病没したので、大学頭林信篤が「正徳の正の字を年号に使うのは不祥のことだから改元しては」と意見具申をした。これに対して新井白石は『折たく柴の記』や『正徳年号弁』で激しく反発した。「そもそも正の字を用いた年号は不祥だというのは君子の言ではない。もし「正」が凶の字だとするなら、毎年のめでたい正月はどうなのか。日本の年号で「正」を用いたのはこれまで一六度もあったが、不祥な時代だったとはいえない。年号の字で天下の波乱や寿命の長短が決まるわけではないだろう」と。

　白石の合理的意見の前に、信篤の改元論は見送られた。しかし、その四年後にふたたび改元論が起こった。暴風・洪水・大火・飢饉などがあいついだので、改元が望まれたのだ。一七一六(正徳六)年六月、年号は「享保」となった。『後漢書』の「享二茲大命一、保二有万国一」によるものである。

髭の亦四郎の悲劇

十八世紀後半から十九世紀前半にかけて、幕藩体制社会は大きく揺らいだ。武士にかわって商人が台頭し、百姓はあいつぐ飢饉で生活を破壊され、一揆行動を強める。そして上方にかわって中心となった大江戸の文化は新しい動きをみせながらも爛熟・退廃の様相を深めてきた。奇行と豪遊で知られる十八大通が出現したのもこのころである。それに類した出来事も続出したが、『百家奇行伝』(一八三五〈天保六〉年にまとめられた五〇人の奇行・逸話)からその一つを取り上げてみよう。

　安永～天明年間(一七七二～八九)のころ、江戸青山に髭の亦四郎という男がいた。夫婦ともに白髪だったが、とくに亦四郎は髪・髭ともに一本の黒い毛もなく、髭の長さは一尺二寸(約三六センチ)もあり、中国の関羽のそれにも勝るだろうという世評が高かった。亦四郎は生まれつき健康で、病気にかかったこともなく、商売は屋号を万屋といって塩・味噌・薪などから下駄・筵・紙・筆・ろうそく・元結・油などなんでも商っていたが、誰も屋号は呼ばず、「髭亦」と呼ばれるのが普通だった。

　あるとき、下士二人をつれた四〇歳ばかりの武士がやってきた。聞けば武士は市ヶ谷辺りの某藩の者で「髭亦」の美しい髭の話を聞いた主君が、ぜひ求めたいというので来たという。亦四郎は「売りたくはないが、高貴な方のたっての要望ならば考えてもよい」と答えた。武士は「三〇両ではどうか」といい、亦四郎も「それならば」と承知した。喜んだ武士は取りあえずとして一五両をおいて去ったが、四~五日たつと、またやって来て残りの一五両を出した。

受け取った亦四郎は「それでは」と剃刀を取り出して剃ろうとしたが、武士は驚いて押し止めた。「剃り落とした髭は役には立たぬ。一筋ずつ抜きとるのだ」。武士は持参した風呂敷を広げて一つの「翁(おきな)」の面を取り出し、毛抜きをもち出すと亦四郎の髭を一本抜いては面に植えるという作業を始めた。痛くてたまらない亦四郎は、とうとう涙を流しながら謝った。「剃り落とすつもりでお約束したのですが、こんな苦しみにはたえられませぬ。お代は残らずお返ししますので、お許しを」。だが武士は激怒した。「剃った髭は死毛である。そんなものを買う者がいるはずがない。武士に二言はない。今になって断わりをいわれて承知できようか。自分とお前との関係ならよいが、わが主君への申し訳が立たぬゆえ、なんと申そうとあくまで抜きとるぞ」。

亦四郎は観念した。「やむをえませせぬ。どうぞお好きに」。武士は改めて毛抜きを取り上げ、亦四郎の髭を一本、一本と抜いては面に植え込んだ。これ以後、亦四郎は気が抜けたようなようすになり、毎日を鬱々として暮したが、五、六十日たつと、病に倒れ、二~三日後に死んだ。時に一七九四(寛政(かんせい)六)年のこと、亦四郎七九歳であった。

酒豪の呆れた飲み競べ

近世後期の江戸っ子は、現代とは比べようのない、「呑んべえ集団」だったという。化政(かせい)年間(一八〇四~三〇)に、一年間に江戸に入った酒樽は、四斗樽で一八〇万樽だったというから、人口を一〇〇万人として計算すると、一人が一・八樽、毎日約二合呑んだことになり、老人・子ども・女性を除いて計算すると、一人当り一日三合という驚きの数字になる。

もちろん、呑んべえは江戸だけではない。一八三一

(天保二)年、讃岐国高松に津高屋用蔵なる男がいた。生まれつきの大酒呑みだが、普段は人並みに肴を食べながら呑んでいるが、いざ呑もうと腰をすえると、玄米に塩を振ったものを肴として呑み、いくら呑むかわからないといわれていた。あるとき、用蔵の檀那寺に日蓮宗の僧が来た。「私は肥後熊本の者だが、この地に津高屋用蔵という大酒呑みがおられるとかねてうかがっていた。もしそうならば、私も用蔵殿にあって呑み競べをしたい」。寺は、檀家の用蔵さんならというわけで連絡すると、用蔵は僧と会い、はるばるたずねて来られたとは嬉しいことだ。それではただ二人で呑みあうのではなく、この辺りの酒呑みたちを集めて一緒に呑んだらおもしろいのでは」と返事した。

ここかしこに連絡すると、おおよそ五〇人ばかり集まった。そこでその人たちには次の間で酒・肴を振舞うこととし、用蔵と僧とは上の間に坐り、玄米と塩を肴にして、たがいに呑んだ。しばらくして二人はもう十分だとしてやめたが、その量は一斗四升八合だったという。次の間では人びとが一人二〜三升ばかり呑んだかと思われるが、頭が痛くなったり、吐き気に苦しんだりする者が出た。しかし、用蔵と僧とは普段と変わったようすもなく、とくに用蔵は家が一里(約四キロ)ばかりも隔たったところにあり、僧の泊っている宿はそれよりなお一七〜一八町(一町は約一〇〇メートル)も遠かったが、ちょうど雨がふりだしたので、二人とも雨具をつけ、足駄を履いてたがいに話しあいながら帰ったと伝えている。

相馬大作事件

東京、JRの南千住駅の近くに小塚原回向院がある。ここは杉田玄白の観臓記念碑や橋本左内・吉田松陰ら安政の大獄刑死者の墓、さらには鼠小僧の墓などもあることで知られているが、津軽藩主暗殺未遂事件の相馬大作の供養碑もあることを知っておきたい。

相馬大作は本名下斗米秀之進、江戸時代後期の南部藩士である。一三七ページ「鷹商人に救われた南部藩」で記したように、陸奥国の南部・津軽両藩の対立は豊臣秀吉のころからのもので、驚くほど根深く、両藩の士民たちのあいだに深く浸透していた。とくに南部藩はかつては家来筋だった津軽藩の家格が自藩よりも高いことを恥辱とし、対抗意識が強かった。

情勢は一八二〇（文政三）年、南部藩主利敬の死をきっかけに急変する。幕府は松前出兵の功に報いるとして、南部藩の石高一〇万石を名目上二〇万石に増俸して津軽藩一三万石より上位としたが、実質的には増俸ゼロで、軍役負担だけが倍増した。さらに津軽藩主寧親が従四位下侍従少将であるのに対し、南部藩主は無官のまま、津軽の優越感と行動はさらに強まった。これでは南部の津軽敵視がやむわけはない。

行動を起こしたのは、下斗米秀之進だった。彼は南部藩領の二戸郡福岡に土着する地主・豪商の子に生まれたが、一八歳で江戸に出て武芸をおさめ、見聞を広めた。二六歳で帰郷した秀之進は北方問題をうれい、子弟の教育につとめながら、南部・津軽両藩の争いなどをしている場合ではない、むしろ和解・協力して国防にあたるべきだと考えた。そして三二歳のとき、南部利敬の死に際会したのだった。

秀之進は南部藩の家格上昇が駄目になったら、津軽藩の昇格運動と専権とを阻止するしかないと考えた。相馬大作と名を変えた秀之進は、一八二一（文政四）年四月、津軽寧親に、傍若無人な行動を慎しみ、速やかに官を辞し、隠居することをすすめる果たし状を認めると、参勤からの帰国ルートを調査し、大砲・武器を整えて藩境近い出羽国白沢（現秋田県大館市）で待ち伏せた。しかし、大作一行のなかから津軽藩への密告者が出、大作は駕籠に発砲したものの、藩主は間道をとおって無事帰国した。この失敗はどうやら大作の計画内にあったらしい。一発放った大砲も、実は空砲で、寧親の隠居さえ実現させればよいとの考えだったようである。

大作は妻子とともに江戸へ出た。南部領内にいて不慮の死をとげたりすると、累を親類や藩におよぼすかも知れぬと考えたためらしい。一方、津軽藩では用人笠原八郎兵衛が幕吏を動かし、大作らを捕えさせた。翌一八二二（文政五）年八月、大作は側近の関良助とともに小塚原で獄門に処せられた。ときに三四歳の若さであった。まもなく津軽寧親が隠居したのは秀之進の願いが天に通じたのでもあったろうか。

8……江戸の町、笑いと涙

『北越雪譜』の奇談、雪と熊

江戸後期、越後国の塩沢に鈴木牧之という文化人がいた。雪国特産の縮の仲買と質屋を営む在郷商人だったが、文雅を好み、俳諧・書画に優れ、三国街道を往来する江戸の文化人らとも交流した。その著『北越雪譜』は文字どおり、北部越後の雪にまつわる話をいろいろと紹介する貴重な書である。

『北越雪譜』は巻頭から雪に関して絵や図解を織り込んで説明する。その観察はきわめて貴重だが、雪に関する奇聞・珍談もおもしろい。そのなかから、「なだれ」と「熊」に関する興味深い話を取り上げてみよう。

「なだれ」は普通「雪崩」と書くが、牧之は「雪の崩れ落ちる状態で、撫で下りるの意味から里言葉でなだれといい、吹雪とともに雪国の二大難儀の一つだ」という。塩沢の地でも、一七四〇(元文五)年正月下旬、突然、万雷のような響きでなだれが襲い、二軒の百姓家を当主ともに押しつぶしたという記録があり、以後、毎年二月に襲うという。牧之自身も、ある年、近在の家の主人が外出中になだれに襲われ、一夜明けて探しに出ると雪のなかから首も腕もちぎれた状態で発見されたという話を聞いたと恐ろしげに伝えている。

雪崩で幸いしたという話もある。近在の后谷村に信心深い孫左衛門という農夫がいた。両親が信州の善光寺詣りに出かけ、自分も近くへ出かけた留守に、隣家が火を出し、自分の家も焼失した。しかし、孫左衛門は一言の恨みもいわず、田地を質に入れて、かりの家を建てて家業に勤しんだ。翌年二月、雪山に入って薪をとっていた孫左衛門は、谷に落ちた雪崩の雪のなかに死んだ巨大な熊を発見した。熊はその皮と胆が高値で売れるが、雪中の熊はとくに高い値で売れる。孫左衛門はその皮を一両、胆を九両と普通の倍の高値で売り、田地を請け出したうえに家もあらたに建てることができたという。

おもしろいのは雪中で人を救った熊がいたという話である。牧之が若いころ、八二歳の老人から聞いた体験談である。老人は二〇歳のとき、二月に山へ踏み入り、あ

「熊助樵夫之図」(『北越雪譜』)

やまって谷底へ落ちた。負傷はしなかったが、雪崩が来そうでとても崖はのぼれない。寒さは厳しく、今にも倒れそうになったとき、岩穴を発見した。日も暮れたので、寝所を求めて入ってゆくと、急に手先があたたかになった。巨大な熊がいたのだ。驚いたものの逃げようもなく、腹を決めて熊のそばへゆくと、熊は自分のそばに男を座らせ、あたたかい身体にさわらせて一夜をすごした。それから数十日のあいだ、男はこの大熊とともに生活した。やがてある日、熊は男の袖をくわえ、男が落ちこんだ谷底へつれてゆくと、雪を掻き分けて道をつけ、ついに人の足跡のあるところへ出た。熊はそこで姿を消し、男は足跡をたどってようやく家へ帰りつくことができた。その日は男が姿を消してから、ちょうど四十九日にあたっており、両親はじめ集まっていた多くの人びとは夢かと驚いた。仏事は一転して酒宴に変わったという。まこと、雪国ならではの奇談である。

横綱になれなかった雷電為右衛門

二一年間、三五場所の成績が二五四勝一〇敗、実に勝率九六・二%という驚異の大記録を残した力士がいた。江戸時代後期の雷電為右衛門である。

為右衛門は本名関太郎吉、一七六七(明和四)年に信州

小県郡大石村の農家の作男の子として生まれた。そのころ、相撲はようやく隆盛期を迎えようとしていた。中世から近世にかけて相撲は武家の楽しみとして行われ、大名家のなかには力士をかかえるところもあったが、民間の相撲は禁じられていた。しかし、町人勢力が伸びてきた元禄年間(一六八八〜一七〇四)のころ、民間で夜間に広小路に集まって行う土相撲が流行り出し、さらに寺社修復などの経費調達のための勧進相撲も起こってきた。四季勧進相撲として江戸・京都・大坂の三都で晴天八日の相撲興行が許されたのは、宝暦年間(一七五一〜六四)以降であり、晴天一〇日となったのは一七七八(安永七)年のことであった。

　生来、身体が大きく、力も強かった太郎吉が、江戸の浦風部屋に入り、当時人気の高かった大関谷風梶之助の内弟子となったのは、一七八四(天明四)年、一八歳のときであった。めきめきと力をつけた太郎吉は、雷電為右衛門の四股名をもらい、二二歳のときに雲州松江藩主松平不昧に召しかかえられ、二四歳の一七九〇(寛政二)年には西関脇につけ出されて初土俵を踏んだ。身長六尺五寸(約一九七センチ)、体重四五貫(約一六九キロ)という巨軀をいかした雷電は、このとき、前年に谷風とともに横綱を称していた小野川喜三郎を倒したというから、驚かされる。

　不滅の大力士雷電は、谷風が感冒で死んだ一七九五(寛政七)年には二九歳で大関に昇進し、その後一六年間異常な強さをみせ、一八一一(文化八)年、四五歳で引退したが、横綱免許は受けられなかった。それは、土俵上で相手を投げ殺したからとか、かかえられていた松平家と横綱免許権をもつ吉田司家のいる熊本の細川家との確執があったからとかいわれるが、あくまで俗説である。事実は当時の横綱免許は上覧相撲に際しての儀礼的な地位であったため、どんなに成績がよくても雷電にその機会がなかったからである。

　たしかに力量は抜群であった。没後三〇余年の一八六一(文久元)年に雷電の孫が佐久間象山に依頼してつくられた碑には雷電に禁じ手が三つあったとある。張り手・鉄砲・閂であるが、それも信憑性はない。この三つを禁じられたら、いかな雷電も勝てないし、そもそも相撲ではなくなってしまうのである。

雷電の強さは後世に語り継がれた。明治になって、ある大関が雷電為右衛門の名を襲ったが、改名してからまるで勝てなくなった。負けるのは罰があたったからといわれたという。これは一九一五(大正四)年に、三宅雪嶺が自分の講演のなかで取り上げた話である。

日本の華陀、華岡青洲

華岡青洲は教科書などには登場しないが、「日本の華陀」ともいうべき、江戸時代の医学の先駆者である。華陀は中国の魏の名医で、若いころから医術の研究に没頭し、養生の術をきわめる一方、あらゆる病をいやし、人

Column

愛称のついたインフルエンザ

江戸時代後期には、ときどきインフルエンザ(流行性感冒)が大流行した。江戸庶民はそのたびに愛称をつけて呼んだ。一七七六(安永五)年の関西の風邪は「お駒風」。当時流行していた浄瑠璃の主人公がお駒という女性だったからである。

一七八四(天明四)年の風邪は「谷風」。強い横綱谷風が「自分が倒れるのは風邪ぐらいだ」といっており、このとき実際に寝込んだからである。のちの実際の死も感冒だったのはいささか皮肉だが……。

一八〇二(享和二)年の感冒は「お七風」。八百屋お七の小唄が流行していたからであるが、おもしろいのは化政期に流行した「お染風」だ。鶴屋南北の歌舞伎、「お染久松色読販」の主人公の名をとったものだが、庶民の長屋に「久松るす」の貼紙もあったという。恋しい久松さんがいなれければ、お染さんも来ないだろうというのである。

びとに尊敬された。とくに麻沸湯という麻酔薬を用いて外科手術をしたことで知られるが、「麻」の字からインドの大麻を用いたのではないかといわれている。残念なことに華陀は魏の曹操の病気治療を断わったために捕縛され、獄死したが、道教では医学の祖師としておおいに崇めている。青洲は彼にならい、「日本の華陀」たらんとめざしたのだ。

青洲は十八世紀後半、紀伊国那賀郡の寒村（現和歌山県紀の川市西野山）のオランダ流外科医直道の長男に生まれた。名は震、俗名は雲平で青洲は号である。二三歳のとき、青洲は妹たちの応援もあって京に赴き、後漢末の医学、古医方とオランダ流の外科とを学んだ。三年後、故郷へ帰った青洲は加恵と結婚し、まもなく父の死にあって家業を継いだ。このころから青洲は内科も外科もともに一致して生体をきわめよと主張し、民間療法も取り入れて和漢蘭折衷の医方を実践し、手術のための道具も工夫した。

三六歳でふたたび上洛した青洲は薬剤研究につとめ、とくに麻酔剤の開発に力を入れた。妹が乳ガンで亡くなったとき、全身麻酔剤さえあれば手術できたのにと思ったからである。故郷へ戻った青洲は、たまたま接骨医が秘伝としている麻酔性の薬剤にヒントをえて、さまざまの生薬を組み合わせてみた。その効果を確かめるため、実母の於継と妻の加恵が実験台になることを申し出た。さまざまの工夫のなかで、母は亡くなり、妻も極度に視力が衰え失明するにいたるが、ついに経口の全身麻酔薬が完成した。名づけて麻沸湯（もしくは通仙散）である。一八〇五（文化二）年十月十三日、六〇歳の老婆に麻沸湯が用いられ、完全な全身麻酔のもとで乳ガンの腫瘤摘出に成功した。ときに青洲四六歳、世界最初の安全な全身麻酔の成功であった。「日本の華陀」誕生の瞬間である。

青洲の名は急速に広まり、手術を望む患者や入門を求める若者たちが急増した。紀伊藩主から侍医にとの声もあり、特別に在野であることを許された。華岡流外科は一〇〇〇人を超える門人たちによって広まるが、その秘術は一般に公開されなかった。青洲は七六歳で世を去ったが、その治験記録は自筆の図入りで今に残されている。

洒落の世界に生きた十返舎一九

弥次・喜多といえば誰でも知っている、『東海道中膝栗毛』の底抜けに明るい主人公である。作者は十返舎一九、駿府町奉行所同心の子の生まれだが、長じて各地を放浪の末、江戸の書肆蔦屋の食客となり、黄表紙・滑稽本など三〇〇種以上の作品を世に送り、曲亭馬琴とともに文筆だけで生計が立つ最初の戯作者となった。ペンネームは大坂にいたときに嗜んだ志野流香道の「黄熟香の十返し」にちなみ、これに幼名の市九を一九として加えたのである。

　一九の生活はまさにハチャメチャであった。若いころから遊郭に出入りし、作品を書くのも郭のなかだったといい、吉原で一九が上がらなかったところもなく、得意客にしなかった娼妓もいなかったといわれている。いくら稼いでも、これでは生活は苦しくなる。そのくせ、酒はおおいに呑む。家財道具もほとんどなくなり、家のなかががらんどうになると、壁に白い紙を貼り、簞笥・床の間・違い棚・花瓶・掛物などすべて絵に描いていたという。お盆のころには先祖の霊を安置する魂棚（精霊棚）、年の暮れには大きい鏡餅を描いたという。

　ある正月のこと、知り合いの質屋の主人が年賀にやって来た。すると一九は酒を呑んだうえで、「ぜひ入浴を」と勧め、質屋が湯に入ると、彼の脱いだ裃を身につけ、扇子や脇差まで借用して友人たちのあいだをまわって年始の挨拶をした。夕方になって質屋へいった一九は、丁寧に礼を述べたうえ、「できれば酒を」と注文して夜半まで呑み続けたそうである。

　ところが、実生活の一九はきわめて几帳面で、気むずかしい一面をみせることもあった。家庭的には、作者としての地位を固めたのちに材木商に婿入りしたものの離

『東海道中膝栗毛』のさし絵

縁となり、不幸だったことも影響したのだろう。ある『東海道中膝栗毛』ファンが一九の取材旅行に同行したところ、一九は口もきかず、話にも応じず、宿に入っては日記を丁寧につけるというありさまで、とうとう呆れて同行をやめたという。あるとき、一九の娘を見染めた大名から「側室に」と乞われたが、断固として断わったという話もある。芯はがっちりと固く、冷たい目で世をながめ、うわべはにぎやかで楽天的にみせる。それが一九の生き方だったのだろう。

晩年の一九は経済的には苦しく、肉体的にはアルコール中毒のため、手足の自由がきかなかった。一八三一(天保二)年、一九は江戸下町の裏長屋で六七歳の一生を終えた。その辞世がおもしろい。「この世をば　どりゃおいとまに　線香の　煙とともに　灰さようなら」。一九が茶毘に付されたとき、頭陀袋に詰め込んでいた花火がどんと上がったという話も伝えられている。

人情味あふれる奇人安鶴さん

文学者石川淳は一九五五〜五七(昭和三十〜三十二)年に『諸国畸人伝』をまとめ、きわめて個性的な近世の畸人一〇人を取り上げたが、そのなかに「駿府の安鶴」という人物がいる。幕末から明治初年にかけて駿府の安西にいた左官の鶴吉、すなわち安西の鶴、略して「アンツル」と呼ばれた人物だが、広く遊芸に通じ、また、すこぶるつきの力持ちでもあった。一人で同時に笛・太鼓・三味線・鉦などの楽器を奏でる八人芸のほか、絵や歌にも優れ、手妻・軽業もこなしたというから驚きだが、人柄はきわめておだやかで人情味たっぷりの人物だったという。

あるとき、駿府の浅間神社の祭りで、境内に多くの見世物小屋がかけられた。そのなかに女角力の小屋もあったが、人気はなく、座元は不入りに悩んでいた。たまたま安鶴さんの弟子の若い者が二人、小屋へ入った。ちょうど女角力の大関が大きな俵を両手で差し上げたが、二人は酔いにまかせて叫んだ。「そんなもの、うちの親方なら片手でできらあ」。

怒った座元は二人に詰めより、親方を呼んでこいと迫る。事情を聞いた安鶴さんは小屋の入りが悪いと知ると、弟子にいいつけた。「俺が小屋に出向いてやるが、お前たちはほうぼうの会所(かいしょ)へいって安鶴と女角力の大関が力競べをするといって小屋に人を集めろ」と。たちまち噂(うわさ)は広まり、小屋に客が詰めかけた。

勝負が始まった。まず女角力が両手で俵を差し上げる。続いて安鶴。初めは両手、ついで片手で俵をぶん投げた。賭(かけ)に勝った安鶴さんは、引きあげる際に小屋の者へいった。「今日の木戸銭(きどせん)はお前たちの祝儀にくれてやるよ」と。心優しい安鶴さんらしい話である。

また、こんな話もある。駿河(するが)を流れる興津(おきつ)川は特定の時期に年貢米(ねんぐまい)運送のための橋をかけたが、普段は徒(かち)渡しである。たまたまとおりかかった安鶴さんは浅瀬を知っていたので、自分の足で渡ろうと川べりに立った。すると川越人足(にんそく)がやって来て「渡してやろう」と声をかけた。「いや、それにはおよばぬ」と安鶴さん。人足は開きなおった。「ここをただで渡られてはこちらの口が濡れぬわい。会所の定めは二四文だが、四八文だせば許してやる」。怒った安鶴はいった。「四八文とはなんだ。こんな川なら足を濡らさずに渡れるわい」。「なんだと、若僧め。足を濡らさずに渡ってみろ。できなければぶち殺すぞ」。たちまち人足たちは二〇～三〇人も集まってきた。

安鶴さんはあわてなかった。「ならばよくみろ。足を濡らさずに渡ってみせよう」。まず袖を手拭いでくくる。ついで足に風呂敷包みを結びつけ、逆立ちすると、そのままばちゃばちゃとみごとに向こう岸へ渡りきった。呆れ顔の人足たちをながめながら、安鶴さんは腕を拭き、一句をよんだ。「川越しの　口も濡らさで　風呂敷に、おあしを入れて　手にて越えゆく」。

9……強まる外圧のなかで

蝦夷についての噂話

近世後期、北方で外国船の出没がみられるようになってきたとき、日本人の蝦夷地への関心はとみに高まったが、その理解はきわめて浅かったといえる。十八世紀末の随筆『翁草』に取り上げられた「蝦夷噺の事」はその一例といえるだろう。

噂話を語るのは、播磨国の大蓮寺にいた務白という僧である。務白の生国は越後というが、広く諸国をめぐり、学問・文芸にも通じており、浄土宗の僧であったが、禅僧のような面影をもっていた。この務白は松前にいた数年のあいだに見聞した蝦夷について次のように語る。

> 蝦夷の人びとは髪をくしけずることはなく、着物は獣の皮、髭もそらない。手には半弓のような弓をもち、背には毒矢をおって鳥獣を射る。松前の人びとはこの毒をふすくさというが、どうやら鳥頭(とりかぶとの根)らしく、これと唐辛子を練りあわせて矢に毒を塗るのだ。弓は葛のような形をしているが、木の種類はわからない。彼らは板に乗って海に出、ラッコなどの海獣を射るが、板をあやつるのはまことに巧みである。
>
> 蝦夷は乾鮭・鳥の羽根・獣皮などの産物をもって松前氏が海岸につくった小屋にやってくる。交易のやり方は金銀ではなく、すべて物々交換で、多く穀類を希望する。蝦夷は濁酒を好むが、この酒の質は悪くて日本人は呑めたものではない。彼らはよく妻をつれてくるが、蝦夷の女は髭がないだけで人相は男とまぎらわしい。また彼らはたがいに棒をもって相手の腕を三つ、四つずつ打ちあい、半日ばかりも続けているが、日本の力競べでもあろうか。もし強く打たれて気絶すると、女房らが海岸へつれていき、潮で頭を洗うとすぐ元へ戻る。
>
> 松前から一里(約四キロ)ばかりゆくと、もう蝦夷の地域である。松前では蝦夷人を召し使うとき、まずいことをして叱ったりすると、涙は出さずに鼻水を流す。松前から一〇里ぐらいまでのあいだに金銀

山はあるが、山が険阻で掘ることはできず、木は繁茂しているが、伐採して運び出す手段がないので、多く炭にしている。

　蝦夷の地はさして広くはない。まっすぐにいけば六〇里ぐらいあろうか。また、松前から一〇里ほどいくと、お宮のようなものがあって義経と弁慶の像がある。蝦夷から高麗へ渡ったというが、その根拠も少しはありそうで、大廻りすると北高麗へいけると言い伝えている。

　これらのことを読むと、みたままを想像豊かに拡大し、断定している感がある。『翁草』はこれらを記したのちに朴道和尚という松前氏の帰依する禅僧の話として、伝えにかなりの推測があり、たとえば力競べのような振舞いは、蝦夷における祝儀・不祝儀の際の習わしなのだという解説をつけている。蝦夷六〇里説も誤りで、土地広く、人少ない地だと述べる。とにかく、現代と違って科学的知識も乏しく、交通・通信手段もほとんどないこの時代、多くの日本人が蝦夷の地をまったくの別世界と考えていたのは、やむをえなかったと思われる。

間宮林蔵

隠密になった間宮林蔵

　日本の最北端、宗谷岬に、はるかサハリン(樺太)をながめる間宮林蔵の立像がある。林蔵といえばサハリンが島であることを確認した江戸後期の探検家だが、彼の一生はそれだけでは終らない。

　林蔵は一七七五(安永四)年、常陸国の貧農の子に生まれた。幼少のころから長い竹竿をもって木の高さや河川の深さ、道路の遠近をはかることが大好きで、奇童の称があった。それが幕吏の目にとまり、江戸に出て地理学を学ぶことにつながったのである。

　蝦夷地へはじめていったのは一八〇〇(寛政十二)年、

箱館で伊能忠敬に会い、測量術を学ぶことになる。こうして一八〇三(享和三)年、東蝦夷地へいき、クナシリ・エトロフの測量にあたった。一八〇八(文化五)年、林蔵は松田伝十郎とともにサハリンへ渡った。北上してノテトに達し、いったん蝦夷地の宗谷に帰るが、ふたたび北上して北緯五三度のナニオーに達し、足を伸ばして海峡を越えた大陸に渡り、アムール川下流のデレンに達し、サハリンが島であることを確認した。

転機になったのは、一八二八(文政十一)年のシーボルト事件である。帰国を控えたシーボルトの乗船予定の船が台風にあって遭難し、シーボルトの荷のなかから、天文方高橋景保から入手した伊能忠敬の日本全図と林蔵のカラフト図などが発見された。幕府は関係者をいっせいに逮捕し、景保は死罪となったが、獄死したので遺体は塩漬けにされてしまった。事件発覚の端緒はシーボルトから景保に宛てた荷物のなかにあった林蔵宛ての小包を勘定奉行所へ提出したことにある。包みのなかには更紗一反と林蔵への親交を求める書簡しかなかったが、これをきっかけに景保への内偵が始まった。事件は林蔵の密訴によるとして批判はあったが、融通のきかない林蔵としては、国政は守るべきだとの信念から出た行動だったと思われる。

幕府のためと考えての行動だった林蔵は、このの ちみずから進んで幕府の隠密となった。最初の行動は一八二九(文政十二)年ごろ、長崎での密貿易を探索することだった。続いての行動は、一八三二(天保三)年から翌年にかけてのころの薩摩潜入であった。他国者の取締りが異常に厳しい薩摩へ、林蔵は鹿児島の経師屋の弟子として潜入し、三年ばかりいたと伝えられている。林蔵はさらに一八三五(天保六)年ごろ、石見国浜田へいった。乞食に身をやつした林蔵は、浜田の船乗り、今津屋八右衛門が竹島(鬱陵島)へ密航し、中国人や朝鮮人と交易したことをあばいたという。連累者はいっせいに逮捕され事件は終った。

一年とたたぬ間に、林蔵はまた隠密の旅に出た。詳しくはわからないが、足かけ三年もの旅を最後に林蔵は深川の裏店で日をすごすようになる。隠密の旅は六〇歳ころで終り、以後は妻子ももたず、奇人・変人といわれながら、世をすごし、一八四四（弘化元）年、内妻の世話を受けながら、七〇歳の生涯を終えたのだった。

顔を焼いて逃げた高野長英

カンカンカン……半鐘の音が、深夜の江戸の町に鳴り響いた。一八四四（弘化元）年六月三十日、深夜二時すぎ、月のない夜の小伝馬牢に火の手があがった。「熱い、助けてくれ！」「早くだせ！」牢に閉じ込められていた囚人たちがパニックになり、口々に叫ぶ。駆けつけた牢屋奉行石出帯刀は、火が迫っている百姓牢の囚人五〇人を急いで解き放つ命令をくだした。牢獄が火災にみまわれたとき、三日間期限を定めて囚人をかりに釈放する規則、いわゆる「切り放し」である。「いいか、三日のうちに必ず、本所回向院に戻ってくるのだぞ！」。囚人たちはそう言い含められ、夜の江戸の街に散っていった。そのなかに、高野長英と非人栄蔵の姿があった。実はこの火事、長英が栄蔵をそそのかして放火させたものだった。思惑どおり切り放しになった二人は、暗い闇に吸い込まれ、二度と戻ることはなかった。語り伝わる脱獄の顚末である。

何故、蘭学者である長英が脱獄犯となったのか。一八三七（天保八）年六月、アメリカ船モリソン号が浦賀沖にあらわれ、日本の漂流民を送り届けるかわりに、給水を求めた。しかし、幕府は異国船打払令によってモリソン号を砲撃し、追い払ってしまった。この事件を知って開明的な長英は怒り、幕府の閉鎖的な政策を大胆に批判する『戊戌夢物語』を書き上げ、発表した。日本の進むべき道を物語仕立てで説いたこの作品は、あっという間に世間に広まった。幕府は政道を批判した罪人として、長英逮捕に乗り出す。「きちんと申し開きをすれば、軽い処罰ですぐに帰ってこれる」。長英は妻ゆきに言い残すと、奉行所にみずから名乗り出た。だが刑罰は士分ではない長英に重くのしかかり、永牢、すなわち終身刑という厳しい処分がくだされた。減刑、赦免してもらえるよう蘭学者仲間が何度も願い出たが、すべては徒労に終った。

小伝馬牢へ入牢して五年、長英は脱獄を決意した。まず長英は敷地内を往来して放火できる協力者を探し、牢の掃除や下働きをしている非人栄蔵をみつけた。「脱獄できたら大金を払ってやる」と誘いをかけたのかもしれない。小伝馬牢は広い敷地内に、百姓牢・大牢・女牢など複数の牢屋が設置されていた。長英は月のない夜を選ぶと、自分のいる百姓牢のそばで栄蔵に放火させたという。

「切り放し」で逃亡した長英が、その後どこに潜伏し、どのようなルートで生きのびたかは、諸説存在する。六年間にわたり全国を逃亡し続けたのち、江戸に舞い戻って妻ゆきや子どもたちと再会した。そして、沢三伯（さわさんぱく）と名を変え、町医者として青山（あおやま）の地で開業を決意をする。危険な自殺行為であったが、妻や幼い三人の子どもたちとの安定した生活のためだったと想像される。逃亡の旅に疲れ果て、おだやかな日々を欲したのかもしれない。

沢三伯に生まれ変わるため、長英はもっていた劇薬でみずから顔を焼いた。人相を変えるためだというが、それを立証する史料は残っていない。顔を焼いて数カ月後の暴風雨の夜、幕府の捕り方が長英の家を取り囲み、追い詰められた長英は、自刃して果てた。一説には捕り方の十手（じって）で叩きのめされ、護送中の駕籠（かご）において絶命したとも伝わる。非凡な蘭学者として、翻訳書や論文を後世に残した高野長英だが、その一生は激しく悲しいものだった。

10……開国へ！ゆれる日本

将軍の死にかかわった蘭方医

日本近代医学の発達にともなって、幕末のオランダ人ポンペと弟子の松本良順の二人が果たした役割を忘れてはなるまい。

ポンペは一八五七（安政四）年、幕府に招かれて来日したオランダ海軍の軍医で、当時二九歳であった。彼はいち早く長崎に医学校を開き、幕命できていた佐倉藩主の松本良順を助手として各藩派遣の医学生たちに西洋医学の教育を行った。ポンペの『日本滞在記』によると、まずオランダ語を習得させ、物理学・化学から始めて生理・病理・解剖・内科・外科・眼科・薬種・法医の諸学、医事政策にいたるまでを徹底して教え込んだ。ついてゆけない者も当然出る。ポンペは三歳年下の良順と相談のうえ、改めて学生を集め、当初一二人で始まった学生の数は四〇人を超えるようになった。毎日四時間の講義のほか、実地診療に参加させ、自主研究もやらせて早朝から深夜まで活動したという。一八五八（安政五）年にアメリカ軍艦が持ち込んだコレラが全国に広まったとき、ポンペと学生たちはあらゆる予防策と治療とに不眠不休の活動をしたのだった。

この年、コレラ騒ぎの真最中に十二代将軍家定がなくなった。家定は二〇〇八（平成二十）年の大河ドラマ「篤姫」で描かれたような暗愚の将軍ではなかったが、生来病弱で、癇性も強く、幼少のころの疱瘡によるアバタ面で、人嫌いとなり、話す言葉もどもっていた。一八五八年七月、体調不良との報せで相談を受けたポンペは、家定が全身性の水腫だと診断し、その措置も指示したが、食欲はなくなり、息切れも激しくなったとの報を聞いて回復の望みはないと判断した。六月、家定は三五歳の生涯を終えたが、その死は秘され、幕府は改めて奥医師二人を取り立てるという偽装工作をした。折しもコレラが江戸で猛威をふるっており、多くの人が死んでいたからである。家定の死が報じられたのは一カ月も遅れた八月八日のことであった。

ポンペは一八六二（文久二）年、日本を去った。彼のもたらした医術を継承し、それを定着させ、広めたのは松本良順であった。良順は長崎から江戸に帰って幕府の奥医師となり、西洋医学所の頭取もつとめて医学所をポンペ流に改革し、しだいに名を知られるようになった。一八六四(元治元)年には京都へいって一橋慶喜の治療もした。連日の激務にストレスを起こし、体調不良で不眠に苦しむ慶喜をみた良順は、思い切ってアヘンを授与し、まる一日、ぐっすりと眠った慶喜は快癒したと伝えられている。

和宮の夫となった十四代将軍家茂の死にも立ち会った。家茂は温順な人柄で、幕臣たちから厚い信頼をえていたが、一八六六(慶応二)年、朝廷と接衝するため大坂城にあった。折しも長州征討軍が送られていたが、敗色濃厚ななかで四月から腸の痛みを訴え、六月には食欲を失い、脱力感も覚えるようになった。良順は江戸から馳せ参じたが、家茂は重い脚気で足が腫れていたので、治療したものの、一時的な小康状態ののち、七月二十日、大坂城で三一歳の一生を終えた。良順の活躍はその後も続き、新撰組に近づき、会津戦争では会津で傷病者の治療にあたった。のち明治政府に出任し、初代の陸軍軍医総監にもなっている。

「野馬台詩」の流行

「野馬台詩」とは二世紀のころ、中国南朝の僧宝志がつくったとされる日本の未来の予言詩で「邪(野ではない)馬台国」の名で知られた日本を卜ったものである。詩は「東海姫氏国、百世代㆓天工㆒」に始まり、「青丘興㆓赤土㆒、茫茫遂為㆑空」に終る五言二四句で構成され、意味は「東海の国日本は、よく法治国家をつくったが、やがて下剋上の時代になり、さまざまの事件が起こって王朝は衰退し、百王の流れはつき、猿や犬が英雄となる。最後は大地が荒れ果て、国土は消滅するだろう」という日本滅亡の予言である。しかもこの詩文はバラバラに書かれていて、文としては読めなかったようだ。さらに作者が宝志というのも疑わしく、どうやら平安中期につくられたものらしい。

流行したのは平安末期から室町前期のころだったらしい。引用文のなかに「百王」の語がみえるが、王者は百代で終るという「百王説」が平安末期に広まっていた。天台座主慈円の『愚管抄』に「人代トナリテ神武天皇ノ御後、百王トキコユル、スデニノコリスクナク、八十四代ニモナリニケル」とあるように、識者のあいだに末法観が広まっていた。こういった動乱の中世になんとか末法を乗り切りたいという願望が高まり、いろいろな予言書が好まれた。南北朝動乱のときには、楠木正成が大坂四天王寺で聖徳太子の『未来記』を読んで南朝方の士気を奮い起したという説もある。さらに室町幕府の将軍足利義満は、ある公卿に「百王とはなにか」と問うたというが、彼の脳裏に「野馬台詩」の「百王の流れがつき、猿や犬が英雄となる」の一句が浮かんでいたのではなかろうか。猿とは申歳の足利氏満、犬とは戌歳の義満自身をあてはめ、義満が将軍の座から一歩進めて皇位を狙っていたことを示すものだとも解せられるのである。

内容上の問題も興味深いのだが、字謎としての「野馬台詩」も世人の関心を呼んだ。平安末から鎌倉初期に成立したと思われる説話集に『江談抄』がある。碩学大江匡房の談話を筆録したというのだが、その文名を借りて捏造したものらしい。そこに八世紀に渡唐した吉備真備が唐人にいじめられて「野馬台詩」を解読させられたという話がある。困った真備は神仏を念じ、一匹のクモの引く糸の跡をたどって全文を読み解いたというのである。

異治来　町万閑
乱国成　唐人眠
東変船　役泪悲

字謎「野馬台詩」の遊びは江戸時代、それも幕末動乱時代に盛んに行われた。「野暮代の侍」「野保台詩」「野馬台」などと題されたパロディが多くつくられたが、簡単なものもあれば、一行一四字、全一〇行という長文の複雑なものもあり、後者などはそれこそクモの糸でもさがってこなければ読めないだろう。右に示したのはペリー来航時につくられたやさしい「野保台詩」のトップとラストの文字である。答えはこうだ。「異国船、東国に来りて治国変じて、乱国と成る」「町人は悲しみ、役人は閑なり。万民泪(涙)し、唐人眠る」。これだけでも、なるほどと思えるから、複雑なものになれば、その不可思議さとおもしろさが人びとの興味をおおいにくすぐったのだろうと思われる。

馬の蹄鉄に関心を示した井伊直弼

幕末の大老井伊直弼が一八六〇（万延元）年、桜田門外で暗殺されたとき、世人の目は一般に冷ややかで、同情の声はあまりなかったようである。明治後期にまとめられた桜木章氏の『側面観幕末史』には次のような川柳・落首などが載せられている。「桜田騒動、滅相もない。天下の大老二つない。御体あっても御首はない」「井伊さん、お前が宜しくない。みんなお前の徳がない」「井伊掃部と雪の寒さに首をしめ。赤鬼も今は仏となりにけり。井伊掃部を網でとらずに駕籠でとり」「水戸もないやうにした故井伊きみと、人の噂に龍の口かな。井伊かげんにすればいいのに役人をおし込過て今に井伊気味」。

とにかく、井伊掃部頭には悪逆無道の罰がくだったといわんばかりだ。以後、皇国史観が支配的となった昭和の戦争期には吉田松陰が賞讃される一方で、井伊直弼は極悪人のようにいわれた。ところが、戦後、とくに独立回復が実現した一九五〇〜六〇年代には一転して開国の恩人とまでたたえられ、横浜市掃部山公園には立派な銅像まで建てられたのである。

極端な評価は別として直弼は海外に目を向け、外国人がもたらした文物に大きな興味を示したようである。桜田門外の変後まもなく、一人のイギリス人が二度にわたって日本を訪れたことがある。名はロバート＝フォーチュン、園芸学者として知られた人物で、中国・日本を訪れ、多くの植物を集め、持ち帰った人物である。フォ

桜田門外の変

ーチューンは一八六一（文久元）年の再来日のとき、イギリス公使オールコックが不在だったので、アメリカ公使ハリスに頼み込んで麻布善福寺の公使館へやって来た。そのときハリスから井伊直弼に関する話を聞いたという。

ハリスが馬に乗ってはじめて江戸に入ったとき、井伊家から一人の役人がやって来ると、その馬を借りたいと申し入れた。彼が後日、こっそりと話したところによると、直弼の目的はハリスの馬の蹄鉄を調べることだったという。当時の日本では蹄鉄を知らず、馬の蹄を保護する必要を感じると、馬用の草鞋を履かせていた。フォーチューン自身も江戸への旅で、草鞋を履く馬の絵を描いている。直弼は外国人の馬の蹄鉄に着目し、調べさせたうえで、まずみずからの馬に蹄鉄をつけ、ついで多くの役人たちの馬にもつけさせたという。フォーチューンはこれを聞いてつぶやいた。「中国では古い慣習が外国人の文物受入れを妨げているが、日本人は先進文明が示されると、機敏に採用する」と。

蹄鉄が日本で広まるのは明治以降である。しかし、直弼は当初から外国人のもたらす文物に大きな関心をよせていた。安政の開国は外国に圧迫されてやむなく行われる形になったが、個人としては直弼自身、望ましいところもあったにちがいない。

権威に反発した福沢諭吉

「天は人の上に人を造らず」というフレーズで独立自尊を謳い上げた明治日本の先覚者福沢諭吉は、九州中津奥平藩の藩士福沢百助の子として、一八三四（天保五）年、大坂の中津藩蔵屋敷で、呱々の声をあげた。中津へ帰ったのは三歳のとき、父が病死したためである。漢学を学んだ諭吉は、やがて長崎に出て蘭学を学び、さらに大坂へ出て緒方洪庵の適塾で学ぶことになるが、少年時代から人情に厚い一方、人なみ優れた反骨精神の持ち主であった。『福翁自伝』から少年時代のエピソードを拾ってみよう。

幼少のときの思い出として、まず出てくるのは門閥制度への不平である。子どもの遊びのあいだにも上士と下士とのあいだには言葉遣いから差別があったというのだから無理もないが、諭吉は「私のために門閥制度は親の

『福翁自伝』

敵でござる」という。諭吉が生まれたとき、父は「この子が一〇か一一になれば寺にやって坊主にする」と母にいったという。この言葉の意味を諭吉はのちに推察した。それはどうしても身分の枠を乗り越えられない時代に、ただ一つ坊主になれば大僧正にでもなれる。そこへわが子をやろうとした父の心情に思いあたった諭吉は、一人涙を流したという。権威への反発・抵抗の精神が少年の心に芽生えたのである。

一二～一三歳のころ、兄が反故を揃えているところをドタバタ踏んでとおった諭吉は、ひどく叱りつけられた。主君の奥平大膳太夫と名のある紙を踏むのはなにごとかというのだ。謝りながらも諭吉は反発した。「殿様の名のある紙を踏んで悪いのなら、神様のお札を踏んだらどうだろう」。こっそりお札を踏んでもなんともない。「それなら厠(トイレ)に放りこんだらどうだろう」。諭吉は思い切ってやってみた。もちろんなんともない。「そりゃみたことか」と思った諭吉だが、さすがに少し怖かったようである。

度胸のついた諭吉は「神罰なんて大嘘だ」と決めつけ、世話になっていた叔父の家の稲荷の社をのぞくと、そこには石があるだけだった。その石をすててかわりの石を入れ、さらに隣家の屋敷の稲荷の社の神体となっていた木札もすてた。それとは知らぬ人びとが、まもなく来た初午に幟を立て、お神酒をあげるようすをみて一人で嬉しがっていたという。卜い、呪い、一切信ぜず、狐や狸がつくという迷信を初めから馬鹿にしていた少年であった。あるとき、大坂から知り合いの三〇歳くらいの女が来て、「誰に御幣をもたせても私が祈るとその人にお稲荷様がつく」といった。一五～一六歳だった諭吉が「それなら俺がやる」というと、女は諭吉の顔をみて「あなたはいけません」と断わる。「どうしてだ。さあ、やってみろ」。諭吉は強く迫って女を弱らせたそうである。

第4部 近代・現代

1……幕末・維新の人びと

鬼の土方歳三はフェミニスト

幕末の京で尊王攘夷派をつぎつぎと取り締まり、斬ってすてた土方歳三。だが、その冷酷無比なイメージとはうらはらに、手紙に意外なものを残している。郷里の武州多摩へ、みずからのモテモテぶりを書き連ねて送っているのである。「なお、私を報国の志ある者とみて、ご婦人方が慕うこと筆や紙に書きつくせないほどです。まず、京においては島原の花君太夫と天神の一之、祇園の芸妓は三人ほど。北野においては君菊・小楽という舞妓、大坂新町には若鶴太夫ほか、二、三人います。北の新地には大勢いて、筆で書きつくせません。ここで一句。〝報国の心を忘るる婦人かな〟」。

土方歳三といえば、泣く子も黙る新選組のなかでもとりわけ「鬼」と恐れられた副長である。そんな歳三が、このように茶目っ気あふれる手紙を書き送っていたとは、意外ではないか。またあるとき、郷里に小包が届いた。「素晴らしく貴いものを、門人一党に送る」と歳三の添書きがある。開けてみると、色街の女たちから歳三宛のラブレターが数十通出てきたので、一同大笑いしたという。実際、京洛で血の雨をふらせた歳三の話を聞いて、「あんな優しい男がなぁ」と、若いころを知る人びとは耳を疑ったのである。

いつも無口で眼光鋭く、敵にも味方にも厳しい姿勢を貫いたといわれる土方歳三だが、実際に対面した人びとの印象は少々違っていたようだ。同時代人の証言をみても、「顔色は青白いほう、漆のような髪を長く振り乱している、ざっといえば、一種の美男子という容貌だった」「無闇に人を斬ったり張ったりするような人間ともみえず、ことに土方は役者とでもいいたいくらいの色男だった」とある。さらに、「歳三は沈着でものに動じない人物だった」「鋭敏で沈勇、一〇〇のことを行うにも電光のように素早い。近藤局長に誤謬がなかったのは、副長の歳三がいたからだろう」など多くの史料・証言が残っている。現在の東京都足立区綾瀬にも新選組が屯羽・伏見の戦いで敗れ、関東に転戦し、逗留したときのエピソードが伝わる。綾瀬川に釣糸をたれる歳三をみて、村の娘たちがきゃあきゃあと大騒ぎだったというのだ。

一八六八(明治元)年、北海道の箱館に辿り着いた歳三たちは、ここを最期の地と思い決め、幕府軍残党の榎本武揚らと五稜郭に立て籠って官軍に抗戦した。歳三は敗色濃い幕府軍にあって、一人、各地の小競り合いで負け知らずの将校だった。そのころの歳三のようすが、「性質は鋭敏で才走り、あくまで剛直だったが、年齢を重ねるに従い温和になった。箱館では、兵士たちはまるで赤子が母を慕うかのような思いで、歳三についていった」と、書き残されている。そして、翌年五月十一日、

土方歳三

箱館が官軍によって総攻撃を受けた日、歳三戦死の知らせが広まると、部下たちは赤子が慈母を失ったかのように、嘆き悲しんだという。

歳三は箱館にいるあいだに写真を撮り、後世に残している。椅子に腰かけ総髪に洋装の歳三は、たしかに美男子であり、現代に通じるカッコよさをも備えているようだ。現存している写真は、腰から上のものと、ブーツまでうつった全身像の二種があり、どちらも箱館の写真師が撮ったものといわれている。眉目秀麗の優男でありながら、冷徹な鬼の副長であった土方歳三。残された二枚の写真が、ギャップのある歳三の人物を無言で物語っているようだ。

片腕の美剣士、伊庭八郎

明治初期、錦絵新聞の人気ナンバーワンは、片腕の美剣士、伊庭八郎であったという。官軍に抵抗する人物だったにもかかわらず、伊庭の風聞は民衆にもてはやされた。伊庭が片腕で官軍を相手に勇壮に戦ったことが浮世絵版画で物語のように報じられ、江戸の人びとの心を打

伊庭八郎が片腕を失った三枚橋（神奈川県箱根町）

ったのだろう。

伊庭八郎は戊辰戦争において、幕府側の遊撃隊隊長として箱根で激戦を繰り広げたが、戦闘中に弾を受け、さらに左腕を斬られて失った。幕臣であり、心形刀流宗家の嫡子として、「小天狗」と異名をとっていた伊庭には、不覚の極みであったろう。しかし片腕となっても、彼の戦う意欲はいっこうに衰えなかった。けがが回復するや否や、新天地北海道でもう一戦、官軍とまじえようと、榎本武揚の幕府艦隊の一船に乗り込んだ。だが重ねて運悪く、その船が嵐で座礁、艦隊から置去りになってしまったため、しばらく横浜に潜伏して、反撃の好機をうかがうこととなる。

関東はすでに官軍の手に落ちていたため、伊庭は元幕臣の経営する英語塾にかくまわれたのだが、そのときのエピソードがある。色白で役者のような謎の美青年が突然、英語塾にあらわれた。左手は常に懐に入れており、育ちのよい優しい雰囲気をただよわせていた。教師の前でもなぜか懐手をくずさなかったため、周囲から失礼だと注意されるが、青年は静かに微笑むだけだったという。よもやそれが、江戸の錦絵でもてはやされている伊庭八郎その人であるとは、誰も思いもよらなかった。

もう一つ、横浜時代の伊庭について伝聞が残る。吉原で評判の太夫小稲は、伊庭と相思相愛の恋仲であった。潜伏中の伊庭は、使者に手紙を託して江戸の小稲へ所在を知らせた。小稲は客を装った使者から手紙を受け取ると、涙に暮れながら読み、夜を明かした。しかし、翌日になると気丈にも、「八郎さんの無事をお祈りしています」と、五〇両の逃走資金を使者にあずけて帰したという。

小稲の工面した大金が助けになり、関東から脱出した伊庭は、幕府残党軍の立て籠る北海道の箱館五稜郭に辿り着いた。五稜郭では、遊撃隊の同志、人見勝太郎や、道場時代からの付合いである新選組の土方歳三ら、旧知の友人たちに歓迎された。一八六九(明治二)年春、官軍はふたたび五稜郭軍を攻撃、伊庭たちは激しく抗戦。だが伊庭のそばで爆発が起き、大きな木片が腹部にささってしまう。高松凌雲の箱館病院に収容された伊庭は、もはや動けぬ身体となり自刃する力も残っていなかった。五月十一日、五稜郭は陥落、幕府の時代は終りを告げた。その日、伊庭はベッドで毒をあおり、享年二七歳の一生を終えたという。

山岡鉄舟、西郷を説得する

一八六八(慶応四)年三月五日、江戸総攻撃に向かう官軍の大総督有栖川宮熾仁親王は駿府に入り、翌日、参謀西郷隆盛は十五日の総攻撃の命をくだした。東海道をくだる部隊は十二日に品川へ、東山道を進む部隊も十四日に板橋に入り、決戦はすぐそこに迫っていた。

そのころ、江戸では幕府の最高幹部勝海舟が、旗本山岡鉄太郎(号鉄舟)と会っていた。鉄舟は、駿府の西郷に慶喜の恭順を伝えて総攻勢を中止させたいと話し、海舟はこれに応じて西郷への書簡を認め、鉄舟に薩摩藩士益満休之助を同道して駿府へいくことを求めた。益満は前年、江戸の薩摩屋敷焼打ちの際に捕えられ、勝がその身をあずかっていたのである。

三月六日、江戸を発した鉄舟は、東海道の官軍の検問を突破して九日に駿府に入り、西郷に面会すると勝の手紙を渡し、事情を説明した。西郷は感嘆した。「このところ、静寛院宮(和宮)や天璋院(家定夫人、篤姫)の使者と称する者がよく来るが、恐れおののいてなにもわからぬ。今、そなたの言を聞いて事情がよくわかった」。大総督と話しあった西郷は慶喜恭順の条件として七項を示した。

しばらくみていた鉄舟はいった。「官軍は本当に和を願っておられるのか、それとも戦いたいのでござろうか」。「官軍は好んで戦いを望んでいると思われるのか」と反論する西郷に、鉄舟は重ねていった。「ならば、江戸城明渡し、軍艦・武器一切の引渡しなどは承知でき申すが、最初にあげられた慶喜公の備前藩お預けについては、幕臣として断じて応じられませぬ。臣下の分際で主君を人手に渡すことができましょうや。あなたも私の立場に立って、よくお考え願いたい」。肩をあげ、気を高ぶらせ、毛髪も逆立たんばかりの鉄舟をみて、西郷もしばし沈黙した。ややあって口を開いた。「わかり申した。この吉之助、わが身にかえて慶喜公をお救い申す」と。

鉄舟は十日に江戸へ帰着。そして十三・十四の両日、江戸の薩摩屋敷で西郷・勝の会談が行われた。改めて条件が提示され、慶喜は隠居のうえ、水戸で慎しむこととなった。勝は万一に備えて江戸の焦土作戦も考えていたが、それを中止したという。会談成功のレールをしいたのは、鉄舟の駿府入りにあったといえよう。勝は日記にこう記した。「山岡氏、義勇にしてその識高く、敬服するに堪えたり」と。

凌霜隊の悲劇

一八六七(慶応三)年四月、郡上藩江戸屋敷の凌霜隊と称する三九人の藩士たちが脱藩して会津へ向かった。率いるのは江戸家老朝比奈藤兵衛の子息茂吉で、「凌霜」とは、霜をしのぎあらゆる苦難に打ち克つの意味である。

郡上藩は十八世紀半ば、譜代の青山氏が丹後国宮津から美濃国郡上・越前国大野の両郡のうち、四万八〇〇〇石をあたえられ、郡上の八幡山に城を構えた小藩で、八幡藩とも呼ばれている。幕末の一八六七年、美濃の諸藩は新政府軍・幕府軍のいずれにつくか悩んだが、郡上藩は藩主の意思で新政府軍についた。しかし江戸藩邸では佐幕派が強く、有志が凌霜隊を結成して幕府軍・会津軍に加担した。これに対し、藩はこの戦いで幕府軍勝利の場合に備え、非公式に経費を負担するなどひそかに支援する態度をとったのである。

凌霜隊士はチョンマゲを切り、総髪にして江戸を発し、幕府の大鳥圭介軍に従って会津を攻める官軍と戦った。まず小山の戦いで、勝利をえた凌霜隊は日光で会津藩兵と合流し、宇都宮城に入って北関東各地で官軍と戦い、九月四日に包囲網を突破して会津若松の鶴ヶ城に入ると、再編された白虎隊に組み込まれて、西出丸の防衛にあたった。

しかし、官軍猛攻の前に会津軍は圧迫され、九月二十二日に落城した。このとき、凌霜隊員は二六人に減じていたが、彼らは郡上へ護送されることになり、十月十二日に猪苗代を出て十一月十七日に郡上八幡に帰着した。そこに待っていたのは、賊軍の汚名と禁固の処罰であった。獄中の生活は厳しく、食事は朝夕が汁、昼は隔日に塩ものがあたえられるという粗末さで、塵紙は一〇日ごとに四〇枚ほどが渡されるという不衛生さのなかで、肉親との文通も禁じられ、病人続出というありさまであった。

一八七〇(明治三)年三月、ようやく、禁固が解かれて釈放された。しかし、藩のためにと思って活動した隊員たちへの世間の目はきわめて冷たく、嫌気のさした者たちは、郡上を去って彦根や東京へ移っていった。しかし「霜をしのぎ、苦難に打ち克つ」気風がたえてしまったわけではない。一九三四(昭和九)年、大陸進出の夢が高まるなかで、郡上郡に凌霜隊が復活し、その三年後には満蒙開拓青年義勇隊の一員として大陸へ渡る若者が多く出た。一九三三(昭和八)年に城が再建された八幡山の山腹には凌霜隊の顕彰碑があり、城の西にある郡上八幡博覧館には隊の歴史が展示されている。

勤皇の女性、野村望東尼

野村望東尼の名を知る人はあまり多くはないだろう。しかし一九四三(昭和十八)年の国民学校教科書『初等科修身』に載せられ、「女の身ながら勤皇の精神にもえた望東尼の一生はなんというかがやかしいことであろう」と評せられた人物である。

望東尼は一八〇六(文化三)年、三万石取りの福岡藩士浦野重右衛門の三女に生まれ、「もと」と名づけられた。彼女の一生は家庭生活にめぐまれていたとはいえない。一七歳で福岡藩士郡利貫に嫁いだものの、半年で破局を迎え、二四歳のとき、三人の男子をもつ野村貞貫と再婚して四人の女子を生んだが、これらの子はいずれも早く失われ、夫とともに歌人大隈言道について和歌を学び、書道に親しんだものの、その夫も、もとが五四歳のときに世を去ってしまう。もとは四〇歳のとき、夫が致仕してから、福岡の平尾に隠棲していたが、夫の死の際に剃髪して尼になり、望東尼と称するようになった。

望東尼の心には勤皇の志がしだいに高まっていった。一八五八（安政五）年、五三歳のときにはすでに平野国臣・月照との交流もあったが、五六歳のときに上京して尊攘運動の激流を肌をもって感じ、志士たちとの交流を深めるようになった。

なかでも親しくつきあったのは、長州藩の高杉晋作であった。晋作は一八六四（元治元）年、第一次長州征討で長州が敗れたとき、九州に逃れ、谷梅之助の変名で望東尼の平尾山荘に潜伏した。望東尼は高杉から新しい時代の流れを学び、勤皇の志をいっそう深めていった。

翌一八六五（慶応元）年、福岡藩の尊攘派弾圧により、六〇歳だった望東尼は、豊後の姫島へ流罪となった。彼女は広さ四畳ほどの牢に閉じ込められたが、女性として

Column

尊攘志士の異名・変名

尊王攘夷運動の推進力となったのは勤皇の志士たちである。志士とは有志の士、つまり天下・国家を変える人たちの称であり、その多くは長州・薩摩・水戸・土佐などの下級武士であった。

志士たちは地下運動を進めるため、異名・変名を用いる者も多かった。桂小五郎（のち木戸孝允）は桂大隅・臼田幸助、伊藤俊輔（のち博文）は花山春輔・越智斧太郎などの変名を用いたりした。坂本龍馬が才谷梅太郎と称したことはよく知られているが、高杉晋作は谷梅之助・谷潜三・越後屋助一郎などとも称し、中岡慎太郎は石川清之助・横山勘蔵・大山彦太郎などの異名を用いている。

の身だしなみを忘れることなくすごしたという。病の篤かった高杉はこれを知ると、手の者を送り、望東尼を一〇カ月余の流罪から解放し、下関の豪商白石正一郎のもとにかくまった。高杉は一八六七(慶応三)年四月、肺結核のために二九歳の生涯を終えるが、このとき「面白き ことも無き世に 面白く」と辞世をよみかけて息たえ、「住みなすものは 心なりけり」と締めくくったのは望東尼であった。

その後、望東尼は三田尻へ移り、防府天満宮にかくまわれた。倒幕運動の成功を祈って一七日間の断食をして祈願するなどしたが、十月十四日、ついに大政奉還の上表が行われる。これをみて安心したのか、望東尼が六二歳の生涯を閉じたのは十二月一日のことであった。

斗南藩士の苦悩

いつの時代でも戦いに敗れた者の運命は残酷である。戊辰戦争で最後まで幕府に忠誠をつくした会津藩の武士たちにも厳しい運命が待ちかまえていた。

殺到する官軍の攻撃の前に約一六〇〇人の死者を出した会津藩は、二八万石の領地を失い、一八六九(明治二)年、容保の子松平容大は、下北半島の北・三戸・二戸の三郡で三万石をえて再興が許された。翌年、藩名を斗南藩としたが、この名は会津藩が北へ移っても「北斗以南皆帝州」という意をこめてのものだった。しかし、公称三万石のこの地の大半は不毛の荒野で、実高は七〇〇〇石程度にすぎなかった。

JR大湊線の下北駅の北、青森県むつ市の田名部に斗南ヶ丘という地がある。現在、ここには「斗南藩史跡地」の標識が建てられ、「斗南ケ丘」の説明がある。それによると、斗南ケ丘には一番町から六番町までの市街地があり、それぞれ家屋敷が割りあてられていた。一屋敷一〇〇坪ずつとして土塀をめぐらし、一戸建て三〇~五〇棟、二戸建て八〇~一〇〇余棟の家が建てられ、東西に大門を建て、一八カ所に井戸が掘られたという。現在、ここには「斗南ケ丘市街地跡」の説明板があるが、ここへ一八七〇(明治三)年に総数約一万七〇〇〇人、戸数約二八〇〇戸が入った。翌一八七一(明治四)年、むつ市円通寺に斗南藩庁もおかれ、開拓に本腰が入れられ、

斗南藩史跡地(青森県むつ市)

藩校斗南日新館もつくられた。しかし、過酷な風雪は多くの家を倒し、懸命に働いた藩士たちは、厳しい気候と過酷な労働とにたえかねて、病死者・失踪者が流出した。一人、また一人と斗南の地を去る者が続出するなかで、廃藩置県が行われ、斗南藩は斗南県となったが、やがて弘前県に合併されて消えてしまい、改めて青森県の一部となった。

斗南の地へいかず、はるばる新天地アメリカ大陸へ移住した旧会津藩士たちの運命も厳しかった。一八六九年、カリフォルニア州のゴールドヒルに入植した会津藩士四〇余人も苦難の日々を送ったようで、今に残る一九歳のおけいなる少女の墓がそれを物語っている。

苦闘する会津・斗南藩の武士たちのなかで、成果をあげた人物もいた。広沢安任である。安任は一二歳で日新館に入学、その後、藩の公用人として活躍し、江戸や箱館にも足を伸ばして見聞を広めた。会津藩が降伏した一八六八(明治元)年には安任は三九歳、会津は朝敵ではないと江戸で弁疏して獄につながれたが、解放された翌年には斗南藩少参事として活躍、貧しい藩士たちの世話に全力を投入した。

一八七二(明治五)年、藩を離れた安任は二人の外人技術者を雇って日本初の民間洋式牧場経営に乗り出した。ところは下北半島のつけ根に近い小川原湖のほとり、現三沢市谷地頭で、もと盛岡藩の牧があったところである。ここで旧斗南藩士などに自立の望みをあたえ、未開発の土地を有効利用して国益を高め、開国日本が諸外国にも劣らぬ国として伸びてゆくための一環として、肉食の普及に貢献する牧畜業を発展させたのだった。その背後には、かつて親交を結んだ大久保利通・渋沢栄一・福沢諭吉らの援助があった。彼はここで牛馬の品種改良、牧草の研究、牧場の経営などに業績をあげ、六二歳で世を去った。現在、この地は「斗南藩記念観光村」と呼ばれ、安任の業をたたえた先人記念館が建っている。

Column

八戸の地名

岩手県東北部から青森県東南部の地域は、江戸時代に糠部と呼ばれ、ここを支配するのは盛岡に本拠をおく南部氏であった。この地域は水稲耕作に適さない寒冷な地域だが、ここで産する馬は平安中期から注目されており、中世、甲斐駒を導入して南部馬と呼ばれる優れた馬の産地となった。

南部氏は鎌倉時代からこれに着目し、一戸から九戸にいたる九つの牧を設けて飼育した。現在の地図をみると、岩手県に一戸・二戸・九戸があり、青森県に入ると三戸・五戸・六戸・七戸・八戸と続く。今は四戸がないが、かつては八戸の南西、三戸と五戸とのあいだ辺りに、四戸があったと思われる。

これに絡んで各地に数字のついた地名を調べるとおもしろい。新潟県の六日町・十日町などは定期市の存在を思わせるが、八戸市には三日町・六日町から始めて八・十・十一・十三・十六・十八・廿三・廿六日町がある。そのいわれを調べてみるのもおもしろいだろう。

2 明治新政の混乱

広沢参議の暗殺

幕末の暗殺は、一八六七（慶応三）年の坂本龍馬・中岡慎太郎の殺害を最後として終り、明治新政府は翌年一月に暗殺禁止令を布告した。しかし御一新の政治に対する反発や期待はずれから、明治初年に三人の高官があいついで暗殺された。

第一号は肥後熊本出身の横井小楠である。越前福井藩の藩政改革に貢献した小楠は、開明派として知られたが、キリスト教徒で外国に通じていると誤解され、一八六九（明治二）年一月、京都寺町で六人の刺客に襲われ、六一歳の生涯を閉じた。政府内部の反横井派の策動もあって、裁判の終結まで一年一〇カ月もかかって落着する。

この間、第二の犠牲者が生まれた。国民皆兵を唱えた長州出身の兵部大輔大村益次郎が一八六九年九月、京都三条の旅宿で反対派の浪士八人に襲われ、二カ月後に死亡した。享年四六歳である。事件は急速に処理され、十二月には犯人処罰も完了した。

一八七一（明治四）年一月、第三の事件が起こった。長州出身の参議広沢真臣が東京麴町の私邸で何者かに刺され、三九歳の若さで世を去ったのである。広沢は薩長同盟にもかかわり、新政府では漸進主義の実務官僚として腕をふるった実力者であったが、妾の福井かねと就寝中を襲われ、全身に一三カ所も傷を受けて死んだ。

太政官はただちに犯人捜索に乗り出した。まずあがったのは福井かね。かねは厳しい拷問にたえかね、家令の起田正一と密通していたことを自白し、起田は石抱き、釣り責めなど二日以上にわたる拷問を受けて犯人は自分だと供述した。起田は司法省に送られたが、一転して無実を主張したので、問題は複雑化した。司法体制が不備だった当時、審理の権限をめぐって東京府・司法省・警視庁などが対立したのである。犯人未確定のまま、四年以上がたち、容疑者の数は四〇人を超えた。

一八七五（明治八）年三月、かねと起田の裁判が司法省大法廷で開かれた。これにかかわったのは判事・検事のほか、はじめての弁護人、そして陪審制度の着想をえて参座（さんざ）制が採用され、中堅の官僚たちから選ばれた一二人の参座が参加した。四日間の裁判ののち、参座の投票が行われ、全員を無罪とした。

　事件は迷宮入りとなった。探索はその後も続き、被疑者総数は六〇人を超えたが、真相はとうとう解明されなかった。広沢は版籍奉還（はんせきほうかん）に賛成したからなど政治的対立から暗殺されたとの見方もあるが、一三カ所の傷などをみても、私怨からの殺害だとの説もある。ともあれ、この事件は近代国家体制樹立をめざす明治政府の生みの苦しみの時代の惨劇であった。

米沢のがむちゃれ、雲井龍雄

　雲井龍雄（くもいたつお）は米沢（よねざわ）藩士として、官軍、そして明治新政府に生命をかけて抵抗した人物で、子どものころから激しい気性の持ち主だった。米沢では、ほかの村から迷い飛んできた凧（たこ）があると、持ち主がとりに来る前に、みんなで壊してしまうのが、子どもたちの習わしである。あるとき、龍雄の近所に凧が落ちてきたのでみんなで壊そうとすると、大きな体の年長の子どもたちが取り戻しに走って来たので、龍雄以外の友達はこわがって逃げてしまった。遠くから年長の子らは「俺たちの凧を壊すな！」と叫んだが、龍雄はひるむことなくすかさず凧を踏み抜き、「そら、骨だけ拾って帰れ」と言い返して、風のように走り去った。年長の子らは、その迫力に気おされて呆然と見送るだけだったという。

　龍雄は万事がこんな風で、自分でも「小さいころから、がむちゃれの性格で……」と、自覚している。「がむちゃれ」とは米沢の言葉で、負けず嫌いの気性のことをいう。このことについては、「長男は柔和なので安心だが、弟の龍雄は勝（かち）を好む腕白（わんぱく）で暴れ者なので、どうなるか心配だ」と父母もいっていたようである。また、師匠からも「龍雄、温厚の二文字を身につけなさい」と、説教されていたらしい。

　だが龍雄は、気性が頑強なだけの荒くれではなく、熱心に勉学に励む、学識豊かな人物だった。江戸で安井息軒（やすいそくけん）に師事していたとき、「外国の毛布とかいう、便利なものが横浜（よこはま）に着いたらしいから買ってきてくれ」と、使いを頼まれた。資金をあずかると、横浜に一泊し、翌日

常安寺に新たに建てられた雲井龍雄の墓（山形県米沢市）

戻ってきたが、その手に毛布はなく、かわりに分厚い本『万国公法』が握られていた。師が驚いてたずねると龍雄は、「毛布は手にしてよくみたら日本の毛氈に似たもので、高価な割にそれほど貴重なものとは思えませんでした。そのかわりに購入して参りましたこの『万国公法』は、世界各国の地理と風俗、風土と産業、そして交易のルールなどが、詳細に書いてある便利な一冊です。先生がお読みになれば、必ず国家のために役立つことでしょう」と答えた。息軒は龍雄をとがめず、逆にその価値判断を認め、高く評価したという。

　米沢藩を担う俊才に成長した龍雄は、明治政府にも臆することなく、堂々と自己の考え、主張を述べた。とくに薩摩の藩閥政治・汚職を真向うから糾弾したために、薩摩閥から憎まれ、最終的には、不平浪人を集めて乱を起こそうとした罪で捕縛され、二七歳の若さで斬首されてしまった。しかし、龍雄が掲げた高い理想、「民衆に開かれた政治」「政界浄化」は、残された彼の漢詩に脈々と息づいていた。龍雄は抒情的な漢詩を書く非凡な才能を備えていたのだが、なかでも有名なのは、牢獄から友人に宛てて殉国の思いをつづった長詩で、のちに皇太子時代の昭和天皇の教科書として使用されたという。どんなに優れているとはいえ、政治犯で処刑された人物の詩を、皇太子が手本として学んだというのは、前代未聞ではないだろうか。

　龍雄が没して数年後、自由民権運動が盛んになったとき、民権家たちのあいだで龍雄の漢詩が流行した。民主主義の理想を追い、清い政治を志向する龍雄の男気あふれる思いが、民権家たちの共感を呼んだのである。民権家で詩人の北村透谷も、龍雄の漢詩に感銘を受けた一人だったという。龍雄はその類いまれな漢詩によって、死してなお、後の人々の心に生き続けたのである。

明治初年の贋札事件

明治初年、近代国家としての幣制がまだ確立していないなかで、外国人を巻き込んだ贋札事件が起こった。一八六八(慶応四)年五月、維新政府は殖産興業の資金を供給する必要もあって太政官札を発行した。金札と呼ばれたこの紙幣は一〇両・五両・一両・一分・一朱札の五種類で、翌年五月までに約四八〇〇万円に達した。しかし、政府の権威が確立していないこの時代、粗悪な不換紙幣だった金札はあまり流通せず、各地で贋札もつくられた。なかでも一八七〇(明治三)年三月には福岡藩をあげての贋金札製造が発覚し、五人の斬罪を含む総数五〇人近い連累者の処分が行われ、藩知事まで免職された。

太政官札

騒ぎが起こってまもない一八七〇年四月、開港場横浜で事件が起こった。広東省生まれで横浜居留地で風呂屋を営んでいた清国人竹渓が日本人の錺職人峯吉・塗師職人善三と共謀して贋の金札をつくったのである。彼らはまず竹渓の家の二階で贋造した。銅板上に金札を張りつけ、大針で銅板に模様をつけると、金札を剝がして銅板に漆で模様や文字を模写する。この上に薬を塗って腐蝕させ、鉄の器具で彫りを仕上げ、紙に摺りたてるという手順である。三人はやがて懇意の清国人亜福がつとめるイギリス公使館の二階を、たまたま公使が日光へ出張したのを利用して借り受け、一週間かけて贋札を製造した。逮捕までのいきさつは明らかではないが、正月初めに四人が捕えられ、銅板六枚、贋札一四一枚が押収された。

札は未使用だったが、日本のしきたりでは贋札製造は死刑であった。しかし、問題は二人が清国人であったこと、清国は安政の条約の調印国ではないが、条約未締結国の裁判は列国領事立会いで日本の法律に基づいて裁かれることになっていたから、きわめて面倒だった。

六月になって神奈川県の裁判所は、竹渓・峯吉・善三を死刑、亜福は徒刑という案をつくると、太政官に提出して伺いを立てた。これに対し、刑部省は再審すべきかどうかの伺いを立て、列国は九カ国領事の連名で量刑をゆるめよと希望を申し入れた。神奈川県と日本政府は苦慮した。法権独立の危機さえ感じたのである。太政官は列国領事たちと交渉する一方、外務省は清国政府との交渉を進めた。こうして列国領事館や清国政府の異議を押さえ込んだうえで、十一月末に刑が執行された。

事件そのものは大したことはなく、実害もなかった。しかし、国内情勢が不安定ななかで起こった外国人関連事件として関係者の憂慮はたいへんなものだった。そして結局は法権独立を守ることができたのだが、司法権に対する外交権の優位がめだった事件でもあった。

呆れはてた旧物破壊

明治初年は政界の大激変とあいまって、日本社会が空前の変化をみせた時代であった。富国強兵のスローガンのもとに、政府は西洋文明をおおいに採り入れて社会と文化の近代化推進につとめ、「文明開化」と呼ばれる風潮が広まった。しかし、行過ぎもひどかった。一八六八(明治元)年の神仏分離令をきっかけに吹き荒れた廃仏毀釈の嵐のなかで、堂塔や仏像・仏画・経典・絵巻・什物などが破壊・焼却の悲運に陥った。一八七三(明治六)年七月、新聞には、仏道は日々衰微して寺院の多くは学校・兵営・出張所などになり、瓦は落ち、柱は折れ、本尊仏なども薄暗い小部屋の片隅に押し込められるという状況だと報じられている。

このころ、各地で旧物破壊が行われた。入間県(現埼玉県)では石橋をつくるために寺の門前の碑を石材に用い、山形県では湯殿山の供養石や神仏の名号を彫った石像・塔婆の類いを路傍から一切取り除くことを県庁から命じられ、敦賀県(現福井県)では石仏などを敷石・靴脱ぎに使ったりした。滋賀県では古来の地蔵祭りを禁止して多くの路傍の石地蔵を車に積んで大津市中を曳いていったので、老人・女・子どもたちが涙を流しながら、あとを追ったという話などが報じられている。

「文明開化」の進行のなかで、伝統的な芸術品や芸能は軽視され、貴重な文化遺産が二束三文で叩き売られた。山本笑月の『明治世相百話』によると、明治初年は古美術の無価値時代で、とりわけ茶道具などはただ同然になったという。たとえば千利休の用いた茶杓がただの一○銭、江戸前期の茶匠四方庵山田宗偏作の茶碗が二○銭だった。一八七二(明治五)年五月に仮開通した品川―横浜の鉄道運賃が上等一円五○銭、中等一円、下等五○銭だったのに比べると、まさにただ同然といえるだろう。写楽の浮世絵もひどかった。明治初年に彼の役者絵がなんと一枚五厘だったという。それが明治二十年代半ばには二円、三十年代半ばには三○円となり、大正期の大戦景気の成金相場では一躍、数千~一万円に暴騰したというのである。

『世相百話』は、このような明治初年の無価値な時代について、破壊の時代が来たと記す。明治七・八(一八七四・七五)年のころ、東京本所の五百羅漢寺の三匝堂(栄螺堂)が壊され、葬祭場がつくられることになった。三匝堂は一六九五(元禄八)年、仏師松雲元慶が開いた天恩山五百大阿羅漢禅寺にある三階建ての堂で、栄螺のように右繞三匝で百観音を巡拝できるようにしてあった(一七八ページ参照)。この珍しい堂を壊して、壊し屋に払い下げ、堂内の百観音は小梅の古金屋が買って、俵に三、四体ずつ詰めて持ち去った。一○○体のなかには松雲自作の像もあったが、これらをすべて焼き、灰のなかから金箔の金をとろうというのである。これを聞いた高村光雲は師の東雲に告げ、急ぎ駆けつけてそのうち五体を一体一分二朱ずつで買いとった。光雲自身もそのなかから松雲の像を師に願って譲り受けたというのである。五百羅漢寺はその後、一八八七(明治二十)年に本所、一九一○(同四十三)年に目黒区の現在地に移転し、当時の五百羅漢像のうち、三○五体が保存されている。

『世相百話』はつぎのような話も伝えている。ある男爵が府中の古道具屋で立派な金蒔絵の手箱が小刀で削ら

Column

金毘羅さま

明治初年の神仏分離令で、神仏混淆が禁じられた。「讃岐の金毘羅さん」もその対象となった。コンピラは、梵語の「クンピラ」すなわちガンジス河に住む鼻の長い鰐魚の神格化で、これを音訳して金毘羅・金比羅・宮比羅・金刀比羅などと表記する。仏教では薬師如来の十二神将の一人、宮毘羅大将である。日本では四国讃岐の象頭山(松尾山)松尾寺の伽藍守護神に勧請され、神仏混淆して金毘羅大権現と呼ばれた。鰐魚というところから、航海の神として厚い信仰を受け、江戸時代には北前船の活動もあって、その信仰は全国に広がった。

明治の神仏分離令で金比羅大権現は姿を変えた。祭神は大物主神となり、社名は琴平神社のち金刀比羅宮となった。航海の神としての信仰は厚く、金刀比羅宮・金比羅さんとして親しまれている。

れているのをみて、驚いて理由を聞くと「金をとるのだ」という。あまりにもったいないので、そこにあった蒔絵の器物全部を安価で買いとり、これを機としてのちに屈指の蒔絵収集家になったというのだ。そういえば、奈良興福寺五重塔が一五円で売られようとしたのも、塔に用いられていた金属を売る場合の値段が一五円だったという。羅漢寺の百観音も蒔絵の手箱も金箔の値段しかつかなかったのである。

男女混浴と文明開化

庶民の家に内風呂が普及するようになったのは、昭和三十年代の高度成長期以後のことで、それまで都市の庶民は公衆浴場(風呂屋・湯屋)へいくのが普通であった。

近世の三都のうち、江戸は火災が多く、水も不自由だったので、町人の家で風呂をもつところはほとんどなく、人びとは各町の湯屋へいった。入浴料は近世前期は大人六文、子ども四文、後期にはそれぞれ一〇文、六文になった。人びとは入浴後、二階へ上がって休憩し、噂話を楽しみ、碁・将棋にふけり、読物に目をとおすなどして、湯屋は町内の社交場となった。当初から客の世話をする湯女をおくところもあったが、風俗を乱すというので、一六五七(明暦三)年以後に禁じられ、それでも出現する湯女たちは新吉原へ送られるなどした。

湯屋は男女混浴が普通で、脱衣する板の間、身体を洗う流し場、ざくろ口をもぐって入る浴槽もそうだった。一七九一(寛政三)年、風俗を乱すとの理由で江戸では混浴禁止となったが、徹底はしなかった。一八〇八(文化五)年の調査では男風呂一四一、女風呂一一に対し、男女両風呂は三七一あって、男女別風呂もあったものの、多くは共用であったことがわかる。

幕末に日本を訪れた欧米人は、この状態をみて驚きの目をみはった。ペリーは、その『日本遠征記』に、「丸裸を平気で男女無差別に混浴している情景は、道徳的にみてけっして感心しない。全国一般の風呂とはいえないとしても、下層の庶民は淫蕩だ」と述べている。続いてやって来たハリスは、下田の滞在中にみた情景として「日本人は清潔な国民で、誰もが毎日公衆浴場に入るが、老若男女同じ浴場に入って裸で身体を洗っている。何事にもまちがいのない国民がどうしてこんな品の悪いことをするのか、理解できない」と『日本滞在記』に記した。またイギリス公使オールコックは一八五九(安政六)年に来日したとき、東海道で彼の行列がたてる音を聞きつけた入浴中の男女が、格子のついた窓のところまでせりあがってながめていたことや、一八六一(文久元)年、九州の嬉野・武雄の温泉の湯浴場で多くの男女が入浴している情景をみてショックを受けたことを『大君の都』に記している。

しかし、一八六五(慶応元)年に来日したドイツ人シュリーマンは、横浜に上陸したとき、三〇~四〇人の全裸の男女が公衆浴場にいるのをみて、「なんと清らかな素朴さだろう」と叫び、日本人にとって「混浴は恥ずかしいことでも、いけないことでもない」と思いあたった。

同じような情景を江戸でもみたシュリーマンは改めてこのことにふれたのち、「どうしてあのように純粋で敬虔な心になれるのか。どうしてもわからない」とその旅行記に記している。

「列強に追いつけ、追いこせ」を合言葉にした明治政府は、西欧人の風俗とあわない日本人の風俗を一掃することを決意した。一八六九(明治二)年、東京府はまず、銭湯における「男女の入込み」を禁じ、薬湯でも不可とした。翌年には重ねてこれを通達するとともに、浴場の入口や格子窓には、のれんをかけて、外から見通せないようにと令している。

そして一八七二(明治五)年十一月、東京府は五五条からなる違式詿違(いしきかいい)条例を発した。違式とは故意に慎しむべきことに違反すること、詿違とは過失で人の迷惑になること、つまり、故意か過失でおかした軽犯罪取締法である。違式とは裸体をみせること、男女混浴の湯を営むこと、刺青すること、贋造したり、腐敗したりした飲食物を販売することなど二三条で、罰金や笞(むち)打ちが科された。詿違には立小便や幼児に大小便をさせることなど二五条で、罰金ないし拘留が科せられた。おもしろいのは違式・詿違の意味や行動の種類をわからせるため、すべてを図解したものが販布されていることである。

条例は他府県にもおよび、一八七六〜七七(明治九〜十)年にかけて多く出され、京都府のものなどは全一〇五条となった。また、一八七九(明治十二)年には朝鮮釜山(プサン)港の居留地にまで出されている。政府は徹底して旧来の悪習一掃を試みたのである。現在ながめてみると、おもしろいものがある。違式には乗馬で馳駆(ちく)すること、外国人を無届で止宿させることなどがあり、詿違にはものを電信線にかけること、無提灯で人力車(じんりきしゃ)を曳くこともある。珍談としては土手で放屁して邏卒(らそつ)に罰金を払った者がいたり、東京見物に来た田舎の男が尿意を催して「郵便箱」に小便してしまったことなどがある。一八七九年の東京での違反者は一万四五五一人、うち男が九九%を占めた。多い種類は男子は裸体・立小便・喧嘩、女子では幼児の小便・喧嘩であったという。

祭神から追われた平将門

一八七四(明治七)年九月十九日、明治天皇は東京板橋の練兵場から宮城へ巡幸の途中、神田明神に参拝することになった。王政復古以来、神道国教化につとめていた教部省は、逆賊の平将門をまつる神田明神に天皇が頭をさげることになるとして大慌て、急ぎ本殿の東に別殿を建てて将門の霊を移し、「将門神社」の額を掲げた。本殿の「神田大明神」の勅額も撤去して神庫におさめ、太政大臣三条実美の記した「神田大神」の額をあげることにした。これが氏子たちの反発を呼ぶことになった。

神田明神の祭神については諸説があるが、江戸後期に編まれた『江戸名所図会』には祭神として大己貴命と平親王平将門の霊二座をまつると明記してある。江戸の市民は徳川幕府の開設によって京都の朝廷から江戸の幕府へ事実上の政権が移ったことにより、かつては朝敵・逆賊として扱われていた将門を東国の英雄として、同情と尊敬との念をもって接するようになっていた。朝廷側でも寛永年間(一六二四~四四)に勅使を差し向けて、将門の罪を免じていた。そこで神田明神は幕府の保護をえて江戸の総鎮守とされ、神田祭は山王祭とともに天下祭となった。江戸の庶民は、北半分が神田明神、南半分が日枝山王神社の氏子という形になったのである。

将門の霊が移されたあとの本殿には、大己貴命と新しく常陸国の大洗磯前神社から移された少彦名命の二柱の神霊がまつられた。江戸市民の願いをこめた将門の霊は神田明神境内の摂社、将門神社にまつられることになったのである。しかし、一九二三(大正十二)年の関東大震災で将門神社が罹災したので、将門の霊はふたたび本殿に戻った。その後、一九三四(昭和九)年にはコンクリート造、総朱塗りの本殿が完成し、激しい東京空襲にもたえぬいた。そして一九八六(昭和六十一)年、正式に一の宮大己貴命、二の宮少彦名命、三の宮平将門となった。

明治政府は、歴史教育においても将門逆賊史観を広めることにつとめ、一九〇三(明治三十六)年の国定教科書制度のもとで出された『小学日本歴史』には、将門が純友と東西呼応して謀叛を起こしたこと、将門が偽宮を立てて新皇と称し、百官をおいたことを記した。続く明治

～大正期の『尋常小学日本歴史』もこれを承けたが、大正～昭和期の『尋常小学国史』では将門の名が消えた。戦後になって皇国史観が否定されると、将門の事績も歴史事実として記述されるようになる。しかし、江戸庶民の心情は、今も東京市民のあいだに受け継がれている。神田明神の氏子たちは、成田へいくことはあっても、将門調伏に働いた成田不動尊には参詣しないそうである。

西南戦争の後始末

一八七七(明治十)年九月二十四日、鹿児島の城山に立て籠っていた西郷隆盛は股の付根を射たれて歩行もままならず、「もう、ここらでよか」の一言で切腹し、別府晋介の介錯で露と消えた。享年五一歳。この年二月に始まった西南戦争は半年余の戦いの末、西郷軍の敗北で終った。戦争中に木戸孝允は病死していたから、維新三傑と称された二人が亡くなり、残る一人の大久保利通も翌一八七八(明治十一)年に東京の紀尾井坂で暗殺され、時代の転機を迎えることになる。

いかに士族たちの政府への不満が大きく、西郷隆盛への期待があったにせよ、戦力的にみれば、西郷軍の敗北は当然であった。戦争に動員された兵力は、政府軍の総数六万人(うち海軍二〇〇〇余人)を超えたのに対し、西郷軍は三万人と半分にすぎず、戦費にいたっては政府側が四一五六万余円を超えたのに対し、西郷軍はわずか七〇万円ほどと推定され、そのうち一四万円余はいわゆる西郷札であった。装備においても政府軍のほうが一歩進んでおり、徴兵された平民軍隊が士族軍隊に優越することが立証されたのである。

戦争が続くなかで、新政府は反乱軍の処置に手をそめた。まず戦前から事あるごとに政府にさからい、私学校に同情的で、西郷軍に献金までした鹿児島県令大山綱良は三月十七日に、官位を奪われ、東京に送られて、臨時裁判所で裁かれることになった。一方、西郷軍に加わった者たちは国事犯とされ、征討総督有栖川宮熾仁親王のもとに設けられた長崎の九州臨時裁判所で裁かれることになった。裁判長には佐賀の乱で江藤新平を裁断した河野敏鎌が任命された。五月には東京にあった大山綱良も九州臨時裁判所に移ることになった。三権分立が定まっていなかったころの裁判所は行政府の意向で、司法も行われていたのである。

裁判は戦争の首謀者を厳罰に処し、文字が読めない者、自首した者、脅迫によって従軍させられた者、それに途中で官軍について功を立てた者などを情状酌量の対象として進められ、順次処刑が行われた。結果は処刑者二七六四人、免罪者四万三四九人、無罪者四四九人で、ほかに判決以前の死亡者四七人があり、起訴された者はおおよそで四万三六〇九人であった。

処刑者二七六四人の内訳は斬罪二二人、懲役一〇年三一人、同七年一一人、同五年一二六人、同三年三八〇人、同二年一〇八五人、同一年六一四人で、ほかに一〇〇日

Column

西郷札

一八七七(明治十)年六月、西郷軍が宮崎県の佐土原で発行した紙幣。西郷軍が戦費不足を補うために発行したもので、西郷軍の軍票といえる。総額約一四万二五〇〇円に達した。

種類は一〇円(浅黄色)・五円(ねずみ色)・一円(浅黒色)・五〇銭(淡黄色)・二〇銭(黄色)・一〇銭(藍色)の六種で表面には額面と「管内通用」の文字、裏面には「此札ヲ贋造スル者ハ急度軍律ニ処スル者也」、「此札ヲ以テ諸上納ニ相用ヒ不苦者也」の語と「通用三ヶ年限」の文字が記されていた。製造の総裁は桐野利秋である。西郷軍敗北のちは信用がまったくなくなり、政府も補償しなかった。

西郷札

以下の懲役や除族の者もあった。大山綱良は西郷隆盛の逆意を助け、人心を煽動し、官金一五万円を西郷軍に渡したなどの罪により、士族籍を奪われたうえで斬罪を申し渡された。

山岡鉄舟の豪傑ぶり

江戸無血開城の功労者鉄舟、山岡鉄太郎は旗本の五男に生まれた。筋骨たくましい偉丈夫で、一刀流の剣客として知られ、高橋泥州に学んだ槍術の使い手でもあった。江戸幕府が瓦解し、明治新政府が成立すると、鉄舟は新政府の静岡県・茨城県の県令などを歴任したのち、一八七二(明治五)年から一〇年間、宮内省に迎えられ、天皇の側近に侍して厚い信頼をえることになった。

鉄舟の性格はきわめて豪放であった。一八八二(明治十五)年、宮内少輔の役を辞したとき、大臣たちは深く惜しみ、参議兼工部卿だった井上馨に留任を説得させた。井上はいった。「もしあなたが前職は望まぬといわれるなら、お望みの職を考えます。それでもおやめになりますか」。鉄舟はしばし考えたうえで答えた。「しからば私を陸軍大将にできますか」。「いや、それは……。大将は軍人の職ですから。私が申し上げるのは文官に限ります」。「わかりました。ならば私は太政大臣になりたいですね」。これには井上も一言もなかったという。

こんな話もあった。キリスト教の宣教師が鉄舟を訪れ、延々三時間もかけてキリスト教とはなにかについて話した。鉄舟は黙って聞くだけで一言も発しない。疲れた宣教師が改めて鉄舟の意見を求めると、鉄舟は大きく口を開いて笑っただけだった。やむをえず辞した宣教師は同僚たちと相談し、改めて鉄舟を訪れると、いちだんと熱を入れて説教した。鉄舟は姿勢を正して問いかけた。「あなたはキリストをもっとも偉い人と思われるのか」。「左様でございます」。「ならば伺う。この世にキリストより偉い人がいればあなたはそれを信じますかな?」。「まことにそうならば、どうして信じることをためらいましょうや。なれどそんな人はおられませぬが、あなたはおられるとされますのか?」。鉄舟はいった。「もちろん、左様です」。「ならば、その偉い人とはどなたですか」。反り身になった鉄舟が答えた。「この鉄舟ですぞ」。

雷のような大声に宣教師は一言もなく立ち去ったというのである。

鉄舟は、普段は気軽に町中を歩き、料亭にも花柳界にも顔を出し、寄席で落語を聞いたという。そのころ、噺家で有名だったのは、名人として人気のあった三遊亭円朝だったが、初めはずいぶん気障で緋縮緬の長襦袢などを着るという風だった。ところが、円朝をひいきした鉄舟に「お前は話はうまいが、人間はできてないな」といわれて、一念発起、鉄舟らのもとで参禅し、以心伝心の境地に達したといわれている。

Column

円太郎馬車と円タク

明治前期に流行した乗合馬車のうち、みすぼらしいがたくり馬車を円太郎馬車とも呼んだ。落語家橘屋円太郎(その子が三遊亭円朝)が、高座で乗合馬車の御者がもつラッパを吹いて真似したことから、「円太郎馬車」の呼び名が広まった。大正時代にバスの運行が始まるが、一九二四(大正十三)年の東京市バスは設備が悪かったので「円太郎バス」と呼ばれている。

タクシーがあらわれたのも大正時代。一九二四年に大阪市内で、市内一円均一のタクシーがあらわれたので「円タク」と呼ばれた。ついで一九二六年、東京でも市内一円均一の円タクが出現するが、昭和初頭の不況の時代は近距離三〇銭ぐらいになったという。

3 民権・国権の伸展

高知の民権婆さん

　明治の日本では女性参政権はなかったが、民権運動の故郷ともいうべき高知に記念すべき一人の女性があらわれた。一八三六（天保七）年に生まれ、一九二〇（大正九）年に世を去った楠瀬喜多がその人である。

　喜多は高知城下の車夫の子に生まれ、幼いときから好学心が強く、漢学塾に学んだ。日本が泰平の夢からさめてまもない一八五七（安政四）年、喜多は二二歳で高知藩剣道指南役楠瀬正知の妻となり、みずからも剣道・薙刀を習い、さらに鎖鎌の奥義にも達するようになった。しかし、その結婚生活はわずか一七年で終る。一八七四（明治七）年、夫と死別した喜多には子がなかったので、みずから跡を継いで戸主となった。

　一八七八（明治十一）年九月、当時、大区小区制が行われていた高知で、区会議員の選挙があった。投票したいと思った喜多は女性に参政権がないことに衝撃を受けた。「戸主として納税までしているのに、なぜ投票権がないのか」。県に抗議をしても相手にされず、税金滞納をしても埒があかない。喜多はついに内務省に訴え、これまた拒否されたものの、女性参政運動のトップとして『東京日日新聞』などで報道されることになった。

　折しも全国に自由民権運動が盛り上がっており、政治にめざめた喜多は立志社に身を投じ、演壇に立つこともあった。あるとき演説の最中、コップの水を飲もうとすると、立会いの警官から「演説中止」の声がかかった。すると喜多は「水を飲むにも、箸をとるにも、いちいち警官から指示されるのでは、とても生きてはゆけませぬ」と聴衆に同意を求め、湧き上がる拍手のなかで警官は追われるように去っていったという話もある。

　一八八〇（明治十三）年、地方行政は郡区町村編制法によって動くことになり、喜多の住む高知でも区会が設けられ、選挙が行われた。喜多の強い要求の前に高知県庁はついに女性の参政を認めた。女性参政権の獲得はアメリカのワイオミング州についで世界で二番目であった。しかし、政府は一八八四（明治十七）年の区町村会法改正に際し、またもや女性の参政を拒否したのである。

一八八〇年の集会条例、九〇(明治二十三)年の集会及政社法において女性の政治活動は禁止された。喜多の活動は民権運動の支持・協力活動に進んでゆく。河野広中・頭山満・杉田定一ら土佐を訪れた著名な民権活動家たちは、いずれも喜多に世話を受けた。喜多はいつしか「民権婆さん」の愛称で呼ばれるようになった。彼女の情熱はなお衰えることはなかった。一八九〇年第一回総選挙のときには、選挙場へいって選挙を拒否されると「女だといっても納税の義務は十分果たしている。それを投票させせないとはけしからん」と抗議したという。時に五五歳であった。

それからの喜多は表面から姿を消し、要法寺で念仏三昧の生活に入り、一九二〇(大正九)年、八五歳の一生を閉じた。今も高知市立第四小学校の正門脇に「婦人参政権発祥の地」ときざんだ石碑があると聞く。

凶暴な弾圧、福島事件

明治時代の官憲の弾圧は人権重視の現代では想像もできないほどひどかった。一八八二(明治十五)年の福島事件の場合をみてみよう。この事件は県令三島通庸の暴政に反対する福島・会津の自由党と地域の住民に対して行われた官憲の弾圧であった。福島県は自由民権熱が盛んで、県会でも議長河野広中をトップに明治政府に反発する動きが強かった。新しく県令として赴任した三島通庸は薩摩隼人を自任し、酒田・鶴岡・山形の県令をつとめた人物で、鬼県令の異名をもっていた。彼は就任直後「火付強盗と自由党とは管内に一人もおかぬ」と豪語し、福島自由党と真向から対決した。

事件は三島県令が若松から山形・東京・新潟の三方に向かう道路建設のため、民衆に土木工事を強制したことに始まる。福島自由党員はこれに激しく反対し、県令は十一月末、会津喜多方の郊外、弾正ヶ原に集まった数千人の農民を鎮圧するとともに、四〇〇〇人近い自由党員を捕縛し、遵法闘争を説いていた河野も福島自由党本部の無名館で警官数十人に踏み込まれて逮捕された。

三島は福島自由党員は内乱陰謀の国事犯だとして徹底撲滅をはかった。『自由党史』はこのときから翌年十一月にかけて、囚人たちに積雪のなかで冷水を頭からそそぎ、棍棒で殴って自白を迫り、五昼夜にわたって飲食をあたえなかったと記している。当然死者も出た。若松の監獄に護送される途中で落命した紺野民五郎を同志が石川島監獄のなかで哀悼した祭文はその死の模様を次のように伝えた。紺野は一月十八日に捕えられると飲食を禁じられ、三昼夜のあいだ、積雪のなかで寒風に吹かれるままに直立させられた。左眼の上は擲られて腫れ上がり、顔色はやつれ果て、気息奄々とするなかで、紺野は身体の疲れの激しいことをなげいた。護送中、ついに血を吐いた紺野は路傍に倒れ、一昼夜ののち、ついに死んだ、と。

これほどの虐待ではなかったが、県会議長河野もひどい扱いを受けた。福島から若松へ護送された河野は二月に東京の高等法院に移された。薄い着物を着たまま捕えられた河野は、降りしきる雪のなかを歩かされたうえ、縄で厳しく縛り上げられ、途中で引き継いだ巡査も、「これはひどい。肉に食い込んでいる」といったほどだったという。河野自身の回想によると、東京から宮城へと獄中生活を続けるあいだ、いつも坐禅していたが、食事は少なく、厳しい労働も強いられた。一八八九(明治二十二)年の憲法発布の恩赦で出獄したとき、典獄の家で安倍川餅を出されたが、獄中では大きい竹箸で食事をさせられていたので、普通の箸ではどのようにして餅を食べればいいのかわからなかったそうである。

人間は辛いことは忘れ、楽しいことのみ記憶に残るという。私たちにしても、あの痛ましい太平洋戦争時代の記憶がしだいに薄れがちだが、いたずらに過去を美化することなく、事実は事実として正確に伝えてゆかねばなるまい。

ノルマントン号事件

「岸打つ浪の音高く、夜半の嵐に夢さめて青海原を眺めつつ、わが同胞はいずくぞと。呼べど叫べど声はなく、尋ね探せど影は無し……」。一八八六(明治十九)年の末、この歌が悲痛な調べに乗せて全国津々浦々に流れた。作者不詳の「ノルマントン号沈没の歌」である。

事件はこの年十月二十四日に起こった。前日に横浜を出航し、神戸港に向かっていたイギリス貨物船ノルマントン号一五〇〇トンは航海中に暴風雨にあい、午後八時ごろ、紀伊半島沖熊野灘で難破、沈没した。船長ドレークをはじめ乗組員三〇人のうち、ヨーロッパ人二六人はボートで脱出したが、インド人火夫と日本人乗客二五人は一人も残さず水死したのである。

「ノルマントン号沈没事件」(歌川国政画)

事件を知った外相井上馨はただちに生存者の有無と実態の調査とを命じ、世論も艦長以下乗組員たちの非人道的行為に憤激した。これは日本人蔑視以外のなにものでもないからである。だが、裁判は日本側で行えなかった。領事裁判権をもつイギリスが兵庫県知事名による告発を受けて十一月一～五日に領事館内で海難審判を行い、十一日にドレーク以下全員の無罪が言い渡された。理由はノルマントン号側に航海上の手落ちがなく、船の構造や設備も十分で、乗組員の乗客誘導にもかかわらず、英語のわからない日本人はボートに乗らなかったと断定されたからである。

しかし、ノルマントン号は客船の免許をもっていなかったうえ、船長ドレークは船客になんらの指示もせず、救おうという熱意ももっていなかった。それどころかドレークは、日本人は習慣として死地に臨んであまんじて死につく習慣があるという意見まで持ち出したのである。

世論は沸騰し、巷には冒頭に掲げた歌が流れた。井上外相は兵庫県知事に命じて、ノルマントン号の神戸出港をおさえさせ、横浜のイギリス領事館にドレークを殺人

Column

治外法権

英語でExtraterritoriality、国際法で認められた、外国人が現住する国の法律や裁判に服さなくてもよいという特権のこと。日本が安政五カ国条約で認めたのは治外法権の一つである領事裁判権（領事が駐在国で自国民を裁判する権限）であるが、これが撤廃されたのは一八九四（明治二十七）年の改正条約においてであった。

治外法権は現在でも一国の元首や外交使節・軍隊などで、国際的に認められている。

罪で告訴させた。改めて横浜で再審が行われたが、当然、判事・領事・検事・陪審員・弁護人はすべてイギリス人であった。ドレークはあくまで無罪を主張したが、証人一一人の喚問によってドレークが怠慢だった情況がしだいに明らかになった。十二月八日、五人の陪審員は二時間にわたる審議ののち、ドレークの有罪を認定しながら、情状酌量を希望した。これに基づいて裁判長はドレークに三カ月の禁錮刑を言い渡し、賠償はゼロに終った。

日本国民は悲憤した。この事件の苦い体験が折から進められていた条約改正交渉において、なによりもまず領事裁判権の撤廃を求める動きを強めたのである。

エルトゥールル号の遭難

和歌山県の大島は潮岬のすぐ東にあり、島の東端、樫野崎灯台の西南方一帯の海中には巨岩・暗礁が多く、海金剛と呼ばれ、航海の難所として知られている。

一八九〇（明治二十三）年九月十六日夜半、ここを一隻の木造軍艦がとおりかかった。大砲二〇門を載せた二四〇〇トンのトルコの軍艦エルトゥールル号で、六五六人が乗り組んでいた。トルコの皇帝が明治天皇に名誉勲章を贈呈するために特使オスマン＝パシャを派遣した船である。エルトゥールル号は六月七日に横浜に着き、使命を果たしたのち、十四日に出港、イスタンブールをめざして帰途についたのであった。

十六日は朝から暴風雨となった。風と波とに翻弄されたエルトゥールル号は、夜七時ごろ海金剛の岩礁にぶつかって二つに裂け、十時半に沈没、乗員は海に投げ出された。ボートと乗員はつぎつぎと波間に消え、わずかに士官ハイダール以下六九人の兵員が三時間余の漂流の末、灯台下の鷹浦(たかうら)に這い上がった。急を聞いた大島の人びとは、続々と駆けつけ、県庁へ打電する一方、遭難者たちを蓮生寺に運んで手当てをした。さらにもちあわせている食料・衣料を投げ出して救助につとめた。しかし、エルトゥールル号のアリ艦長ら二一九人は遺体で収容され、パシャ特使を含む三六八人は海の藻屑と消え去ってしまった。

エルトゥールル号殉難将士慰霊碑(和歌山県串本町)

日本赤十字社(にほんせきじゅうじしゃ)は医師と看護婦を送り込み、民間からは多くの義援金がよせられた。日本政府も弔意を示し、明治天皇の命(めい)で、生存者六九人はトルコ本国へ送還された。現地では、遭難現場を望む樫野崎に遭難者墓地が整えられ、遭難者追悼碑が建てられた。官民あげての日本人の誠意ある対応にトルコの人びとも感謝の念を強くし、親日感情が高まった。事件は小学校の歴史教科書にも記述され、トルコ人のほとんどは知っているという。

一九八五(昭和六十)年三月、イラン・イラク戦争のさなかにイランでパニックが起こった。在イランの邦人が脱出を考えてテヘラン空港に集まったが、飛行機がない。この危機を救ったのはトルコ政府が派遣した飛行機で、二一六人の邦人が救出されたのである。現地では今も五年に一度、エルトゥールル号の遭難者たちの追悼集会が開かれているそうである。

〝内地雑居〟に戸惑う日本人

一八九九(明治三十二)年七月十七日、五年前に結ばれた日英通商航海条約が発効し、懸案の領事裁判権の撤廃を実現するとともに、外国人の内地雑居を認めることになった。日本はここにいわば第二の開国をしたのである。

いわゆる鎖国体制のもとで泰平の夢を貪っていた日本人にとって、これは驚天動地の出来事であった。横山源之助は『内地雑居後の日本』のなかで、明治二十年代後半の日本の世相について「今や猫も杓子も内地雑居を説き、浮世風呂の流し場や床屋の店端でも内地雑居の噂でもちきり、草深い田舎でも一日中語られている」といった状況だと記している。政府もこの点に関し、前年八月には板垣内相の諭告を発し、好意をもって接し、国の体面を損なわぬようにと諭していたが、この年三月にはとくに五つの開港場に外国人の接遇方法をあらかじめ研究するようにと指示し、六月には警視庁で警官の英語研修を行い、七月には文部省が全国の直轄学校に対し、風紀を厳しくし、外国人に粗野な振舞いをせず、国家の威信を守るようにと訓令した。

民間では奇抜な動きもあらわれた。『時事新報』は早くから内地雑居までに日本人の体格を改良せよと論じ、東京の肉食を広め、体格を改善しようという会が開かれたことを伝え、『高知日報』は内地雑居が日本の言語生活まで変えるだろうとして、英語も公用語に加えられるだろうと論じたほどであった。

一八九八(明治三十一)年十月、『大阪毎日新聞』は「でたらめ」と題するコラムを載せはじめた。筆者はのちに平民宰相とうたわれた原敬、彼は一八九七(明治三十)年、四一歳で官界を去り、『大阪毎日新聞』の記者となっていた。彼は迫ってくる内地雑居に対し、「一から十まで欧米の真似をすることはないが、頑固に旧慣を守りぬこうというのはよくない」として、欧米と日本との習慣の違いを取り上げ、世人の啓蒙につとめようとした。

指摘は多岐にわたった。訪問時間は、日本では多く午前だが、文明国では相手の都合を考えておおむね午後だとの指摘に始まり、衣服・食事・宴会・婚礼と葬式・男女の交際・風俗習慣など四九項目にわたるが、なかには「是非改めよ」と指摘する項目もある。食事の際、日本人の客は平気でナプキンやフォークを持って帰るので、ホテル側ではナプキンのかわりに半紙ぐらいの紙にかえたほどだという指摘などは耳が痛い。さらに駅の待合所や車中で新聞などを声高に音読する者が多いとか、劇場での観劇の際、女性たちが何度も着物を着がえ、人前で平気で化粧するのはよくないなどというのは、いささか驚かされる。宴会のとき、日本人は食事中にでもトイレにゆくことが多すぎるというのも、鋭い指摘だ。欧米人は日本人に比べて大小便が少なく、ヨーロッパの汽車では、よほど上等でないと便所がない。日本人は小便が多すぎるというのは「へえ！」と感心させられるばかりである。

原は『大阪毎日新聞』にいたためだろうか。指摘はとくに大阪人について厳しい。いわゆる大阪時間で、大阪人は時間にルーズだとか、宴会などの席順にこだわって、あえてかえたりという無益な謙遜をするくせに、酒がまわると別人のように豹変するなどと指摘するほか、大阪に公園が少なすぎるとか、道路にいろいろなものを放り出して通行人や人力車(じんりきしゃ)の邪魔をするなど、遠慮なく取り上げる。大阪とは限らないが、「町を歩く日本人はほとんどが悲しむか怒るかという顔をして、嬉しそうな人は一人もいないのは文明国の人の顔ではない」という指摘などはいささか考えさせられる指摘である。

日本人にとって〝内地雑居〟は大問題だった。しかし、外国人にとっては大騒ぎするほどのことではなかったようだ。一八九九(明治三十二)年七月十九日の新聞報道によると、横浜の外国人たちのようすは普段と変わらず、特別の催しもなかったという。この日、一人のアメリカ人水夫が、欲と痴情のもつれから二人の日本人と一人のアメリカ人を殺害し、領事裁判ではなく、横浜地裁で裁かれることになった事件が起きただけである。

4 日露戦争のころ

常陸丸の沈没

はなやかな戦勝の陰には数知れぬ悲劇がある。明治の日本をいちやく有名にした日露戦争は一九〇四（明治三十七）年二月八日夜、南満州の旅順に向かった日本の駆逐艦隊がロシアの戦艦・巡洋艦に大損害をあたえ、翌九日、正午すぎに朝鮮の仁川郊外でロシア海軍の二艦を撃沈したことから始まった。翌十日、日本政府はロシア政府に対し、宣戦布告を行っている。

大国ロシアへの恐怖は多くの日本人が感じていた。そして早くも七月十一日にはそれを肌で感じさせられた。ところは津軽半島の艫作崎の沖二〇キロ、日本の汽船奈古浦丸と全勝丸がロシアのウラディオ艦隊の軍艦四隻に襲われ、全勝丸はかろうじて、北海道へ逃走したが、奈古浦丸は撃沈された。奈古浦丸は上海で購入された新鋭汽船で、酒田から小樽へ向けての航海中に襲われたのである。この報が伝わると「函館区民は非常に騒擾し、昨夜より本日にかけ、近在に避難する者多し。貯蓄銀行その他取付にわかに増加し、門前黒山をなせり」という状況になったという。海運業界は大恐慌をきたし、政府は十四日、急いで長崎・佐世保・対馬とその沿海、函館要塞地帯を臨戦地と定め、戒厳令をしくこととした。

日本軍の補給線を保つためにも、ロシア艦隊をなんとしてでも抑え込まなければならない。そのためにとられたのが、旅順港口閉塞作戦であり、二月二十三日・三月二十七日・五月三日の三回にわたって実施された。四隻で行われた第二回目の閉塞作戦に参加した福井丸の海軍少佐広瀬武夫と上等兵曹杉野孫七の死が大々的に報じられ、広瀬中佐（戦死により昇進）が軍神とたたえられたのはこのときのことである。

しかし、閉塞作戦は完全には成功しなかった。さらにウラディオのロシア艦隊も活動を続け、旅順陥落（一九〇五〈明治三十八〉年元日）のあとも、四月五日に朝鮮半島元山沖で金州丸が撃沈されて多くの犠牲者がでた。上村彦之丞中将の率いる第二艦隊はウラディオ艦隊の封じ込めをはかったが、効果は上がらず、五月二十七日、二十八日の日本海海戦のあとも、ロシア軍艦は日本海にあらわれた。

六月十五日、またもや悲劇が起こった。玄界灘を通過中の常陸丸・佐渡丸がロシア軍艦三隻から砲撃・雷撃を受け、海の藻屑と消えたのである。常陸丸は一八九八(明治三十一)年に三菱長崎造船所で進水した貨客船で、六一七二トン、欧州航路に就航していたが、日露戦争を迎えて陸軍の運送船として活躍していた。それが傭船佐渡丸とともに撃沈され、乗り込んでいた多数の将兵の多くが溺死、隊長以下一部の将兵はピストルや軍刀で壮烈な死をとげた。一部の者は漁船に救われたが、ロシア艦は、船内や海中にあった日本の兵士や船員を虐殺したという。

上村艦隊は急行したが、まにあわなかった。その後もウラディオ艦隊の軍艦は、函館付近に出現し、新聞は「函館不安、敵艦自在に出現」と報じている。ウラディオ艦隊の三隻が朝鮮半島蔚山沖で上村艦隊に捕捉され、一隻が撃沈、二隻が撃破されて、ようやく日本海に平穏が戻ったのは八月十四日のことであった。このとき、上村艦隊が多くのロシア軍兵士を救ったことは美談として伝えられている。

軍神の誕生

武運を守る戦の神のはしりは鹿島神宮のタケミカヅチと香取神宮のフツヌシとの二神だろうか。国民に馴染みの深い近代の軍神の最初は、日露戦争において生み出された海の広瀬、陸の橘両中佐であろう。

軍神第一号は広瀬武夫だった。武夫は現在の大分県竹田市の生まれで、日露戦争において戦艦「朝日」の水雷長、海軍少佐として出征した。一九〇四(明治三十七)年三月二十七日、旅順港口の閉塞作戦に従った武夫は、部下の杉野兵曹長を三度船内にたずねて果たせず、短艇に乗り込んだとき、敵弾にあたって散華した。この行動が軍人の鑑としてたたえられ、「軍神広瀬中佐」として小学校の国定教科書に載せられた。戦前派の方なら、「轟くつつ音、飛来る弾丸……杉野はいずこ、杉野はいずや」と歌い上げる唱歌をなつかしく思い起こされることだろう。どうやらこの「軍神広瀬」のイメージは海軍の

広瀬武夫海軍中佐

橘周太陸軍中佐

参謀少佐、小笠原長生らによって意図的に作り出されたようである。

海に負けじとして作り出されたのが、陸の軍神橘中佐であった。橘周太は現在の長崎県雲仙市の生まれで、日露戦争に際しては陸軍少佐、第三十四連隊橘大隊長として出征した。一九〇四年八月三十一日早朝、ところは遼陽、ロシア軍の砲台首山堡高地を占領した橘大隊は激しい逆襲を受け、周太も数発の敵弾を受け、従卒内田清一軍曹に介抱されつつ、壮烈な死をとげた。「軍神橘中佐」はこれまた小学校教科書に取り上げられ、軍人の鑑として国民の戦意高揚に役立てられた。戦前派の人たちなら「遼陽城頭、夜はたけて、有明月の影すごく」に始まる物語風の長い歌詞の一部をご記憶のことだろう。この歌は昭和の時代まで「戦友」とならぶ陸軍の愛唱歌となった。

二人はともに少佐から中佐に昇進したが、二階級特進という措置はまだなかった。戦後になって両軍神の名は教科書から消え、その名を知る人も少なくなった。しかし、広瀬武夫の郷里には広瀬神社があり、記念館もある。また、戦後しばらくのあいだは東京神田に、広瀬と杉野の二人の銅像記念碑が残されていた。また、橘周太の場合は出身地の雲仙市千々石町に橘神社があるほか、陸上自衛隊板妻駐屯地に、彼の銅像と資料館があり、橘中佐と内田軍曹の遺品などが展示されている。

日本が大好きだった風刺画家ビゴー

　明治期に、洋装する日本人を猿の顔に描き、「猿まね」と題した風刺画を発表したのはフランス人ジョルジュ＝ビゴーである。辛辣な揶揄であったが、それなら彼は日本人をバカにしていたのかというと、実は日本が大好きだったのだ。

　千葉県稲毛海岸に、幽霊が出ると噂のある、かつてビゴーが住んでいた空き家が残っていた。のちの住人が入居の際、押入れから人の顔を型どったデスマスクを発見した。京都の女性「ます」のものだといわれている。ビゴーは京都で「ます」と恋仲になり、ともに暮していたが、彼女は若くして病死してしまった。ビゴーの悲嘆は深く、以前から好きだった稲毛海岸にふらふらとやって来ると、デスマスクとともに自暴自棄の数カ月をすごしたのだと伝わっている。ビゴーはこのように、日本人を愛する人物だった。

ビゴーの風刺画「猿まね」

　フランスから日本へお雇い外国人として美術教師の身分でやって来たビゴーは、わずか二一歳だった。開国により日本の浮世絵が大量に流出し、フランスではジャポニスム、すなわち日本趣味が流行していた折、彼も浮世絵に憧れ、学ぼうと日本にやって来たのだった。来日して二年もたつと彼は新聞紙上で「仏国の江戸っ子」と自称するほど日本語が堪能になった。着物に下駄を履いて街を歩き回り、庶民と冗談を交わし、煙草と酒を嗜み、頻繁に花街へかよっては、粋を気取って琵琶・三弦・月琴も爪弾いた。明るく茶目っ気があるが、日本の仕来りを重んじる礼儀正しさも備えていた。

　一方、権力者への風刺は徹底的で、厳しく誇張して描写した。ビゴーの「猿まね」は、鹿鳴館の日本人カップルがドレスアップしているのだが、顔は猿になっているという有名な風刺画だ。しかしこれには理由がある。鹿鳴館政策にビゴーは反対だったのだ。日本人の西欧化は大好きな古きよき日本人の純朴さを奪うものと考えていた。しかも鹿鳴館による西欧化は、条約改正を視野に入れたもので、条約改正が実現すれば居留地の治外法権は撤廃され、ビゴーら外国人の自由な言論・表現が禁止されてしまう。案の定、一八九九(明治三十二)年、ビゴーの画集や雑誌は発行禁止となってしまい、投獄される身の危険が迫ったため、彼は帰国せざるをえなくなった。来日から一七年もの歳月が流れていた。

　数年後、ある日本人がフランスに滞在した際、ビゴー最期の地をたずねると、パリの郊外ビエーブル村にひっそりとたつ彼の墓をみつけた。となりに家が残されていたのだが、なんとそれは、みごとな日本庭園付きの和風家屋であったのだ。ビゴーは日本を忘れていなかった。帰国後も日本を題材に描き続け、作品には、「美郷」「美好」と漢字でサインしていた。持ち帰った和服を着て、日本のときのように近所を歩きまわり、子どもたちとよく遊んでいた。そんな彼をフランスの人びとは愛情をこめて、「ジャポネ」と呼んでいた。ビゴーの死を告げるフランスの新聞は、残されていた自画像を掲載した。和服姿で絵筆をもち、キャンバスに向かっているビゴー、そして彼のまわりには、笑顔の日本の街の人びとが描かれていたのである。

軍神秋山真之と煎り豆

日露戦争の折、日本海海戦で連合艦隊を勝利に導いた名参謀、秋山真之。戦後はその功績から軍神とも称された人物だが、煎り豆が好きで、肌身離さず四六時中ポリポリと食べるという意外な癖があった。連合艦隊の参謀だったときも、旗艦三笠の作戦室や甲板・艦橋でポリポリ食べ歩く。さらにあらぬ場所に腰かけてはまたポリポリやるので、東郷平八郎をはじめとする幹部たちもさすがに閉口したらしい。「そんなところに腰かけて食べられては、船員たちに示しがつきません。やめてください」と注意するのだが、一向に気にすることなくその癖は続いたという。日本国内だけではなく海外でも同じで、実家から煎ったソラマメかエンドウマメを二、三斗送ってもらい、ところかまわず食べていた。イギリスへ同行した海軍先輩の佐藤鉄太郎は、「秋山がロンドンの街中を歩いていても、煎り豆を胸ポケットからつまんではボリボリとやるので、いや、参りました」と証言している。

　真之は、類いまれな頭脳をもっていたが、大切な職務以外のことはまったく関心がなく、無頓着だったという。あたかもそれは、天からあたえられた使命以外、一切の無駄をそぎおとしたような人物だった。連合艦隊がバルチック艦隊を迎え撃つに際して、対馬海峡にするか、津軽海峡にするかで、決断を迫られた作戦会議のさなか、突然真之は立ち上がると卓上の林檎をつかみ、かじりはじめた。周囲は唖然としたが、本人は天下分け目の作戦を考え込み、林檎をかじっていることすら上の空であったという。それほどの集中力があるからこそ、真之は天才的な作戦が閃いたのであろう。

　真之は誰に対しても率直に接し、大胆かつ真摯であった。戦艦伊吹の艦長だった皇族の伏見宮は、囲碁が好きで、よく艦内の者をつかまえては相手をさせていた。艦隊参謀の真之も時にはやって来て対戦するのだが、すぐに「待った」をかけてやりなおしをする。あれほどの戦術・戦略を編み出す頭脳の真之なら囲碁もかなり強そうなものなのに、実はまったく下手の横好きであった。伏見宮はおっとりと「囲碁も戦争も同じ。戦争に待ったはないよ」というのだが、真之は委細かまわず「いいえ、これは別ものです」と、相手の碁石をもとに戻してしまう。しかも伏見宮はきちんと椅子に座っているのに対し、真之は椅子の上にちょこんとあぐらをかいていた。人びとは、相手が誰であろうと憚ることのない真之の態度に驚嘆したという。

　まだ若いころのアメリカ留学中、真之は日本駐米公使室にしばしば出入りしていた。時の公使は暴君と名高い星亨で、ほかの人びとは怒鳴られないように公使室に近づくことさえ恐れたが、真之はいつも、ずかずかと入ってゆくと、本棚にならべてある書物を好き勝手に読んでいた。星も最初は苦い顔をしてみすごしていたが、あまりにたび重なるのでついに爆発した。「誰の許しをもらって、この部屋の本を読んでいるのだ！」。すると、真之は平然と「公使は貴重な本を数多く買っておられますが、読んでいらっしゃるようには思えません。そこで私がかわりに読んでさしあげているのです」と答えて、読み続けた。星はそれ以来、なにも言えなくなったという。

真之は後年、こうした度胸のよさと抜群の集中力のもとに作戦を展開し、無敵と恐れられたバルチック艦隊をみごとに破って、連合艦隊を奇跡的な勝利に導いたのである。

戒厳令の出た日比谷焼打ち事件

「戦時若クハ事変ニ際シ、兵備ヲ以テ、全国若クハ一地方ヲ警戒スル」と定めた戒厳令は、一八八二(明治十五)年八月、太政官布告によって定められた。一八八九(明治二十二)年の明治憲法はこれを受け、第十四条に天皇大権の一つとして「天皇ハ戒厳ヲ宣告ス」と定めている。

戒厳令は日清・日露の戦争中に軍事戒厳として七回出されたが、いずれも臨戦地帯に限られていた。このほか、緊急勅令によって戒厳を行う行政戒厳が三度行われたが、その最初が一九〇五(明治三十八)年の日比谷焼打ち事件で、続いて一九二三(大正十二)年の関東大震災、三六(昭和十一)年の二・二六事件の際にも行われている。いずれもまさに緊急事態に対応する措置であった。

「白骨の涙」(『大阪朝日新聞』1905年9月1日付)

日比谷焼打ち事件は、一九〇五年九月五日に発生した。それは戦勝に湧く日本国民が日露講和条約の内容があまりにも期待はずれだとして、亡国条約粉砕を叫んで国民大会を開いたときに起こったのである。勝利に酔う国民は戦争継続が不可能に近かったことも知らず、日本全権がロシア全権に大幅な譲歩をして樺太割譲は全島でないこと、賠償金はまったくえられなかったことなどをみて、屈辱講和だと反対したのである。『大阪朝日新聞』に載せられた前ページの図は、荒野に白骨と化した兵士の涙を示したもので、その気持ちはよくわかる。新聞は黒枠の囲みで講和条約の内容を伝え、『万朝報』は「弔旗を以て迎えよ」と題する論説で全権の帰国を許すな、と論じた。

条約調印の九月五日、頭山満・河野広中らに指導され

Column

ニホン？ ニッポン？

私たちの国は「ニホン」「ニッポン」、いずれの読み方が正しいのだろうか。

日本の呼称にはいろいろあったが、大和地方を中心に国がまとまると、国号は「やまと」「おおやまと」になり、中国人は「倭」と呼んだ。

「日本」の呼称は「ひのもと」の漢字表記だが、国号としてはじめて登場するのは、六四五(大化元)年の詔である。これをどう読んだかはむずかしいところだが、おそらく改まった場合や強調する場合は音読して「ニッポン」「ジッポン」、普段の言い方ではやわらげて清音で「ニホン」といったと思われる。

元気よく聞こえるのは「ニッポン」である。軍国主義はなやかな戦前の一九三四(昭和九)年に、文部省は「ニッポン」にしようといったが決まらなかった。

日本銀行発行の紙幣にはローマ字で「NIPPONGINKO」とある。辞典などでは普通「ニホン」でまとめているが、『日本書紀』は「ニホン」、『日本永代蔵』は「ニッポン」と決まっており、現代の会社名などでもどちらかに決まっているものがある。

た国民大会が東京の日比谷公園で開かれた。集まった数万の群衆は天地も動く鬨の声をあげて公園内になだれこみ、警官たちが力で彼らを解散させようとすると、瓦・石を投げ、ステッキをふるって闘争し、警官たちが逃げると、歓声をあげて進撃し、公園はさながら大修羅場と化した。国民大会が「屈辱条約の破棄を期す」ことを決議したうえ、興奮した群衆は公園を出て、内務大臣官邸を襲い、御用新聞の国民新聞社では工場内部に乱入し、活字台を顚覆させるなどの暴行を行った。

講和会議全権、小村寿太郎の官邸も襲われた。たまたま、寿太郎の長男が自分の下宿から母と妹のいる官邸を訪れたが、警官があわただしく駆け込んでくると、群衆の襲撃を告げた。ただちにすべての窓が閉ざされたが、鬨の声とともに近づいた群衆は石油をそそいだ桟俵に火をつけて邸内へ投げ込んできた。群衆が建物の窓の下まで押しよせたのは、夜の七〜八時ごろだったといい、小村の家族は離れ家の台所へ避難した。危険がさらに迫ったとき、近衛の一隊が駆けつけて、騒ぎはようやくしずまったという。

戒厳令がしかれたのは翌六日であった。多くの新聞は発行停止となり、言論は厳しく取り締まられた。二日にわたる騒動で死者は一七人、負傷者は二〇〇〇人に達し、検挙者もまた二〇〇〇人近くにのぼったうえ、反対運動は全国各地へ広まった。

心をかよわせあった杉浦と小村

杉浦重剛は明治・大正時代の国粋主義に立つ教育家・思想家であり、小村寿太郎は日露戦争の講和会議の全権で、税権回復の条約改正を達成した明治の外務大臣である。出身地も杉浦は近江国膳所、小村は日向国飫肥と大きく離れているが、両者は長じて東京で友となり、たがいに心をかよわせあう大親友となった。

二人の生年はともに一八五五(安政二)年であった。この年三月、杉浦は近江国膳所藩の儒者の子に生まれ、半年後の九月に小村寿太郎が日向国飫肥藩の下士の子に生まれている。この二人の出会いはともに一六歳になった一八七〇(明治三)年、それぞれの藩の貢進生として東京の大学南校に入学したときであった。翌年九月、南校は一時閉鎖して生徒を総退学させたうえ、翌月に見込みのある者を選んで再入学させた。このなかに杉浦と小村二人の名もあった。

一八七五(明治八)年、小村は文部省の留学生として渡米し、ハーバード大学で法律学を学んだ。一方、杉浦は翌年にこれまた留学生としてイギリスに渡る。二人が帰国したのは、一八八〇(明治十三)年で、杉浦は東京大学に奉職ののち、新聞記者となる。小村は司法省に出仕し、のち外務省に転じた。このころ、小村は父の会社が倒産して莫大な負債に苦しんだ。このとき、杉浦は友人たちとともに奔走して負債を整理してやった。感激した小村は杉浦に接近し、思想的にも杉浦に近づいた。一八八七(明治二十)年、二人はともに乾坤社(けんこんしゃ)を結成し、井上馨(いのうえかおる)外相が進める条約改正に反対する運動を進めた。

その後、杉浦は一八八八(明治二十一)年、政教社(せいきょうしゃ)に加わって国粋主義者として行動し、最初の総選挙で衆議院議員となったが、のち新聞界・教育界で活動するようになった。一方、小村は外交官として活躍し、駐米・駐露・駐清公使などを歴任したのち、一九〇一(明治三十四)年に第一次桂(かつら)内閣の外務大臣として入閣、日英同盟・日露戦争などに大きな役割を果たすことになった。

一九〇五(明治三十八)年、小村は日露講和会議全権大使の任をおび、七月八日に新宿駅から出発した。折しも病気中で小村を見送れなかった杉浦は書生の宮崎をかわりにやったが、小村は日本の勝利に熱狂する群衆のなかにあって、桂首相に「私が帰ってくるときには、この人気はまるで反対でしょう」と淋し気に語ったという。杉浦は小村の心を思いやって、目頭が熱くなり、宮崎に命じた。「小村に電報を打て。偎(わし)の文句をメモしなさい」。天井をみつめた杉浦は一語一語に力をこめていった。「四面楚歌(しめんそか)の声するも、屈せざるはこれ男子、信じて行えば天下一人と雖(いえど)も強し」と。小村はこの電文をみて、杉浦に感謝する一方、しっかりと腹をくくったと伝えられる。

5 文明開化の嵐のなかで

鏝絵の名工、伊豆の長八

鏝絵とは壁に漆喰を塗った上に、鏝で浮彫りのように風景や肖像などを描き出した絵のことである。あまり馴染みはないが、伊豆半島の松崎の岩科学校を訪れてみるとよい。岩科学校は一八八〇(明治十三)年に建てられた瓦葺の木造二階建ての小学校で、重要文化財の指定を受けており、それ自体興味深い存在だが、二階の西の「鶴の間」と呼ばれる一室の壁面に百数十羽の鶴が鏝絵で描かれている。みる者はその素晴らしさに圧倒されるにちがいない。

この絵の作者は入江長八、人呼んで伊豆の長八である。長八は一八一五(文化十二)年、松崎村の貧農の長男に生まれた。幼いころから菩提寺の浄感寺和尚夫妻に可愛がられた長八は、六歳から浄感寺に設けられた塾で学んだ。このころから長八は手先が器用なことで知られたが、七歳で村の左官棟梁、関仁助に弟子入りをし、漆喰の壁塗り技法を身につけた。

岩科学校(静岡県松崎町)

二〇歳で江戸に出た長八は、翌年、狩野派の絵師喜多武清に絵を学んだ。数年のあいだ、絵と彫刻をみっちり学んだ長八は、その技法を漆喰細工に応用することを考えた。漆喰の外壁に鏝を用いて模様を描き、絵の具で彩色した鏝絵を生み出したのである。江戸日本橋の茅場町にあった不動堂再建のとき、選ばれた長八は左右の柱にみごとな昇り竜・下り竜をつくりあげ、一躍、名工の名をえることになった。長八、二六歳のことであった。

一八四五(弘化二)年、三一歳の長八は弟子をつれて故郷松崎の浄感寺再建工事にかかわった。本堂の天井に今も残る「八方睨みの竜」はこのときの傑作とされる。長八はふたたび江戸に戻り、深川の妓楼の養子におさまったが、浅草寺観音堂や目黒祐天寺などに作品を残した。冒頭に記した岩科学校の鏝絵は老境に入った六六歳のときの作品である。長八が世を去ったのは、九年後の一八八九(明治二十二)年十月、七五歳のときであった。

長八の作品の多くは東京にあったので、大正末期の関東大震災、太平洋戦争での東京空襲などによって、その多くが失われたが、高輪の泉岳寺や成田の新勝寺などに残されている。東京ではほかにも、千住大橋の袂の橋戸稲荷神社、品川の寄木神社などにある。いずれもあらかじめ頼んでおく必要があるが、橋戸稲荷は母子狐と白狐、寄木神社はニニギノミコト・アメノウズメノミコト・サルタヒコという神話に登場する神々の像がある。

しっかりと鑑賞したい人には松崎にいくことをお奨めする。岩科学校のほか、浄感寺の本堂は長八記念館として公開され、二〇点ほどの作品がみられるし、一九八四(昭和五十九)年にオープンした「伊豆の長八美術館」では五〇点もまとまって鑑賞できる。一度じっくりと味わってみたいものだ。

津軽三味線の誕生

青森県五所川原市金木町の芦野公園内に「津軽三味線之碑」がある。一九八六(昭和六十一)年に建てられたもので、藤本義一の筆で「風を截る音色に津軽の魂が宿る」とある。太棹の力強い音で哀愁のこもった津軽三味線の音色を思い出してほしい。それはどのようないきさつをへて誕生したものだったのか。金木町の川倉地蔵の境内に建つ「津軽三味線塚」の碑文でその跡を追ってみよう。

始祖は幕末の金木の神原村で、岩木川の渡し守の子として生まれた仁太郎、通称「神原の仁太坊」であった。三味線伴奏の門付けで生活した人びとは「坊様」と呼ばれていたからである。社会的には四民の下に位置づけられたうえ、八歳のときに天然痘がもとで失明した仁太郎が、生きる力を取り戻したのは一二、一三歳ごろ上方から流れてきた目の不自由な三味線ひきの女性に門付け三味線を教わってからだった。彼はみずから「神原の仁太坊」を名乗り、三味線のほか、笛・尺八もよくし、八人芸と呼ばれる声色(声帯模写)の芸をして有名になったが、「門付けはしても俺は物乞いではない。芸人だ」という誇りをもっていた。明治維新を迎え、仁太坊は「秋元仁太郎」の名で平民となったが、アドリブが巧みなうえ、太棹の三味線を力強く演奏する「叩き奏法」を始め、目の不自由な多くの弟子たちが集まって来るようになった。仁太坊門下の四天王と呼ばれる人びともあらわれたが、金木の太宰治の斜陽館にほど近い「津軽三味線会館」には、とくに仁太坊に続く二人を取り上げてその業績を紹介している。

仁太坊のあとを承け、津軽民謡中興の祖といわれているのは「嘉瀬の桃」こと、黒川桃太郎である。金木の嘉瀬に生まれた桃太郎は二四歳のときに仁太坊に弟子入りし、大正時代に三味線よりもむしろ津軽の民謡を芸術性高いものとした。「津軽の三つ物」と呼ばれる、よされ節・小原節・じょんがら節を今日のような洗練されたものにしたのは桃太郎だった。

やや遅れて大正中期、九歳で弟子入りした白川軍八郎は神原村に近い北津軽の沢部の生まれで、仁太郎の最後の弟子であった。軍八郎は四歳のとき、はしかで失明したが、天性の音感があり、わずか三年で師をしのぐとまでいわれるほどの上達をみせた。その演奏は仁太坊の「叩き奏法」に対し、「弾き奏法」と呼ばれる感動を惹き起こす演奏であった。

津軽三味線を生んだ仁太坊は一九二八(昭和三)年、七一歳で世を去った。しかし彼が始めた津軽三味線の力強い演奏は芸術性の高い民謡として継承・発展し、戦後の三橋美智也の出現で脈々と伝えられていった。現在も津軽三味線の大会は毎年行われており、金木の津軽三味線会館では毎日のように実演が行われている。

ものに動じない岡倉天心

明治の優れた美術指導者であり、思想家でもあった岡倉天心は、一八六二(文久二)年、横浜で貿易商を営む元越前福井藩士岡倉勘左衛門の次男に生まれた。幼名は「角蔵」だが、年末の忙しいときに角の蔵を産室として生まれたので、この名がついたというから、嬉しくない。やがて一二歳で東京に移住するころに「覚蔵」、一四歳で東京開成学校に入学してから「覚三」と改めた。雅号の「天心」は、三五〜三六歳のころ、肥満のためについた胸のぜい肉を何度か切り取った跡が草体で書いた〝天〟の字のようにみえたので、心臓の近くという意をこめて「天心」としたというから戯れ心もかなりあったようである。

有名なエピソードに卒業論文の話がある。天心はかなり早熟だったようだが、一四歳で入学した東京開成学校が翌年、東京大学になると、文学部に入り、国文・漢文・英文学などに親しんだ。大岡基子と結婚したのは、数え年で一八歳のとき、翌年には大学を終えて文学士となるが、そのときの卒業論文が英文による「国家論」だった。ところが、二カ月がかりで書き上げたのに、折しも妊娠中だった妻と口喧嘩をした末に、妻が卒論を破り棄て、燃やしてしまった。困った天心はやむなく、わずか二週間のあいだに急いで英文の「美術論」を書いて提出した。卒業成績は総員八人中の七番目だったというが、かんばしくなかった理由としてこの卒論変更があったのではないかと思われている。しかし、このことをきっかけに、天心の美術界への傾斜が始まったのだから、おもしろい。

卒業した天心は文部省に入り、音楽取調・図画取調の係をへて日本美術の調査・行政にかかわるようになった。一八八四(明治十七)年、二三歳の春に天心はアメリカ人フェノロサとともに奈良・京都地方の古社寺の名宝を調査することになり、法隆寺夢殿の秘仏救世観音の初の開扉に立ち会うことになる。天心自身の話によると寺僧は秘仏だからと断わり、開扉をすれば雷が鳴ると、こわがったが、かまわず開扉をしたら寺僧は逃げ去ったという。しかし寺側はこれを否定し、実際の開扉は二年後だったといって対立した。

ともあれ、天心の生涯は日本美術の育成・発展にかかわることとなった。視野を広げたのは二五歳で美術取調の任を受け、フェノロサとともに欧米各国の視察に出かけたことからであった。三二歳で清国、三四歳でインドをたずねた天心は著書『東洋の理想』の冒頭で「アジアは一つ」と宣言する。一九〇四(明治三十七)年には、四三歳の天心は、横山大観・菱田春草、それに蒔絵の六角紫水の三人の門下生とともにアメリカに渡った。三月初め、ニューヨークに入った一行は、いずれも紋付・羽織に袴という純和装に、雪駄ばきの姿で道を歩いていると、二〜三人のアメリカ人に声をかけられた。「君たちはジャパニーズか、それともチャイニーズか」。折しも日露開戦したばかりだったので、関心をもったのだろう。天心はすぐ聞き返した。「君たちはヤンキーか、モンキーか、それともドンキー(ろば)か。一体どれかね」と。英語は達者でしかもプライド高い天心だからこその言葉である。アメリカ人は返す言葉もなかったという。

眼病に苦しんだ菱田春草

菱田春草は横山大観とならぶ日本画の大家である。代表作は一九〇八(明治四十一)年の「落葉」で、その二年後の「黒き猫」とともによく知られている。

春草は一八七四(明治七)年、長野県の飯田で生を享けた。一七歳のとき、前年に開校した東京美術学校の第二期生となり、当時の校長岡倉天心に深く傾倒した。一八九五(明治二十八)年に卒業するが、卒業作「寡婦と孤児」はその評価が分かれ、前途を思わせるスタートとなった。

その後、春草は二四歳で美校の助教授となったが、一八九八(明治三十一)年に大事件が起こる。天才的豪傑肌の天心の独断専行への反発から校長排斥運動が起こり、天心は罷免された。このとき、春草は先輩の横山大観・下村観山らとともに退職者二六人のなかに加わっていた。天心はこの年の秋、谷中に日本美術院を設立して、二六人が正員として活動を始めたが、数年後には不振に陥った。その一因には大観・春草が天心の示唆で試みた没線描法が世間に受け入れられなかったことがある。輪郭線は使わずに色彩の広がりで表現しようとするこの描法は評論家によって「朦朧体」と揶揄されたのである。

　天心は大観・春草らと一九〇三〜〇五（明治三十六〜三十八）年にインド・欧米をめぐったのち、〇六（同三十九）年に茨城県の五浦海岸に日本美術院を移し、大観・春草・下村観山・木村武山の四人もこれに従った。

　一九〇七（明治四十）年、日本画・洋画・彫刻の三部門で構成される文展（文部省美術展覧会）が始まり、美術の振興がはかられた。第一回文展は東京上野公園で十月に開かれ、橋本雅邦や大観・観山らが日本画の審査員として出品したほか、五浦の岡倉別荘にあった春草は「賢首菩薩」を出品して二等賞をえた（一等賞なし）。これは唐の法蔵菩薩が勅問に答えるとき、庭先の黄金の獅子を借りて『華厳経』の教えを説いたという故事を描いたものだが、「朦朧体」から一歩抜け出し、点描を用いて彩色を明るく示すという手法をとっていた。しかし、そのことが鑑査の段階で一部委員の反対を招き、落選のおそれもあったのだが、天心自身が擁護の意見を出したので、入選になったのである。

　実は、この絵の制作中、春草は急に腎臓疾患がひどくなり、しかも眼病に苦しみ、視力も落ちていた。春草の回顧によると、「障子の桟が妙にゆがんでみえたりしており、獅子を載せる台がどうしても真直ぐに描けなくて弱った」そうである。

　翌々年の第三回文展では、春草は眼の療養のため、代々木にいたが、付近の雑木林を描いた「落葉」で二等賞となった。これは、六曲一双の屏風で各隻一〇本の樹木を知的清澄かつ情緒豊かに描いたもので、このときも春草は眼が悪いまま医師の許しもえず、武蔵野を歩いて描いたのであった。

　翌一九一〇（明治四十三）年、春草は第四回文展に審査員として「黒き猫」を出品した。このとき、春草は六曲一双の「雨中美人」を出品する予定だったが、思うような色が出せないとして、急ぎ小品の「黒き猫」に変えたという。春草の「落葉」と「黒き猫」がこのようにして生まれたのは興味深いことである。そしてこの翌年、春草は三八歳の若さで生涯を終えたのであった。

6 世界とならぶ日本

一丁ロンドンの盛衰

首都東京の表玄関、JR東京駅は二〇〇七(平成十九)年五月、五〇〇億円をかけて空襲被爆前の状態への復原工事を開始した。さまざまの困難をへて工事が終り、全面再開となったのは二〇一二(平成二十四)年十月のことである。

この辺り一帯は丸の内といわれる。文字どおり江戸城の外濠・内濠のあいだの地域で、かつては一〇万石以上の大名屋敷が連なっていた。それが明治になってすっかり様がわりし、一帯は兵部省・司法省の用地となり、東京鎮台や練兵場などが設けられた。

丸の内の面目が一新されたのは一八九〇(明治二十三)年、政府が丸の内一帯の陸軍練兵場の跡地を岩崎弥太郎の三菱会社に払い下げてからであった。この年三月、岩崎は丸の内の地、八万一〇〇〇坪を神田三崎町の三万余坪とあわせて払い下げを受け、代金一二八万円を八回に分けて支払うことになった。これについては、払下げのことをいち早く知った渡英中の三菱幹部荘田平五郎が、ここを日本最初の本格的オフィス街建設地にしようと決意し、この買取りを急いで打電したと伝えられている。

「一丁ロンドン」と呼ばれた丸の内(明治期)

三菱ヶ原と呼ばれたこの地の開発・設計を担当したのは工部大学校を卒業した曽禰達蔵であった。彼は師のイギリス人コンドルの指導を受け、まず一八九四(明治二十七)年六月、馬場先通りと大名小路との交差点の北西の角地に、L字型の三菱一号館を建設し、翌年には日比谷通りと馬場先通りとの交差点に、これまたL字型の二号館を建てた。ついでこの一・二号館のあいだの馬場先通り沿いに、西に向かって三号館から一三号館と建ててゆく。こうして一九一一(明治四十四)年には、当時としては珍しい赤レンガ造、高さ一五メートル、三階建ての耐震耐火ビルが立ちならぶことになった。それはまるでロンドンのオフィス街を連想させるというので、「一丁ロンドン」の名がついた。一帯には三菱本社、明治生命、日本郵船、東京商業会議所などのビルがならび、日本経済の心臓部となった。これらのビルは尖り屋根やドームをもち、ほどこされたレリーフも豊かなヨーロッパ式赤レンガの建物であった。

一九一四(大正三)年十二月、東京駅が開業しそれまでの新橋駅にかわって帝都中央駅となった。辰野金吾設計の東京駅はルネサンス様式の堂々たる建物で、正面幅三三四・五メートルに達した。これを機として丸の内の中心は東京駅になり、駅の中央口から皇居をめざして西へ走る御幸通りがメインストリートとなった。第一次世界大戦の好景気とあいまって、一帯には東京海上ビル(一九一八年)、丸の内ビル(一九二三年)などの高層ビルが続々と建てられた。これらのビルは一丁ロンドンのビルとは違って、一丁ニューヨークの名で呼ばれるようになった。中心となった丸ビルは地上八階、地下二階の偉容を誇り、一～二階の商店街は人びとが自由に出入りし、文化センターとしてにぎわった。

太平洋戦争は丸の内地区を廃墟と化した。東京駅もドームや二階部分が焼け落ちた。しかし、高度成長期の一九五九(昭和三十四)年には、丸の内総合改造計画がスタートし、一丁ニューヨークの姿は消えた。二〇〇七(平成十九)年には新丸ビルも完成した。東京駅復原計画はこの流れのなかで生まれたのである。

実業界の巨人、渋沢栄一

渋沢栄一は幕末から昭和まで、動乱の一世紀を生きぬいた近代日本最大の実業界指導者であった。その人生は血気壮んな青年時代にはおもに一橋家家臣として動乱の世相を肌で感じ、開明性を身につけ、壮年時代には自分の利益を二の次にして実業界の育成・発展に八面六臂(はちめんろっぴ)の活動を展開、そして功成り名とげた老年時代に社会公共事業に尽力し、国際親善につとめたといえるだろう。

実業界での活動は目をみはるものがあった。とにかく一生のあいだに関係した営利事業の数は約四七〇を数え、非営利事業は約六〇〇もあったという。七〇歳で関係会社から身を引いたときの会社数は五九を数えたが、その業種は金融・鉄道・海運・造船・ガス・電気から製紙・紡績さらに保険からホテル業など多種多様であったうえ、当時の重要経済団体である東京商法会議所・東京商工会の代表者や、各種実業学校の創設・発展にかかわるなどの活躍をしたのである。

栄一の事業経営の理念は「道徳経済合一説」、くだいていえば「論語・そろばんの説」であった。社会に必要な事業で合理的に利益をえるのは当然だが、金儲けのために手段を選ばぬのはいけない。その中間に真理の大道があるとして『論語』を道しるべとする道義の大切さを主張したのである。当然、利益を独占しようとは思わない。それをはっきり示したのが、岩崎弥太郎との対立であった。栄一の五男、秀雄(ひでお)がまとめた『渋沢栄一』によると、一八七八(明治十一)年八月、栄一は向島(むこうじま)の料亭に岩崎弥太郎から招かれた。弥太郎は「二人がかたく手を握りあって事業を経営すれば日本の実業界を意のままに動かせる。二人でおおいにやろうではないか」と切りだし、独占事業の展開を呼びかけた。しかし、栄一はこれに反対して議論はかみあわず、以来、二人の反目が、長く続いたそうである。

渋沢栄一

晩年、社会事業に専念するようになっても、栄一は強い責任感をもって対応した。一九二一(大正十)年、八二歳でアメリカへいったときの話である。ワシントンにいた栄一のもとへニューヨーク市から午餐会への招待状がきた。十二月六日はワシントンで用がある。そこへ翌七日にニューヨークで午餐会、しかも夕方にはまたワシントンで晩餐会がある。飛行機のなかったこの時代、汽車の便では、片道六時間かかるので、とても不可能とされたのだが、栄一はさっそく時刻表を調べて快諾した。七日午前七時にワシントン発で午後一時にニューヨーク着、午餐会へ出て午後三時ニューヨーク発なら九時にワシントンへ戻れるからよいというのだ。厳寒の時期、八二歳の高齢で、この過密なスケジュールがこなせるか、周辺の反対にもかかわらず、日米親善の意味を強く感じていた栄一はあえて同意したのである。

一九三一(昭和六)年十一月、栄一は九一歳で世を去った。短歌雑誌『アララギ』には誰かがよんだ一首があった。「資本主義を　罪悪視する　我なれど　君が一代を　尊く思はゆ」。思想・信条の異なる人にも栄一は強い共感をあたえたのである。

八〇年ぶり、名誉回復の内山愚童

一九一〇(明治四十三)年の大逆事件は、宮下太吉・新村忠雄・古川力作・管野スガら四人が明治天皇暗殺を企てた事件である。これを機に、桂内閣は社会主義運動の徹底撲滅をめざして数百人を検挙し、大逆罪容疑で二六人を起訴した。

裁判は、一審のみで翌年一月十八日、大審院は幸徳秋水以下、二四人を死刑、二人を懲役とする判決をくだした。石川啄木は日記に次のように記している。「今日程、予の頭の昂奮していた日はなかった。……『二人だけ生きる、生きる。』『あとは皆、死刑だ。』『ああ、二四人……』そういう声が耳に入った。……予はそのまま何も考えなかった。……帰って話をしたら、母の眼に涙があった。『日本はダメだ』そんな事を漠然と考えながら、丸谷君を訪ねて一〇時ころまで話した」。国民にあたえた反響は大きかった。作家永井荷風は文学者としてなにもいわなかったことを恥じて、身分は文学者ではなく、戯作者だとする宣言を発し、徳富蘆花は一高での講演で「謀叛論」を語り、生徒たちに「謀叛を恐れるな」と述べた。

死刑二四人のなかに一人の僧、内山愚童がいた。彼は日露戦争のころから社会主義に傾倒し、一九〇八(明治四十一)年の赤旗事件を機に秘密出版を思い立った。箱根町大平台にある林泉寺の本尊を安置した須弥壇の戸棚のなかに秘密印刷所を設けた愚童は、ここでパンフレット「入獄記念無政府共産」を印刷し、「小作人はなぜ苦しいか」と問いかけ、「天皇・金持・大地主、人の血を吸うダニ」がいるからだとして、地主には小作米を出さず、政府には税金と兵士を出すな、と呼びかけた。

パンフレットは約一〇〇〇部つくられ、同志に発送されたが、これに共感したのが愛知県の機械職工宮下太吉であった。太吉はこれより天皇制打倒の運動を始め、管野スガらと明治天皇暗殺の共同謀議を進めたのである。大審院の判決文によると、愚童の極刑は秘密出版をして過激思想を広めたこと、秋水に赤旗事件の報復を勧め、スガに革命断行をそそのかしたことなどによるとされており、太吉らの行動のもとになったと判断されたためであった。

厳しい判決は英・米・仏などの社会主義者の抗議もあって、翌十九日に恩赦として死刑は一二人に半減したが、愚童はその恩赦にあずかれず、死刑は二十四日に執行された(スガは二十五日)。愚童、時に二八歳であった。二十五日遺体の引渡しが東京落合の火葬場で行われた。啄木のその日の日記には「内山愚童の弟が火葬場で金槌を以て棺を叩き割った。そのことが烈しく心を衝いた」と記されている。愚童の属した曹洞宗は、六月に「宗内擯斥処分」に付して愚童をみすてた。

それより三五年、太平洋戦争の終結で日本の軍国主義は倒れた。戦後まで生きていた坂本清馬は再審請求をしたが、認められないままに生涯を閉じた。そして愚童は一九九三(平成五)年五月、実に八二年ぶりに曹洞宗宗務総長の告示で擯斥処分の解消を受けることになった。愚童の墓は今も林泉寺にある。

政界ではつきのなかった「海軍の父」

司馬遼太郎は『坂の上の雲』で薩摩出身の海軍大将

山本権兵衛について「海軍建設者としては世界の海軍史上最大の男の一人である」とほめたたえた。彼は西郷従道海相のもとで、軍政に自在の腕をふるって世界の五大海軍国の一つに日本を押し上げ、海相在任時代にはロシア艦隊を撃滅して、日露戦争を勝ち抜いた。まさに「海軍の父」と呼ばれるにふさわしい人物であった。

しかし、一九一三(大正二)年、桂太郎内閣が第一次護憲運動で瓦解したあと、推されて内閣総理大臣になってからは、不運がつきまとった。藩閥内閣と位置づけられながら行政整理を断行し、文官任用令を改正して政党員にも高級官僚への道を開き、軍部大臣現役武官制を改めて予備・後備役の中・大将にまで資格を広げるなどして、政敵となっていた尾崎行雄も一目おくほどであったが、翌一九一四(大正三)年、思いもかけぬ事件が起こった。

いわゆるジーメンス事件、海軍の高官がドイツのジーメンス社からリベートをもらい、さらに別の高官がイギリスのヴィッカーズ社から巡洋戦艦金剛の建造に関して賄賂を受け取ったことが発覚したのである。新聞は海軍の腐敗を糾弾し、世論は沸騰した。折しも山本内閣は海軍拡張とそれに絡む増税案を出していたが、野党は当然反対する。衆議院では尾崎が陣頭に立って山本首相を弾劾した。尾崎の回想によると、大正政変の際に行った桂首相弾劾のときと同様に、大喝して睨みつけたが、山本は憤然として睨み返したので、案外だったという。予算案は与党立憲政友会が多数だったために、修正削除で可決されたが、もともと敵対していた貴族院では海軍予算の全面的削除を可決した。反対演説に立った議員は山本内閣を糾弾し、「山本伯よ。伯のごとき顔は監獄へいけばいくらもある」とまで極言したのである。予算はついに不成立となった。当時、外務大臣だった牧野伸顕は、そのころ総理大臣室に山本首相をたずねたとき、眼に涙をたたえていたようすをみて、無念のほどを察したという。とにかく、山本はきわめて清廉潔白で、住居も質素、自家用の自動車だけはもっていたことが不釣合いに思えたというから、思わぬ汚職事件でたたかれたことが心外だったのであろう。

第一次山本内閣は人心一新のため、一年二カ月で心ならずも瓦解した。それから二年余、一九二三(大正十二)

Column

まぎらわしい名前の読み

世の中にはどう読むのか、まぎらわしい名前がずいぶんある。戸籍に、フリガナはつけないから、本人あるいは命名者に聞くしかないものも多い。

山本権兵衛は戦前には「ゴンノヒョウエ」と読むのが普通だった。現在は「ゴンベエ」が普通だが、「ゴンノヒョウエ」と読む人もいる。

大正~昭和期の政治家で注意したいのは、犬養毅。「イヌカイツヨシ」と読むが、憲政記念館では「ツヨキ」と読んでいる。歴史上の人物、井上毅(コワシ)とまちがえないようにしたい。原敬の場合、戦前は「ハラケイ」と読むことが多かったが、彼の名刺に「T・HARA」とあったことから、「タカシ」であることがはっきりした。

文化人でおもしろいのは菊池寛と土井晩翠。菊池は本名「ヒロシ」で、初期のペンネームには「比呂士」もあったが、のちには「カン」でとおすようになった。一方、土井は本名「ツチイリンキチ(林吉)」だったが、一九三四(昭和九)年ごろ「ドイバンスイ」でとおすように改めている。

年九月二日、山本は第二次内閣を組閣することになる。首相の加藤友三郎が胃ガンで八月二十四日に逝去し、元老西園寺公望の意向で山本に組閣の大命がくだったのである。しかし、組閣最中の九月一日、突然、関東大震災にみまわれ、震災の混乱のなかで親任式が行われた。

内閣は震災復興に全力をあげた。それがようやく本格化しようとする十二月、通常議会が召集されるが、二十七日の開院式に際し、摂政宮(のちの昭和天皇)行幸の途中で不祥事件が発生した。無政府主義者難波大助が摂政宮を襲った虎の門事件である。責任を痛感した山本は陣容を立てなおす力もなく、辞表を奉呈、内閣はわずか四カ月余で瓦解した。

卑俗な譬に「権兵衛が種蒔きゃ烏がほじくる」という。権兵衛は田舎者をみくだした呼び名で、せっかくやった仕事があとからどんどん毀されるところからおろかな無駄骨折りをする譬である。「海軍の父」権兵衛さんも畑違いの政界では「功成り、名とげて」というわけにはゆかなかったようである。

パリ講和会議をリードした三首脳

第一次世界大戦の講和会議は一九一九(大正八)年一月、戦勝国二七の代表七〇人を集めてパリで行われ、会議で決まった条件を五月にドイツに示したのち、六月二十八日、パリ郊外のヴェルサイユ宮殿で条約調印が行われた。日本全権は西園寺公望と牧野伸顕であった。

会議への期待は大きかった。パリの街は戦争による破壊のあともなまなましく、喪服姿の婦人の姿も多く、全体が薄暗かったが、民族自決原則などをうたったアメリカ大統領ウィルソンの平和原則十四カ条に期待する少数民族の代表たちも押しかけ、万を超える人びとでごった返したという。

しかし、講和条約の内容は英米仏日伊の五大国、事実上は英米仏の三国で決められた。牧野の回想録によると「つまり五大国だけで講和会議の条項を議定し、それをドイツに申し渡すという形を取った」のであり、「譬えてみると上告や控訴のない裁判のいい渡しのようなもの」であった。ウィルソンの十四カ条という理想はあったものの、実際には英・仏両国のドイツへの報復と復興阻止とが行われ、イギリスはドイツ植民地の剝奪、フランスはドイツ領土の削減と徹底破壊とを実現したのである。

会議をリードしたのはアメリカ大統領ウィルソン、フランス首相クレマンソー、イギリス首相ロイド＝ジョージの三人だった。牧野の回想によると、ロイド＝ジョージは連日の論戦に少しの疲労もみせず、いつもいきいきとし、とくにその眼は潤いをおび、光沢を放っていたと

パリ講和会議に出席する3巨頭(1919年)　左からロイド＝ジョージ英首相，クレマンソー仏首相，ウィルソン米大統領。

いう。イギリスは日本の提出した人種平等案に反対したが、日本がやむなく保留すると、議事終了後、ロイド＝ジョージがわざわざやって来て、牧野に握手を求め、日本の態度に敬服すると挨拶していったという。

しかし、牧野がもっとも深い印象をえたのはウィルソンとクレマンソーだった。ウィルソンは智力と信念の強さに優れ、アメリカの全権のなかで圧倒的に光っていた。平和原則十四カ条の適用において、各国全権から、いろいろの意見が出たのをいちいち論破し、諸般の問題についても中正を押しとおし、ロイド＝ジョージやクレマンソーに対しても引けをとることはなかったという。

会議議長をつとめたクレマンソーは直情果敢の気性に満ちており、フランスのほかの閣僚たちをまるで属僚のように振る舞っていた。会議においてルーマニアの元老が国境の画定に不満の意を述べ、考慮の余地をあたえるため、決定を延期してほしいと申し出たとき、「一体、今度の戦争は誰が勝ったのか。連合国の力で勝ったのであり、われわれには決定権がある」と一喝した。また、中国が山東(さんとう)問題について「日本に利権を渡さず、中国に返還してほしい」と要求し、最終の全権会議の席に書面を持参するという事態が起こった。そのときクレマンソーは、一瞥(いちべつ)すると憤然としてその書面を床に投げ、まったく取りあわなかった。中国はそのために条約に調印しなかったが、クレマンソーは「しないならそれでいい」といいすてたそうである。条約調印が終り、各国全権が揃ってヴェルサイユ宮殿の庭園にあらわれると、待ち受けた群衆は狂喜してこれを迎え、とくに婦女子たちはクレマンソーめがけて殺到し、服を引いたり、花束を投げかけたりしたほどであった。

7……ゆきづまる政党政治

傲岸だった宰相、加藤高明

護憲三派内閣の総理加藤高明は頭脳明晰、話はきわめて理論的だったが、貴族的趣味が強く、木で鼻をくくったような傲岸さをもっていた。それは彼の経歴に密接にかかわっていると思われる。高明は幕末に尾張藩の下級武士の子に生まれ、名は総吉、物心ついたころからむっつり屋で、その利口さと書物好きなことは村でも評判だったという。母はわが子を僧侶にと思ったが、総吉は首を横にふった。「偉い人になるんだ」と。

総吉は一三歳で加藤家の養子に入り、名を高明と改めた。高明は東京外国語学校、東京開成学校をへて東大を首席で卒業。イギリスに留学して陸奥宗光と知りあった。帰国後、岩崎弥太郎の女婿となり、陸奥の奨めで外務省に入り、駐英大使、外務大臣などを歴任する。この間、伊藤博文の知遇をえた高明は、大隈重信にも近づき、大正時代になると、立憲同志会の総裁となり、第二次大隈内閣で外相に就任、世界大戦への参戦、二十一カ条の要求問題などにあたった。いったん、野にくだった高明は、貴族院議員となり、新華族となって子爵に叙せられた。ふたたび政治の第一線に出て憲政会総裁となったのは一九二四(大正十三)年のことである。

政・財界のトップに出て高明はきわめて傲岸不遜であった。旧藩士であった関係から、高明は名古屋の徳川義親侯爵の相談役となり、あるとき、侯爵を中心とする会議に出席した。ところが高明は居並ぶ侯爵や旧家老たちの前で突っ立ったまま座に着かない。みかねた侯爵が座に着くように声をかけると、「座布団がないのは無礼だ」と言い放ったという。若槻礼次郎の回顧談によると「原

加藤高明

Column

新華族

一八八四(明治十七)年の華族令で華族制度が定まった。このとき、従来からの華族のほかに維新以来の功労者が新しく華族となった。これが新華族である。

華族の爵位は五段階あった。公爵は親王家・旧摂家・徳川宗家か国家に偉功ある者など、侯爵は旧清華・徳川御三家・旧大藩知事・国家に勲功ある者など、以下伯爵・子爵・男爵と続く。華族令の制定により華族となった最初の人数は総数五〇九人であったが、一九四五(昭和二十)年の終戦時の総数は一〇一六人であった。

三〇歳以上になると、公・侯爵は全員が貴族院議員となる。伯・子・男爵は選挙で五分の一程度が議員になった。彼らは国家の藩屏として遇されたのである。

敬と違って加藤は老人を喜ばせることのできない男であった」そうである。

憲政会総裁となった高明は持ち前の剛直さと財力とで政治を動かした。一九二〇(大正九)年の総選挙に絡んで「船成金」の内田信也から五〇〇万円の献金を受けたとき、「珍品五箇」の礼状を書いて問題になったこともある。しかし、剛直であってもそこは人間、高明には「一生の洒落」というのが一つある。大隈内閣の外相当時、高明は避暑で日光御用邸にあった天皇のもとへ伺候した。帰途に立ち寄ったホテルで法相尾崎行雄にあったとき、大汗をかいている高明をみた尾崎が「暑そうだね」と声をかけると、「人間が下等(加藤)だからね」と答えて珍しく相好をくずしたというのである。

一九二五(大正十四)年、三派内閣がくずれて憲政会単独内閣となった高明は、翌年一月の議会で施政方針演説を行った。このときの高明は、普段と違って声もとおらず、調子も低く、まるで精彩のない演説に終った。翌日の議会にはさらに疲労した姿をみせ、顔色も悪く、ついに議事半ばで別室に退いて卒倒した。帰宅した高明は床に就き、風邪が肺炎になり、心臓麻痺で亡くなった。享年六七歳、伯爵を追贈されている。

松島遊郭事件

いつの時代にも権力と金銭とをめぐる贈収賄事件がある。大正末年には大阪の松島遊郭移転にかかわる事件があり、時の総理若槻礼次郎まで巻き込んで世人の耳目をそばだたせた。

松島遊郭はもと大阪市西部にあったのが、市の発展・拡大にともなって市の中央部になり、風紀上、都市計画上、他所への移転が予想されていた。豊国土地株式会社社長の田附政次郎は、淀川を越えた自分の所有地に遊郭を移転させることで利をえようとし、弁護士平渡信を通じて政界上層部に働きかけた。当時政権を握っていた憲政会の総務箕浦勝人、政友本党の党務委員長高見之通、それに立憲政友会の幹事長岩崎勲らである。当時、遊郭移転の許否は知事の権限で、知事がその旨を上申すると内務大臣が認可する仕組みであったから、大阪府知事・内務大臣・政党有力者がその対象に選ばれ、多額の運動費が投じられたのであった。

一九二六(大正十五)年一月、この利権獲得工作を暴露した印刷物が政・財界の要人やおもな新聞社などに流れ、配布されたことで事件は明るみに出、三月には議会でも取り上げられた。大阪地裁検事局は遊郭移転問題で詐欺行為があったとして、平渡・箕浦・高見・岩崎らを起訴した。彼らは総額五六万円という多額の金品の取込詐欺を働いたとしたのである。現代の物価ではいかほどということになるが、米一石の値段は大正末年に三八円、現代は約六〜七万円ということだから、大正の五六万円はなんと一億円ぐらいということになる。

事件はついに若槻首相兼内相の証人訊問にまでおよんだ。箕浦が遊郭移転地について若槻内相の内諾をえたと証言したからである。もしそれが事実なら、箕浦の行動は詐欺ではなく、運動の謝礼をもらっただけということになる。箕浦は第一回総選挙で当選して以来の政治家で、第二次大隈内閣の逓信大臣にもなり、高潔・清廉の人として知られていたから、嘘をいったとは思えなかった。

ところが、若槻首相は「内諾の覚えはない」と否定した。これを聞いた箕浦は「ワカツキはウソツキ」と罵倒し、ただちに若槻を偽証罪で告訴した。

　告訴は結局取り下げられたが、一九二七(昭和二)年七月、第一審が開始された。政界の大物が関与し、多額の金額が動き、弁護人二八人を数えるというこの裁判は、世人注目の的となり、公判開始の日には、おびただしい傍聴人が殺到し、庁舎開設以来の記録になったという。検事は語気鋭く、自己の地位を利用した政界の長老と利権屋とが結託した取込詐欺として追及した。二三回におよぶ公判のあと、同年十月に判決が言い渡された。この年初めに死亡した岩崎を除き、平渡とその協力者益田(ますだ)巌(いわお)が懲役刑に処せられ、ほかの三人は無罪となった。平渡・益田両人は控訴・上告したが、失敗に終った。

　事件の真相はいまだにわからない。箕浦・若槻証言の真相も、金銭の動きもあいまいなままである。おもしろいのは、判決を聞いた長谷川如是閑(はせがわにょぜかん)の感想である。「この判決は既成政党の属するブルジョア階級の社会的感覚に基づいていると思う。政界に元老(げんろう)がこういう問題にふれること自体が問題だが、結局は政治家の生活が安定せず、不正でなくても公にできない収入を基礎としているから起こったものだ」。いろいろ考えさせられる指摘である。

ゴーストップ事件

　日本の軍国主義がいちだんと強まったのは、一九三一(昭和六)年の満州事変(まんしゅうじへん)勃発以後のことだった。大正末期のワシントン会議から昭和のロンドン会議にかけてのころは、世界的に軍縮ムードのなかで軍人に向けられた世間の眼はきわめて冷たかった。一九三六(昭和十一)年の二・二六(ににろく)事件で禁錮刑を受けた青年将校末松太平(すえまつたへい)(当時中尉)の回顧談『私の昭和史』によると、彼が広島の幼年学校在学中に次のような訓辞を受けたという。「東京では世人の軍人に対する目はとくに冷たい。市電のなかで、ある将校が労働者風の男にさんざん罵倒され、我慢しきれなくなった将校は、車内の人びとに断ったうえで下車すると、男を柔道で投げ飛ばしたという。お前たちも普段から心しておけ」と。とにかく軍人の評判は悪く、ある海軍士官は勤務する役所に上着をかけておき、通勤途中は背広を着用したといい、軍の上層部は若手の将校の嫁をさがすのに疲れるという時代であった。

軍人蔑視の風潮が一変したのは一九三一年の満州事変だった。それまで軍批判の論調を示した『東京朝日新聞』『東京日日新聞』などの有名新聞は柳条湖事件謀略説を知りながら、あえて関東軍の発表に従い、一九三二（昭和七）年には新聞一三二社共同宣言を発して満州事変の正当性を主張した。同年の上海事変では爆薬筒をかかえて鉄条網に突進した爆弾三勇士が軍神とたたえられ、『東京日日新聞』の募集に応じて歌人与謝野鉄幹が作詞した歌が、一等賞になった。そしてこの年、犬養首相を暗殺した五・一五事件の青年将校たちには、全国から減刑嘆願が殺到し、その数、実に一一四万八〇〇〇通に達したという。

こういった軍国主義の高まりのなかで事件は起こった。一九三三（昭和八）年六月十七日、大阪の天六交差点（天神橋六丁目）で、歩兵第八連隊一等兵の中村政一が赤信号を無視して突っ切り、交通係の警察官戸田忠夫巡査がとがめたところ、中村一等兵が「公務だからいいんだ」と反発して殴りあったのである。俗に「ゴーストップ事件」と呼ばれる出来事であった。

陸軍第八連隊は警察に反発し、その上の第四師団も一歩も退かない。大阪府の警察も「軍人だからといっても許せない」と主張し、府知事も同調した。陸軍と警察との対立はついに中央へ波及し、陸軍大臣荒木貞夫と内務大臣山本達雄の対立となった。新聞でこれを知った国民の関心が高まるなかで、十月に事件は終った。福井県で行われた陸軍大演習で、天皇が荒木陸相に大阪事件の処理に言及したことで、荒木が大阪の第四師団長寺内寿一に解決を命じ、寺内と大阪府知事県忍との会談の末に和解を決した。中村一等兵と戸田巡査とが握手をするという形で和解したのだ。陸軍の第八連隊長松田四郎は責任をとらされて軍を去ったが、大阪府の側にはなんの処分もなかったから、軍の強引さがとがめられた事件という形になったが、軍部の台頭、軍国主義の高まりという時代風潮はさらに加速してゆくことになった。

負けじ魂の経済評論家、髙橋亀吉

日本における経済評論家の草分けといわれるのが、昭和に活躍した髙橋亀吉(たかはしかめきち)である。髙橋は在野(ざいや)の政策批判者、現状分析家として、そのときどきに応じた鋭い提言をし、経済理論や経済史に関する多数の著作・業績を精力的に残した。だが、彼の人生は逆境のなかから、不屈の負けじ魂でのぼりつめたといってもいい。

髙橋は小児麻痺で片足が不自由だったが、性質は剛直で相撲も強く、ハンデを感じさせないほどの餓鬼(がき)大将だった。それにも増して勉強はよくでき、とくに読書が好きで家族にみつからないように家の屋根にのぼっては本に没頭した。徳山(とくやま)(現山口県周南(しゅうなん)市)の港町で幼少期をすごしたが、家業の和船づくりが時代とともに衰退すると、進学がむずかしくなった。高等小学校を三年でやめ、商人をめざして大阪へ丁稚奉公(でっちぼうこう)に出ることになった。髙橋は子どもながら造船業の将来は暗いと考え、親の跡は継がず商業の道を志したのである。

しかし大阪の店での丁稚奉公も、しばらくすると大人たちの退廃ぶりに嫌気が差してきた。ちょうど朝鮮北部の城津(ソンチン)に日本軍守備隊が駐屯し、伯父が所属していた。髙橋は大阪を出奔(しゅっぽん)すると、伯父のつてを頼り一六歳で単身朝鮮に渡ってしまった。そして日本人町にある塩田(しおだ)商店の押しかけ店員となったのである。夜は極寒、零下二〇度にもなる土地柄だったが、髙橋は精励し、優秀店員として表彰されるほどになった。さらに「小商人でいては駄目だ。大資本を扱う商業人にならなくては」と思い立つ。立身するには大学を卒業しなくてはならない。早稲田の通信講義を修了すれば英語の入試だけで早稲田大学商科に入学できることを知った髙橋は、一念発起して働き続けながらその通信講義を受講した。彼のガリ勉ぶりは昼夜を問わず、勤務中のトイレでもどこでも寸暇を惜しみ、送られてきた講義録を読みふけった。また英語で日記をつけ、英作文力も養った。努力の甲斐あって、髙橋は無事入学試験にパス、つまり中学・高校の課程を独学で飛び越え、晴れて大学予科生となったのである。

帰国して大学生活を始めた髙橋は、予科では五〇〇人中首席で卒業、本科では二番の席次で卒業すると、一年

髙橋亀吉

半のサラリーマン生活をへて、恩師の推薦する東洋経済(とうようけいざい)新報社(しんぽう)の記者になった。まだ社会的評価の低い経済記者となることに周囲は反対したが、髙橋は「大学に残れとの話もあったが、経済は生き物だ。実際の社会で実務を体得することが大切だ」「この世界ならば、全力をあげて実力を磨くことができる。実力で相撲(すもう)がとれる」と考えた。当時の東洋経済新報社は、のちに首相となる石橋(いしばし)湛山(たんざん)が編集長だったが、入社した髙橋はめきめき頭角をあらわし、六年後には自らが編集長となっていた。

　数年後、独立独歩の意志の強い髙橋は、同社を退職、フリーの経済評論家として一本立ちした。当時、経済評論家という職は社会的に安定しておらず、明日の原稿料や講演料がいつ入ってくるかもわからない船出だったが、その英断は正しかった。髙橋の名が世の中に広まったのは、浜口雄幸(はまぐちおさち)首相と井上準之助(いのうえじゅんのすけ)蔵相が打ち立てた金融政策を、激しく批判した論争においてであった。少数派の髙橋らの予測が的中して、日本中が大不況に陥ったのである。以後、国の経済政策のご意見番として各方面から重用され、一九三三(昭和八)年、バンフ太平洋会議(IPR)へは日本代表として新渡戸稲造(にとべいなぞう)らと出席、戦後も池田内閣のブレーンや、三木・福田・中曽根ら政治家たちの相談役を果たした。

　髙橋はあくまでも在野の立場を守った経済評論家であった。「ものごとは欠点ではなく、長所をみいだしたほうが愉快だ。問題があれば、どうしたら治るかその処方箋を考える」。髙橋は机上の論者ではなく、実際に即したポジティブな発想の評論家だった。その前向きな生き方は、幼いころからつちかった逆境に負けない強い心が根源となっていたのではないだろうか。

8……悲しみの太平洋戦争

黙殺された大統領の親電

一九四一（昭和十六）年四月から始まった日米交渉のなかで、日本側の戦争回避の希望を最終的に打ちくだいたのは、十一月二十六日にハル国務長官が発した最終通告（ハル＝ノート）であった。すべてを満州事変以前の状態に戻せという要求はとても受け入れられるものではなく、日本は十二月一日の御前会議で、ついに対米英蘭開戦に決したのである。

しかし、アメリカにあって交渉にあたっていた来栖三郎・野村吉三郎の両大使はなおも望みをすてなかった。十一月二十六日、来栖は日本政府に交渉打切期限の延長と日米元首間の親電交換という案を打診したが、政府も内大臣木戸幸一もほとんど耳を貸そうとしなかった。

ワシントン時間十二月六日午後九時（日本時間七日午前十一時）、ハル国務長官はローズヴェルト大統領から天皇へ宛てた親電をグルー駐日大使に打電した。『昭和天皇独白録』によると、天皇はこのことを短波放送で知っていたが、一向に親電がこないので、どうなったかと思っていたという。事実はこうだった。日本の中央電信局は、この親電を七日の正午ごろに受信したのだが、陸軍中央の命によって配達を遅らせたのである。関係者の証言によると、すでにマライ半島では戦闘が始まっており、ハワイ攻撃も八日の午前三時（ワシントン時間七日午後一時）に決定していたので、参謀本部は「いまさら、どうにもならぬ。かえって混乱する」として親電配達を遅らせたのだった。

グルー大使が親電を受け取ったのは、一〇時間も遅い七日の午後十時半であった。グルーは、早速、東郷茂徳外務大臣と面会し、大統領からの親電を直接天皇に手渡したいといったが、東郷は天皇への拝謁はむずかしいと断わった。東郷は八日の零時すぎに木戸幸一内大臣に連絡したうえ、宮中に参内し、午前三時、ようやく親電は天皇の手に届けられた。真珠湾攻撃予定時刻まであと三〇分という時刻であった。

親電の内容は東京裁判で明らかになった。ローズヴェルトはペリー来日のときから説きおこし、一世紀にわたる両国の友好を守るため、いかなる形の軍事的脅威も除去すべく、日米両国の元首がともに暗雲一掃の方法を考慮したいと述べたのである。

　昭和天皇は『独白録』でこう述べる。「私はこの親電に答えたいと思ったが、東郷はすでに六日にハワイ沖でわが潜水艦が二隻やられているから、もう答えないほうがいいというので、この言葉に従って返事することはやめた」として、さらに付け加える。「幸か不幸か、この親電は非常に事務的なもので、首相か外相に宛てたようなものだったから、黙殺できたのは不幸中の幸いであったと思う」と。時間的なゆとりの問題と絡めて考えると、親電がスムーズに伝えられたとしても、日米開戦が避けられる可能性はほとんどなかったと思われるが、ひょっとして思わぬ展開がみられたかもしれない。歴史の気づきにくいヒトコマではあった。

棕櫚縄で隠された巨大戦艦

二〇〇五(平成十七)年、世界最大・最強といわれた戦艦大和（やまと）の最期を描く映画「男たちの大和」が上映され、これにあわせてロケ地尾道（おのみち）でそのセットが公開され、「大和ブーム」が列島を覆った。人びとは「大和」とその乗組員の最期を悼（いた）んだが、それより先に同型の巨大戦艦「武蔵（むさし）」が南海に沈んだことを忘れてはならない。

　二十世紀初頭、軍備拡張をめざす日本海軍は八八艦隊（はちはちかんたい）建造計画を進めていた。弩級（どきゅう）戦艦八隻・巡洋艦八隻を中心とする海軍をつくり、太平洋を隔てるアメリカの海軍力に対抗しようとしたのだが、ワシントン海軍軍縮条約によって計画は挫折した。しかし、昭和の時代に入ると情勢は急変した。昭和恐慌からの脱出に苦慮した日本は満州事変を起こし、国際連盟から脱退して一五年の戦争に突入してゆく。ワシントン・ロンドンの軍縮条約が、失効・廃棄されるのは誰の目にも明らかだった。

　三菱重工（みつびしじゅうこう）長崎造船所の幹部が、東京の海軍艦政本部から出頭を命じられたのは一九三五(昭和十)年の春であった。詳細は知らされないものの三万三〇〇〇トン級の戦艦陸奥（むつ）・長門（ながと）をはるかにしのぐ巨大戦艦の建造準備を命じられたのだ。二年後の夏に示された新しい艦は、排水量六万八二〇〇トン、全長二六三メートル、最大幅三八・九メートル、速力二七ノット（時速五〇キロ）、主砲四六センチ砲九門、乗員二三〇〇人というとてつもない規模の巨艦であり、広島県呉の海軍工廠で一号（大和）、そして長崎で二号（武蔵）を建造するというのだ。

この巨大艦をどのようにしてつくるかということ自体大きな課題だったが、さらなる難問題は、この事実をスパイの目からいかに秘匿するかであった。一号艦は呉の海軍工廠だからいいとしても、二号艦の長崎は民間工場だからどうしても人目にさらされる。関係者はさまざまの検討をへて船台そのものを外部の目から遮蔽するため、棕櫚縄で編んだ簾で覆うこととし、工場背後の山を削って長さを補うことにした。一九三七（昭和十二）年、九州全域から近畿にかけて棕櫚の繊維がひそかに買い集められ、縄に編み、簾をつくり、ドックを覆う仕事が終ったのは、この年末のことであった。さらに問題があった。造船所から約七〇〇メートル隔てる海岸からみられることも防がねばならない。そのために海岸に建つ英・米両国の領事館からみられないように海岸沿いに倉庫を建て、山上からみおろす形のグラバー邸も買収した。こうしてひそかに二号艦の起工式が行われたのは、一九三八（昭和十三）年三月二十九日のことであった。

さまざまの困難を乗りこえ、二号艦が進水したのは一九四〇（昭和十五）年十月三十一日、艦名は「武蔵」となった。それより二年、艤装を終えた武蔵は一九四二（昭和十七）年八月五日、海軍省に引き渡された。この間、一九四一（昭和十六）年十二月に太平洋戦争が始まり、緒戦は勝利をおさめたものの、四二年六月のミッドウェー海戦を機に戦局はがらりと変わり、日本は不利に追い込まれていた。しかも、ハワイにおける日本航空機の大戦果から、戦争は大艦巨砲主義から航空機優先に変わっていた。新鋭巨大戦艦大和・武蔵の出番はすでに失われていたのである。

本格的な出番をあたえられないまま武蔵は一九四三（昭和十八）年一月、南太平洋に向かって出撃した。そして一九四四（昭和十九）年十月、レイテ島南のシブヤン海で、アメリカ空軍機に襲われ、魚雷二十数本、直撃弾一七発以上を受けて沈没した。乗員二三九九人のうち生存者は一三七六人であった。それより半年、活動の場を失っていた第一号艦大和も、一九四五(昭和二十)年四月七日、沖縄に向かう途中、鹿児島南方でアメリカ空軍機によって撃沈されたのであった。

悲劇の沖縄「集団自決」

太平洋戦争の最後の戦い、沖縄の決戦でアメリカ軍は約一万二〇〇〇人の死者を出したが、沖縄県援護課の資料によると、日本の犠牲者は軍人約九万五〇〇〇人(うち本土出身者約六万五〇〇〇人)に加え、民間人約九万四〇〇〇人に達した。そのなかには男子の鉄血勤皇隊、女子学徒隊、その他の中学生たちも含まれていたが、注目されるのは、いわゆる集団自決をした人びとが多数あったことである。

これまでの戦いではみられなかった大量の集団自決者の存在は、のちのちまで大きな関心がよせられた。二〇〇七(平成十九)年の高校日本史教科書の検定で、軍の強制による「集団自決」があったかが問題となった。軍の強制はなかったことに沖縄県の市町村議員はこぞって反発した。

集団自決者の多くは軍からあたえられた手榴弾の爆発によるものだったが、なかには剃刀や鎌で頸動脈や手首を切ったり、紐で首を締めたり、棍棒や石などで殴られて死んだりという無惨なものもあった。また、なかには日本軍兵士によって殺害された者もいた。このような悲劇は沖縄の各地で多少はみられたが、とくにめだったのは後述のように沖縄本島の西に浮かぶ慶良間諸島においてであった。

考えてみたいのは、なぜ集団自決が起こったのかである。背景として考えられるのは、現代では想像もできない極端な皇民化教育が全国的に浸透していたことで、一九四一(昭和十六)年の東条英機陸相によって布達された「戦陣訓」は、「生きて虜囚の辱めを受けず、死して罪禍の汚名を残すこと勿れ」と訓示していた。この言葉が兵士のみならず、国民に広く浸透し、戦う力を失った場合は、自決してでも投降はしないという空気が広がっていたのである。

しかし、現実問題として、第一に考えられるのはアメリカ軍への恐怖であった。鬼畜とののしられた米英軍に捕えられれば男は戦車で轢き殺され、女は辱めを受けたうえで殺されるという説は当然のように受け止められたのだが、日本兵が自分たちの体験した中国人たちへの強姦・暴行・殺人の話をしたことで、より強力に裏づけられた。サイパン・テニアンなどでの玉砕の話が、人びとに自決への動きをよりいっそう強めたこともあったろう。

　次に考えられるのは、やはり軍の強制力である。慶良間諸島のなかにある渡嘉敷島で、隊長みずからが命令をくだして住民に自決を強制したかどうかについては、裁判所でも争われたが、少なくとも自決用手榴弾を配布し、投降勧告にきた住民をスパイとして処刑したことは事実であった。アメリカ軍が現実に投降した住民たちを保護していることを知ってからの住民が、自決をやめて投降に向かったことをあわせ考えると、厳しい戦闘下にあった住民が軍の命じるままに自決したのかもしれない。

　今一つ考えられるのは、地域の指導者たちの強制力である。慶良間諸島における自決は、これによるところが大きかった。慶良間諸島には米軍上陸阻止のため㋹（まるレ）と呼ばれた陸軍の特攻艇が配備されていた。長さ五・六メートル、幅一・七メートルのベニア板製の一人乗りのボートで、二五〇キロの爆雷を乗せ、高速で敵船団に突入する特攻兵器である。それだけに住民たちは戦争を身近に感じ、軍は機密保持に神経をすりへらしていた。実際には米軍の慶良間上陸が早く、㋹のほとんどは戦うことなく、多くが破壊され、自沈したのだが、住民たちは軍の意向をくむ村長・助役・職員・小学校長らによって団結させられていた。家父長的家族制度の強い地域社会のなかで、住民たちがこの指導者たちのもとに一致した行動をとったのだろう。こうして渡嘉敷島・座間味島・慶留間島では、多くの自決者を出したのである。

　沖縄の集団自決はけっして一般的なものではなかった。いずれもが生を求めるのだが、異常な環境下にあって心ならずも死を選ばされた人たちだった。そしてそのようにさせたのは、基本的には日本軍の強制的な自決への誘導だったといえるだろう。

特攻振武隊の悲劇

手元にある英和辞典をひもとくと、kamikaze の語があり、「(第二次世界大戦の)神風特攻機(隊員)」と説明されていた。またこの語は形容詞として「自殺的な・向う見ずな・無謀な」の意味で用いられるとあり、用例として「神風タクシー」の語があった。実際の神風特別攻撃隊は一九四四(昭和十九)年十月、フィリピンのレイテ島激戦に際し、第一航空艦隊司令長官、大西滝治郎中将の提唱によってはじめて編制された「体当り攻撃隊」である。

神風特攻隊は、これより一九四五(昭和二十)年の沖縄戦にいたるまで、陸・海軍航空隊のほとんど唯一の攻撃法として用いられた。諸書の数字に違いはあるが、特攻機の総数は約二五〇〇機(海軍一三〇〇、陸軍一二〇〇)、失われた搭乗員は約四〇〇〇人(一説六〇〇〇人)に達したとされている。海軍の基地は、鹿屋・串良・指宿など、陸軍のそれは知覧・万世などであった。鹿屋基地は現在海上自衛隊航空基地として使われており、そこの史料館に特攻隊員の遺影・遺物が展示されている。また陸軍の知覧基地はテレビ・映画などでも取り上げられたので、多くの人びとが訪れて、特攻平和会館や再現された三角兵舎などに足を運んでいる。

前途有為な青年たちの命を奪った特攻作戦は、軍部の期待にそえず、所期の戦果をあげることができなかった。アメリカ側の統計によると、沖縄戦における特攻機の命中率は一三・四%とされているが、アメリカ艦隊への突入までに特攻機の多くが撃墜されたり、故障で辿り着けなかったりしたから、ほとんどの特攻機は目的を達することができなかったといえる。

知覧基地から沖縄へ出撃した陸軍特攻隊は振武隊と呼ばれたが、毎回のようにつまずいた。原因の一つは機体故障の多発である。各地の航空隊から集められた飛行機は日中戦争当時の九七式戦闘機や九九式戦闘機など古いものが多く、欠陥が多かった。海軍のゼロ戦と並び称される一式戦闘機「隼」、二式戦闘機「鍾馗」、三式戦闘機「飛燕」、四式戦闘機「疾風」などの新鋭機も使われたが、有能な整備員や部品が不足したため、故障が多かった。

第二の原因は搭乗員の質の問題である。特攻隊に志願させられた隊員には、短期の訓練で操縦士となった学徒兵や短期養成の少年飛行兵出身者が多く、編隊飛行さえままならない状態だったという。それでは二五〇キロという重い爆弾をかかえた飛行機をあやつれというほうが無理で、現実には出撃はしたものの、途中でエンジン不調などで海に落ちたり、喜界島(きかいがしま)・徳之島(とくのしま)の基地におりたりする機が続出し、基地へ戻る機もしだいに多くなったという。

司令部はこれらの隊員の取扱いに苦慮した。本人自身の出撃意欲も失せるが、出撃をひかえた隊員たちにあたえる影響も大きく、一般人にこのことを知られるのもこわい。中途脱落の操縦士たちは仲間と隔離されて福岡の専用旅館、ついで宿舎「振武寮(しんぶりょう)」に収容された。収容者総数は約八〇人というが、彼らは参謀倉沢(くらさわ)少佐らに「なぜ帰ってきたか」と叱責され、厳しい精神教育を受け、暴力をふるわれることにもなった。とにかく、隊員の自殺未遂事件さえ起こったほどである。そして、これらの記録の多くは失われ、事実そのものが埋没していったのである。

花岡事件

太平洋戦争は民間人にも犠牲をもたらした。戦局悪化にともない、労働力の不足に悩んだ日本政府は中国人労働者の内地移入を決定し、一九四三〜四五(昭和十八〜二十)年に延べ三万九〇〇〇人ばかりを強制連行した。彼らは北海道・東北を中心に鉱山・港湾などの三五社一三五事業所に配置され、重労働を強制された。

秋田県花岡町(はなおかまち)(現大館市(おおだてし))の花岡鉱山は藤田組の経営だった。ここへはこれまでの朝鮮人労働者二〇一八人に加え一九四四〜四五(昭和十九〜二十)年に三次にわたって九八六人の中国人労働者が送り込まれた。鉱山の鹿島組(かしまぐみ)花岡出張所では、中国人労働者を中山寮(ちゅうざんりょう)に収容して厳しい監視下におき、地下水位を低下させるための花岡川と大森川(おおもりがわ)の改修工事に動員した。労働はあまりにも厳しく重労働・食糧不足・リンチなどにより、一三七人が死んだ。

こうした背景のなかで、日本の敗北が間近となった一九四五年六月三十日、事件が起こった。中山寮にいた中国人たち約八五〇人が、耿諄ら一一人の指導のもとにいっせいに蜂起し、監督にあたっていた日本人四人、中国人一人の五人を殺害し、五〇余人を残して夜陰にまぎれて逃走したのである。鹿島組はあわてて関係者に連絡、警察・警防団から憲兵まで二万四〇〇〇人を動員して追跡した。多くの者がこのなかで殺され、二時間後には大半が捕えられた。未明ごろには約四キロ離れた獅子ケ森で残りの者も捕えられた。逮捕者は七九三人にのぼり、そのうち拷問にかけられて一一三人が死んだ。

日中不再戦友好碑（秋田県大館市）

　八月、日本は降伏した。しかし中国人たちはすぐに解放されたわけではなく、劣悪な待遇のなかでさらに約一八〇人の死者が出た。九月十一日には秋田地裁で一人が無期懲役、一一人が懲役の判決を受けている。しかしやがて状況が一変する。十月、占領軍は鹿島組花岡出張所関係者七人と警官二人とを戦犯容疑者として捕え、一九四八(昭和二十三)年三月には横浜での戦犯裁判で鹿島組の四人に絞首刑三人、終身刑一人という判決をくだし、警官二人にも重労働二〇年の刑が科された(のちに減刑)。中国人労働者は故郷へ戻った。しかし、総員九八七人のうち、生きて故国の土を踏んだのは五三一人にとどまった。四五〇人近くが異郷日本で世を去ったことになる。

　思えば不幸な事件であった。一九五六(昭和三十一)年、地元住民たちは旧中山寮の地に「日中不再戦友好碑」、十瀬野墓地公園に「中国殉難烈士慰霊碑」を建てた。慰霊は今も毎年大館市や民間団体の手で熱心に行われている。また、鹿島組も一九九〇(平成二)年に謝罪をしたうえ、二〇〇〇(同十二)年には五億円を出して和解した。

9 激動の戦後史

謎を残した帝銀事件

一九四八(昭和二十三)年一月二十六日午後三時すぎ、閉店直後の東京豊島区の帝国銀行椎名町支店に東京都防疫消毒班の腕章をつけた五〇歳前後の男が訪れた。「近所に四名の集団赤痢が発生したので、進駐軍の命令で全員予防薬を飲まねばならない」といい、吉田支店長代理以下一六人の行員たちの湯呑みに持参した薬液をスポイトで分配した。溶液を飲んだ人びとはとたんに息苦しくなってバタバタ倒れ、結局一二人が死亡した。そのあいだに犯人は現金一六万四〇〇〇円と約一万七〇〇〇円の小切手とを奪って逃走した。

指紋の検出もできず、確たる物証もないままに、捜査当局は犯人は毒物の専門家とみてモンタージュの人相書をつくり、毒薬に詳しい医学・薬学関係者や旧日本軍関係者などに狙いをしぼって懸命に捜査した。しかし容疑者はなかなか絞り込めず、ようやくテンペラ画家平沢貞通(五六歳)の逮捕状をとって八月二十一日、小樽で逮捕、東京に護送した。

厳しい取調べのなかで平沢は三度も自殺をはかったのち、ついに犯行を自供した。しかし、起訴された平沢は十二月に行われた第一回の公判で、一転して犯行を否認し、二年にわたる審理の末、一九五〇(昭和二十五)年七月、強盗殺人罪で死刑の判決を受けた。それは新刑事訴訟法公布直前のことであり、事件は証拠薄弱で青酸カリとされた毒薬の種類も、入手経路もわからないままで、平沢本人の「自供」が大きな決め手となった。「自供」重視の旧刑事訴訟法による裁判の悲劇だったともいえるだろう。

事件は謎のままに終った。平沢は控訴・上告も棄却されて、一九五五(昭和三十)年に死刑が確定したが、事件解明を求める声は強く、作家松本清張は五九(同三十四)年の『小説帝銀事件』で平沢犯人説に疑問を呈し、真犯人は旧関東軍の七三一部隊の関係者ではないか、そして部隊の研究成果の利用をはかる進駐軍が捜査に圧力を加えた可能性が高いという推理を展開した。一九六四(昭和三十九)年には、映画「帝銀事件」も上映され、巷には「平沢貞通を救う会」も結成された。再審請求は一八回も行われ、ことごとく却下されたが、司法当局にもためらいがあったためだろうか、死刑執行は行われなかった。

一九八七(昭和六十二)年五月、在獄三九年を迎えた平沢は九五歳の生涯を閉じた。遺体は東京大学に献体として運ばれ、脳が詳しく調べられた結果、狂犬病ワクチンによる脳脊髄炎の後遺症と推定される病変がみつかった。病変の状態から認知症にはいたらなかったが、性格変化がもたらされたとの結論が出た。公判における平沢の証言の不安定さもこれで納得できるとのことであった。だが、はたして真相はどうだったのだろうか。

穴にかくれて二四年

一九七二(昭和四十七)年一月、グアム島の密林のなかで、二八年前の四四(同十九)年九月に玉砕したとされていた愛知県出身の元陸軍軍曹横井庄一が現地人に発見・保護され、二月に羽田空港に帰着して、「恥ずかしながら」といったとき、国民は驚きの目を見張った。

続いて一九七四(昭和四十九)年二月、今度はフィリピンのルバング島で陸軍中野学校出身で残置諜者として残されていた小野田寛郎元少尉が発見され、三〇年ぶりに生還した。しかし、帰国した小野田は国民の畏敬の念を込めた対応ぶりを「パンダのような扱い」としてブラジルへ入植した。

横井も小野田も、戦争のために青春を犠牲にし、世の移りゆきを知ることなく、一人で密林に生き抜いた人であった。だが、そういった体験を日本のなかでした中国人も存在した。中国の山東省で日本軍に拉致され、一四年間の逃避行を余儀なくされた中国人劉連仁である。

劉は山東省の片田舎で農業を営む男であった。一九四四年九月、劉は突然日本軍に拉致され、妻を残したまま日本へ連行、北海道沼田町の明治鉱業昭和鉱業所で石英の採掘・運搬に使役されることになった。仕事は辛く、待遇は劣悪で、たえかねた劉は、翌年七月、ついに脱走を決意した。仲間は四人、便所の汲取口から逃れ出た五人だったが、八月の敗戦直後、まず二人がつかまり、翌一九四六(昭和二十一)年になって、さらに二人がつかまった。劉は必死で逃れ、戦争が日本の敗北に終ったことも知らぬまま、以後一三年間逃げ続けた。各地をさまよって食を求め、寒い冬は山中に穴を掘って冬眠さながらの生活をした。

一九五八(昭和三十三)年二月八日、石狩郡当別町で住民が雪穴に籠る劉を発見した。そのとき劉は穴に熊笹をしき、わずかな米をもっていたという。劉は「不法残留」容疑で取調べを受けたが、各方面からの抗議の声を受けて帰国が許されることになった。

帰国後の劉はその口述を『穴にかくれて十四年』にまとめて発表したが、その一方で、一九九一~九八(平成三~十)年に当別町を三回訪れるとともに、日本政府の不当な強制連行を提訴した。二〇〇〇(平成十二)年九月、劉は判決を待たずに胃ガンで八七歳の一生を終えたが、訴訟は遺族に受け継がれ、〇一(同十三)年に東京地裁で勝利し、国は控訴したが、〇五(同十七)年に敗訴している。劉の故郷高密市には旧居の隣接地に記念碑が建てられ、市の記念館もあるとのことだ。

演説中に刺殺された浅沼委員長

一九五〇年代、社会党躍進の時代に書記長をつとめ「書記長男」と呼ばれた浅沼稲次郎は一九六〇(昭和三十五)年三月、鈴木茂三郎の委員長退任後の選挙で、河上丈太郎とせりあった末、二二八票対二一九票という結果ではじめて社会党委員長となった。独特のしゃがれ声で、ヌマさんと呼ばれて人びとに親しまれ、精力的な活動で「人間機関車」の異名があった稲次郎は、そのわずか七カ月後に命を落とした。それも自民・社会・民社の三党首立合演説会の最中、一七歳の一人の少年に刺殺されたのである。時に稲次郎、六一歳であった。

一九六〇年十月十二日、ところは東京日比谷公会堂、新安保条約成立後の政局転換に応じ、十一月総選挙をひかえて、三党首の立合演説会が行われたのだが、トップバッターの西尾末広民社党委員長に続いて浅沼委員長が演壇に立った。会場は二五〇〇人の聴衆で埋まっていたが、浅沼が演説を始めると、「中共とソ連の与党は引込め」などと叫ぶ右翼関係団体の野次・怒号で騒然とした。

浅沼がこの前年の三月に中国を訪問し、台湾が本土から分離されているのはアメリカ帝国主義のためだから「アメリカは日中共同の敵」だと発言したことで、右翼団体から敵視され、激しく非難されていたのである。

　午後三時五分ごろ、司会役のアナウンサーが野次を制止し、浅沼がふたたび演説を始めたとき、一人の少年が立ち上がり、演壇に飛びあがると、脇差を腰に構えて浅沼に突進し、二度にわたって体当りすると、刃を深く突き刺した。浅沼の体は大きくよろめき、倒れ込んだ。NHKテレビは折しもプロ野球「大洋」対「大毎」の日本シリーズを放送していたが、急ぎ中断し、刺殺事件があったことを速報したのち、刺殺の瞬間の映像も報道した。浅沼は控室に運び込まれ、近くの日比谷病院に収容されたが、すでに息はたえていた。

　犯人は一七歳の少年山口二矢だった。二矢は防衛庁職員の一等陸佐の次男で、兄は右翼団体大日本愛国党党員だった。二矢は高校を二年で中退し、大日本愛国党党首赤尾敏に私淑して、進んで党員になった。父にいわせると小さいときから協調性をもった子どもだったというが、治安当局者によると「狂信的な行動の右翼少年」で、十数回検挙されたことがあるという。少年のゆえに処分も軽く、事件当時は愛国党をやめさせられていたが、反共の行動は明確だった。

　二矢は「刑事処分相当」の意見つきで家裁へ送られ、ふたたび東京少年鑑別所に送られたが、明確な確信犯であった。十一月二日夜八時ごろ、二矢は看守のすきをうかがって、敷布を裂き、よりあわせた紐を窓側の金具にまきつけ、ぶら下がって自殺した。コンクリートの部屋の壁には歯磨き粉で文字が書かれていた。「七生報国、天皇陛下万歳」と。少年の信念は、ゆるがなかったのである。余談ではあるが、たまたま刺殺の瞬間をとらえた『毎日新聞』のカメラマンの写真は、日本人初のピューリッツァー賞を受賞した。

差別を糾弾した金嬉老事件

　一九六八（昭和四十三）年の二月二十日夜、静岡県清水市（現静岡市）の歓楽街のクラブで事件は起こった。日本名、金岡安広と称する在日朝鮮人金嬉老（四一歳）がライフル銃を乱射して日本人暴力団員二人を殺害、乗用車で逃走すると、湯治場として有名な大井川(おおいがわ)上流の寸又峡(すまたきょう)温泉の旅館ふじみ屋へ押しいり、旅館の人や滞在客約二〇人を人質として立て籠ったのである。

嬉老は二十一日未明、清水署へ電話をかけ、面識のある西尾巡査部長を呼び出すと、犯行の事情を説明した。直接には嬉老が金融業者から借りた金の返却を暴力団員に迫られたことから起こった事件だが、その背景には少年時代から体験した朝鮮人への偏見があるという。嬉老は韓国釜山(プサン)に生まれ、太平洋戦争中、一家は日本に住んで掛川(かけがわ)で飲み屋などをしていたが、生活は貧しく、朝鮮人差別の冷たい目を肌で感じ、持ち前の短気で荒い気性のため、人と衝突することも多かった。盗みや詐欺で前科七犯、しばしば刑務所入りをしたが、嬉老がもっとも傷ついたのは、取調べをした刑事から「手前(てめえ)ら、朝鮮人が日本へ来てろくなことをしない」。その暴言を受けたことだったという。

南アルプスの登山口で約四〇戸ばかりの民家のある寸又峡は、嬉老の立て籠りで緊迫感あふれる地となった。警察は嬉老から声がかかった西尾巡査部長・大西巡査長・川合警部補らを含め、百数十人の警官隊を動員してふじみ屋を包囲し、これに対して嬉老は最終的には一三人を人質として立て籠り、畳を重ねて防弾壁とし、スコープ付きライフルと一五〇発の弾丸をもち、空に向けて乱射したり、時には四〇本もっていたダイナマイトで威嚇した。嬉老はさらに集まった記者たちを宿に招き入れ、またテレビに電話出演をして、みずから体験した朝鮮人差別を語り、告発した。警察は記者団のなかに警官を潜り込ませる一方、しばしば投降をうながし、二十三日には在日朝鮮人のグループによる説得も行われたが、嬉老はこれを拒否し、最後には自決をするとも表明した。

ふじみ屋籠城は五日目になった。二十四日午後三時二十五分、記者会見をする嬉老のすきをみて警官が六人、一挙に飛びかかり、逮捕に成功した。金は倒れて自分の舌をかんだが刑事に阻止された。事件発生以来、八八時間がたっていた。

裁判を受けた嬉老は一九七五(昭和五十)年十一月五日、最高裁で無期懲役が確定し、熊本刑務所に収監された。

嬉老はその手記に朝鮮人への差別を厳しく告発するとともに、自分の命にもまさる母の愛の尊さを告白したが、その母は一九九五(平成七)年、脳梗塞で世を去った。嬉老は一九九九(平成十一)年九月、仮釈放されて韓国釜山に帰国したが、彼が弁舌さわやかに痛ましい差別体験を告白したことに、日本人は改めて注意を喚起されたのであった。

安田砦の落城

東京大学本郷キャンパスは、もと加賀藩上屋敷の跡地にある。学内には徳川幕府十一代将軍家斉の娘、溶姫が前田家に輿入れしたときに建てられた赤門の名で知られる御守殿門や、夏目漱石の作品に出た三四郎池などが知られる。しかし、キャンパスのシンボルはやはり中央にそびえる時計塔のある安田講堂だろう。文字どおり、財閥安田善次郎の寄付による建物で、一九二五(大正十四)年、内田祥三・岸田日出刀らの設計により、総面積は六九八八平方メートルもある。

安田講堂の悲劇は一九六九(昭和四十四)年一月十八日に起こった。一九六〇年代後半、日本は高度成長のピークにあり、新時代が到来した観があった。その反面、ベトナムではアメリカ軍の侵攻により激しい戦争が起こって世界的に反戦運動が高まり、日本でも全学連の過激派を中心とする反戦運動がいちだんと高まりをみせていた。教育の世界では、一九六八～六九(昭和四十三～四十四)年に、国立・私立の諸大学で大学の自治や授業料値下げなどを求める大学紛争が多発した。その頂点が安田講堂の攻防戦だったのである。

東京大学の学生運動は一九五〇年代から始まっていたが、六〇年代に入ると、安保条約改正反対運動で燃え上がり、六八年一月には医学部で紛争が持ち上がった。医学部の卒業生は卒業後一年間、国の指定する病院で研修医としてつとめることになっていたが、この制度の是非をめぐって大学側と学生側とが対立し、大学側が反対派学生の処分を強行したことから紛争が本格的となり、医学部学生が統一ストライキを起こした。六月になって急進派学生は大講堂を占拠して立て籠ったが、結局は学長の要請で機動隊を導入して排除したが、紛争は全学に広

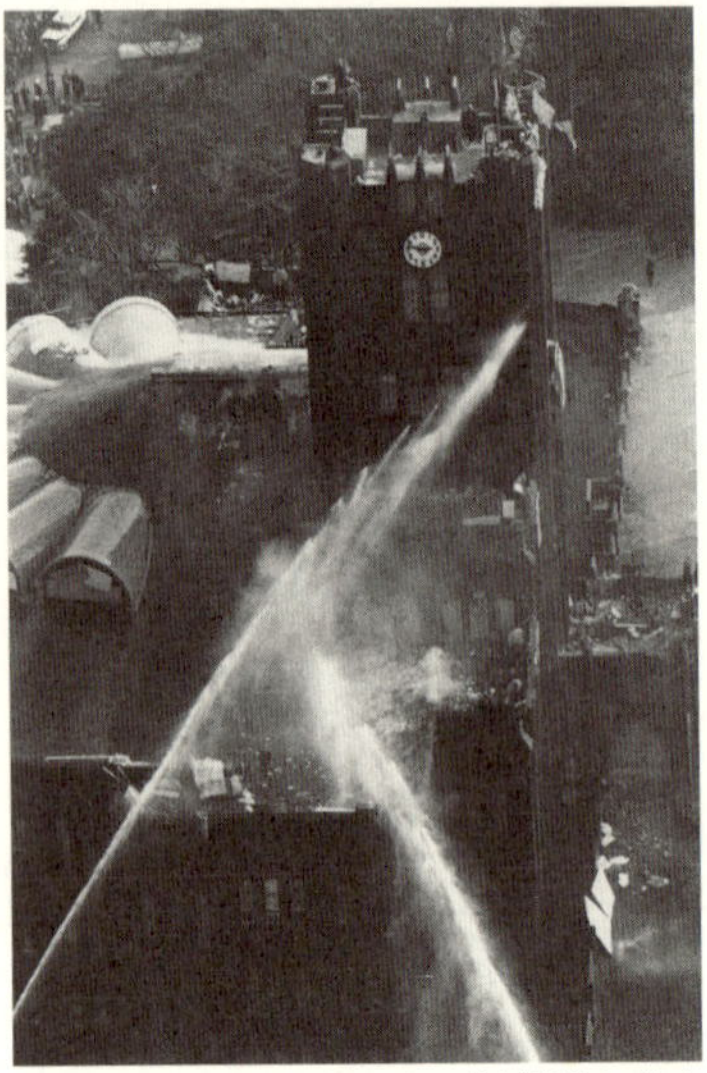

東大紛争　屋上から投石する籠城学生に放水で対抗する機動隊(1969年)。

まった。

東大紛争に触発されて、国立の東北・京都大学など、私立の慶應・早稲田・明治・日本・上智などの諸大学でもさまざまな不満が噴出して紛争が起こった。一九六八年中に紛争が起こった大学は、実に一一六を数えたのである。東大では十一月に大河内一男(おおこうちかずお)学長が辞任して加藤一郎(かとういちろう)学長代行が就任したが、紛争は解決せず、全学連過激派から東大に応援部隊が続々と繰り込まれる騒ぎとなった。

一九六九年一月十八日午前七時、安田講堂には学生四〇〇人が立て籠り、これを警視庁機動隊八五〇〇人がひしひしと取り囲んだ。午前八時には上空からヘリコプターがガス弾を投下したのを機に、空陸一体の攻撃が始まった。機動隊は催涙弾一万発を発射し、三〇〇台を超す放水車から猛烈な放水が行われた。学生たちは水中眼鏡をかけて目と鼻を覆い、毛布をかぶり、石や火炎瓶を投げて抵抗した。夜になっても機動隊は投光車で照らし、放水を続けた。力つきた学生たちはついに翌十九日午前六時に屈伏した。攻防三五時間の戦いは終った。

しかし、荒廃した学園がもとに戻るのはむずかしかった。大学当局は翌一月二十日、一九六九年度の入学試験の中止を決定した。煽(あお)りを受けて、この年に入学できなかった受験生たちはさぞや口惜しかったことだろう。攻防戦に敗れた学生運動の指導者たちは思いを残しつつ、まるで逃げ込むかのように、学問の道に進んだ者もいた。事態を重視した政府は八月に大学運営臨時措置法を制定して、大学運動を抑え込んだ。こういった混乱のなかで世は一九七〇年代に突入していった。

日本に根づいた媽祖信仰

二〇〇六(平成十八)年二月、横浜中華街に新しい廟が出現した。中国南部の海辺や台湾で、とくに信仰の厚い媽祖をまつる媽祖廟(天后宮、朝天宮などともいう)である。多くの日本人にはあまり馴染みのないこの神は、いったいどのような神なのだろうか。

媽祖は道教で取り上げる航海・漁業守護の神である。伝えによると北宋の九六〇年三月二十三日(旧暦)、福建省湄州嶼の林愿の六女に生まれたという。生後半年も口をきかなかった彼女は、「林黙娘」と名づけられたが、幼時より才知に優れ、一六歳のときに神通力をえると、その力によって海難から多くの人びとを救ったという。二八歳で天に召された彼女は、人びとに天上の聖母、媽祖としてまつられた。元の王室は彼女に「天妃」、清朝は「天后」の封号をあたえたので、媽祖廟にそれらの称号もつけられている。媽祖の信仰は当然、沿海の人びとに広まったが、世界各地へ進出した華僑たちの心の支えともなった。

媽祖の信仰は、とくに台湾で広まった。台湾海峡の荒波を乗り越えられたのは、守護神媽祖の加護によるとされたからである。十七世紀の末ごろ、まず台中の港町鹿港で湄州島の媽祖像を移した天后宮、ついで北港の朝天宮が建てられ、しだいに西海岸一帯を中心に総数四〇〇に近い媽祖廟がつくられて、人びとの信仰を集めていった。台湾での総本山は北港のそれである。

媽祖信仰は中国人の活動地域へ広がってゆく。台湾から南へ東南アジア各地へ、北へは琉球から九州地方へと伸びてゆく。長崎では唐寺と呼ばれた興福寺・崇福寺に関帝廟とならんで媽祖廟がつくられ、平戸島では国姓爺＝鄭成功の生地がある観音堂に千里眼と順風耳の二人を引きつれた媽祖像がまつられている。

現在、日本の媽祖廟は二〇ほどあるが、注目されるのは、茨城県に四カ所あることだ。伝えによると古く元禄年間(一六八八～一七〇四)に徳川光圀が禅僧心越を迎え、彼が西湖のほとりからもたらした媽祖像を磯原(現北茨城市)の海岸の小山にまつって天妃社とし、大洗町の岩舟山にも天妃社を建てた。媽祖像は水戸市の祇園寺、小

媽祖像(長崎市崇福寺)

美玉市小川の天聖寺にもまつられているが、その信仰は常陸の漁民たちのあいだにしだいに根づいていった。本州最北端、下北半島の大間町にも信仰は伝わってゆく。大間稲荷神社には天妃媽祖大権現があわせまつられ、一九九六(平成八)年、台湾の北港朝天宮から分霊された媽祖神像を中心とする天妃行列が毎年七月の海の日に行われるようになった。現在の日本における唯一の天妃行列である。

戦後の日本でも新しい媽祖廟がつくられた。一つは神奈川県箱根町湯本の福寿院で、本堂に立ちならぶ光明灯に照らされて媽祖像と千里眼・順風耳の像がまつられている。聞けば、戦後、福寿院と関わりのあった台湾からの留学生によってもたらされたようだが、一九九一(平成三)年には北港朝天宮から分霊され、五月には箱根観音・媽祖行列祭が行われたが、九七(同九)年に中止されたという。

二〇〇七(平成十九)年九月、日本媽祖会は東京都江戸川区に東京朝天宮を開設した。ビルの一階に設けられた宮には、弥勒菩薩と千里眼・順風耳とに守られた媽祖神がまつられている。二〇〇九(平成二十一)年には江戸川区で日本媽祖会創立三十周年記念の集会が行われたが、一三(同二十五)年十月には新宿区大久保に東京媽祖廟が開かれたと聞く。在日中国人の強い心のよりどころとなっていると思われる。

あとがき

この書は、四度にわたって刊行された『日本史こぼれ話』のあとを受けたものである。『ファイナル日本史こぼれ話』のあとがきに私は「現在伝えられている史話のなかには事実でない話や疑わしい話などもあるが、なぜこのような話がうまれたのかを考えると、それなりに面白い」と記したが、その後もいろいろな形で、面白い話が集まった。今回、それらを集め髙橋ひろ子さんのご協力をえて一書を編むことができた。

この書をお読みくださった読者の皆様に、あらためて「ありがとうございました」と御礼を申し上げるとともに、「より深い歴史好き」になるよう努めたいと思っている。

二〇一五年三月

野呂肖生

写真所蔵・提供者一覧（敬称略・五十音順）

安居院西法寺　p. 97
一般財団法人松崎町振興公社　p. 258
茨城県つくばみらい市立間宮林蔵記念館　p. 206
茨城県立図書館　p. 213
大田市教育委員会　p. 140
株式会社アマナイメージズ　p. 272
株式会社三越伊勢丹　p. 183
川崎市市民ミュージアム　p. 251
北野天満宮　p. 123
串本町　p. 245
鞍馬寺　p. 41
慶應義塾福澤研究センター　p. 215
公益財団法人特別史跡旧閑谷学校顕彰保存会　p. 156
高山寺　p. 82
粉河寺・京都国立博物館　p. 53
国立公文書館　p. 173
国立国会図書館　p. 178, 198, 202, 217, 250右・左, 264, 273
渋沢史料館　p. 266
諏訪市博物館　p. 11
善光寺　p. 20
崇福寺・福岡市博物館　p. 296
総本山金峯山寺　p. 32
大将軍八神社　p. 57
東京国立博物館・Image:TNM Image Archives　p. 153, 166
東大寺・田中真知郎（撮影）　p. 33
長岡市教育委員会　p. 129
日本銀行金融研究所貨幣博物館　p. 229, 237
花岡の地・日中不再戦友好碑をまもる会　p. 287
毎日新聞社　p. 294
萬福寺　p. 169
むつ市商工観光課　p. 224
早稲田大学図書館　p. 243
著者撮影・提供　p. 42, 104, 112, 131, 135, 218, 228, 279

執筆者
野呂　肖生　　前駒澤大学・聖心女子大学講師
髙橋ひろ子　　ノンフィクションライター(歴史・インタビュー)

知って得する日本史話

2015年4月1日　1版1刷印刷
2015年4月10日　1版1刷発行

著　者　野呂肖生・髙橋ひろ子
発行者　野澤伸平
発行所　株式会社山川出版社
〒101-0047　東京都千代田区内神田1-13-13
電話　03(3293)8131(営業)　03(3293)8135(編集)
http://www.yamakawa.co.jp/　振替　00120-9-43993
印刷所　株式会社太平印刷社
製本所　株式会社ブロケード
装　幀　菊地信義
本文デザイン　岩崎美紀
装　画　岸並千珠子

Printed in Japan　ISBN 978-4-634-59080-9